课程育人新坐标丛书　　高峰　杨四耕　丛书主编

学科实践
语文素养的致获

刘喜红 等◎著

华东师范大学出版社
·上海·

图书在版编目（CIP）数据

学科实践：语文素养的致获/刘喜红等著. —上海：华东师范大学出版社，2023
（课程育人新坐标丛书）
ISBN 978-7-5760-4101-9

Ⅰ.①学… Ⅱ.①刘… Ⅲ.①小学语文课—教学研究 Ⅳ.①G623.202

中国国家版本馆 CIP 数据核字(2023)第 153544 号

课程育人新坐标丛书
学科实践：语文素养的致获

丛书主编	高　峰　杨四耕
著　者	刘喜红　等
责任编辑	刘　佳
项目编辑	林青荻
特约审读	韩　蓉
责任校对	戚中阳　时东明
装帧设计	卢晓红

出版发行	华东师范大学出版社
社　　址	上海市中山北路 3663 号　邮编 200062
网　　址	www.ecnupress.com.cn
电　　话	021-60821666　行政传真 021-62572105
客服电话	021-62865537　门市(邮购)电话 021-62869887
地　　址	上海市中山北路 3663 号华东师范大学校内先锋路口
网　　店	http://hdsdcbs.tmall.com

印 刷 者	杭州日报报业集团盛元印务有限公司
开　　本	787 毫米×1092 毫米　1/16
印　　张	14.75
字　　数	157 千字
版　　次	2023 年 9 月第 1 版
印　　次	2023 年 9 月第 1 次
书　　号	ISBN 978-7-5760-4101-9
定　　价	48.00 元

出版人　王　焰

（如发现本版图书有印订质量问题，请寄回本社客服中心调换或电话 021-62865537 联系）

丛书编委会

主　编　高　峰　杨四耕

副主编　刘喜红

成　员
高　峰　杨四耕　张　哲　刘喜红　徐建梅
姚耐孔　康朝霞　王志宏　刘　青　郭　涛
巴　川　张进亭　李建伟　王华月　关延杭

本书参著人员（以姓氏笔画为序）：

王亚杰　王华月　王宇芳　王肖华　刘　苑
刘冬英　刘喜红　刘静怡　孙蒙蒙　李建伟
肖瑞华　张玉红　张进亭　孟　娇　翟晶晶
魏　芳　魏　真

丛书总序

课程是生成性过程,课程变革需要激活包括教师和学生在内的课程实践过程,回归课程的生成性品格。课程的生成性品格客观上要求我们关注课程管理的生成性过程,彰显课程管理的过程性、境遇性、关系性和创造性。课程育人是不断生成的过程,它聚于目标、起于问题、成于制度、归于文化。

美国管理学大师彼得·德鲁克在《管理的实践》一书中指出:我们并不是有了工作才有目标,而是相反,有了目标才能确定每个人的工作。[1] 他提醒我们:组织一定要当心"活动陷阱",不能只顾拉车不抬头看路,最终忘了自己的目标。泰勒指出:课程研制必须关注确定基本目标、选择学习经验、组织学习经验和评价学习结果等连续循环的过程。[2] 按照怀特海的观点:过程是终极范畴,现实存在的"存在"是由其"生成"所构成的。[3] 因此,目标是生成的,具有过程属性。我们必须用生成性过程观看待泰勒的课程研制原理,深刻理解"目标——内容——经验——评价"这个"合生"过程,而不是原子化地将它们作机械割裂的理解。事实也应该如此,过程是有目标的过程,课程开发不是漫无目的的"撒野",育人目标是内生于课程之中的,课程是基于育人目标导引的连续生成过程。

在课程变革过程中,学校课程管理要按照全面发展的要求,确立育人目标,基

---

[1] 邱国栋,王涛.重新审视德鲁克的目标管理——一个后现代视角[J].学术月刊,2013,45(10):20—28.
[2] (美)拉尔夫·泰勒.课程与教学的基本原理[M].施良方,译.北京:人民教育出版社,1994:2.
[3] (英)怀特海.过程与实在:宇宙论研究(修订版)[M].杨富斌,译.北京:中国人民大学出版社,2013:29.

于此目标建构课程,推进立德树人根本任务的实现。可现实情况是,我们很多学校"有课程内容,无育人目标;有育人目标,无课程目标;有课程目标,无目标管理",由此造成了"课程离心化"倾向。在这些学校,课程不是为了育人,而是为了育分;不是为了育完整的人,而是为了育单向度的人。当然,这在本质上也取消了目标——人因此悄悄地消失了。

课程的价值实现要以人的发展为旨归,基于过程哲学的目标管理是在学校内部建立"过程——目标"合生体系,进而把所有人有机联系起来,使集体力量得以最佳发挥。学校课程变革应基于理性精神之诉求,按照过程哲学指引下的目标管理要求,围绕育人目标的实现来推进课程育人过程。首先,确定学校育人目标。育人目标的确立必须依据全面发展的要求,结合学校课程理念,清晰地刻画育人图像。清晰刻画育人图像应符合全面发展的意涵与要求,五育融合,切合实际,与学生的心理年龄和发展阶段相适应,表述应通俗易懂、生动形象。其次,厘定学校课程目标。学校课程目标是育人目标的年段要求和具体表现,它可以对照国家课程方案的总体要求,并与学校的特定实际有机结合。最后,建构学校课程体系。基于课程目标,建构学校课程体系:横向上,要求对学校课程进行逻辑梳理与分类,搭建学校课程框架;纵向上,要求按照年级与学期时间序列匹配课程,形成支持目标实现的课程设置。可以说,学校课程体系的建构是目标导引的理性精神照耀学校课程变革的过程,体现了育人目标同课程目标的完美结合,展现了把课程作为"跑道"和作为"奔跑"过程的有机结合。因为,"从关系和时间视域看,过程标志着现实存在之间的本质联系,标志着现实发生从过去经过现在流向未来"①。

由此观之,课程育人是充满人文情怀的目标驱动过程。学校应倡导团队成员通过他们自己的语言以及社会互动来形成并宣传有关育人目标和课程目标的独特界定,用这样的独特界定来驱动学校课程管理,进而确证育人目标在课程内容的丰富和课程实施的活性上得到落实。如此,在课程建设过程中,目标管理可以使组织成员对自己的"育人身份"产生特殊的认同感,而这种认同感可以由他的专业眼光来定位,并在课程开发中形成育人的敏感性、共识性和自觉性。

---

① 杨富斌,等.怀特海过程哲学研究[M].北京:中国人民大学出版社,2018:253.

不同的时代,有不同的育人主题;不同的学校,有不同的育人取向。此时代的课程育人表现出有别于其他时代的鲜明特征,具有人本化育人、系统化育人和特色化育人等特点。学校课程深度变革必须回归教育初心,落实立德树人根本任务。对中小学来说,课程改革必须全面理解课程改革的国家意志、提升课程自觉,创造性地提出课程育人的新理念、新思路和新方法,为学校课程治理现代化贡献力量。

"课程育人新坐标丛书"是郑州市管城回族区推进"品质课程"项目的成果。全区20所学校围绕课程品质提升,在学校课程变革方面积极探索,取得了可喜的成效。他们的实践证明:课程育人是一种理念,必须推进学校教育哲学的同步变革;课程育人是一种机制,必须重构学校课程系统的结构和功能;课程育人是一种行动,必须在文化建设、课程设计、路径激活和管理更新上下功夫。课程育人是回归教育初心的行动路径和实践方略,是课程的工具属性与价值属性的统一,是内容增值和路径创新的统一。

杨四耕
2023年2月11日于上海市教育科学研究院

目录

前　言　｜　语文学科实践的特征和落实　　1

第一章　｜　情境性：打造培养核心素养的场域　　1

情境是认知活动的基础。语文学习情境源于生活中语言文字运用的真实需求，也服务于解决现实生活的真实问题。因此，语文课程与情境是天然耦合的。教师应注重创设学习情境，引导学生关注生活中的经验，建设开放的学习空间，让学生在多样的、真实的日常情境和社会实践中学习语言文字的运用。

润心语文：让语文学习滋润儿童心灵　　2
第一节　畅想澄澈灿烂的学习境界　　3
第二节　感受柔软有力的生命跃动　　5
第三节　构筑交互生辉的课程体系　　26
第四节　激发生成创造的智慧潜能　　30

第二章　｜　综合性：任务链中搭建进阶学习场　　43

语文是一门高度综合性的课程。因此，语文学科实践致力于构建以学科问题和学科活动为核心的学习样态，即建构一个个多维知识表征、多方面情境交织的综合性和开放性的任务群。而各学习任务群不是简单的并列关系，而是相互交叉、相互渗透的，所以，任务群也应该是紧密连贯的。学生在结构化、脉络化的主动探索和问题解决实践中建构知识。在此过程中，通过驱动个体认知、促进思维发展、深化情感体验并建立价值观念的方式，发展学生未来学习和生活所需的核心素养。

博雅语文：和学生一起海量阅读、成就雅致人生　44
第一节　赋予高远情怀的教育理念　45
第二节　树立多元融合的育人目标　47
第三节　探究融会贯通的特色内容　56
第四节　激活探索体验的动力源泉　62

第三章 | 具身性：让身体参与学习的过程　77

身体是最完美的学习工具，语文学习的过程需要多种感官相互作用。学科实践是理论与实践相统一的学习方式。因此更强调学生的身体参与和亲身经历，把认知与行动、理论与实践、学科知识与日常生活有机地融为一体，对真实而恰当的问题进行分析、探究和解决，促进学生与知识的真正相遇，获得真实的生命体验，让每一个生命个体都充盈成长。

真知语文：让语文学习回归本真　78
第一节　共绘求真求实的学习图景　79
第二节　创设温润明朗的课程目标　81
第三节　渗透有根有味的文化积淀　105
第四节　发展统整体验的课程脉络　108

第四章 | 建构性：持续建构知识的结构和意义　123

学科实践不仅是知识学习的认知实践，更是指向自我建构的教育实践。学生置身于丰富多样的真实情境与多向交往中，不断地获得体验、表达、操作、设计、创作的机会，并随着时间和具体情境的改变，不断调整、深化知识结构。在此过程中，学生也需要有充分的沟通、协作和支持，因此教师要引导学生在实践活动过程中发挥自身的主动性和创造性，并对所有的学习者都报以希望，给予鼓励，通过知识的沟通、情感的交融和思想的交流,引导学生进行高阶思考,持续建构知识的结构与意义。

  美慧语文:美文慧语润童年 124
  第一节 浸润粹美慧智的人文情愫 125
  第二节 张扬热烈自由的生命活性 128
  第三节 积淀丰厚醇香的文化底蕴 136
  第四节 创建舒展灵性的意义空间 147

第五章 适应性:迁移作桨推动思维之舟 179

  不受学习者原有认知结构影响的新学习是不存在的,有意义的学习是在已有学习的基础上进行的。学生通过"体验—反思—迁移"的学习过程实现感性认识和理性认识的螺旋式深化,来达成高适应性学习。因此,教师应更注重培养学生积极的学习态度,构建高质量的知识结构,运用恰当的教学方法,创设有利的学习情境,让学生在学科实践中不断提升对知识的适应力,从而在以后的学习中更好地"举一反三""触类旁通"。

  灿烂语文:让语言闪耀璀璨的光芒 180
  第一节 充盈自由舒展的个性化生长 181
  第二节 反射真实个体的可操作目标 183
  第三节 呈现螺旋化上升的课程内容 195
  第四节 建构启智增慧的高品质课程 202

后记 213

前言

语文学科实践的特征和落实

随着《义务教育语文课程标准(2022年版)》的颁布,以核心素养培育为目标的课程改革拉开了帷幕。与"双基"和"三维目标"不同的是,核心素养实现从学科知识向学科素养的转化,核心素养下的语文教学高度重视培养学生适应社会发展和终身发展的关键能力。语文核心素养包括文化自信、语言运用、思维能力、审美创造。这四个方面是一个彼此融合、不可分割的有机体系,在学习与运用语言文字的过程中,学生需要不断发展与提升思维能力和审美创造意识,同时感知文化,增强对源远流长的中华文化的文化认同感。[1]

学科实践是学生主动参与并建构认知的学习方式,它是培育语文素养的重要路径。学科实践是理论与实践的统一,学生在实践与认识中反复出入,是循环往复、螺旋上升的认识形式。[2] 这种方式通过探究、讨论等多种实践活动,调动学生的学习兴趣,使学生逐步理解教材上的理性知识,并与自己已有的知识经验相关联,自主建构认知体系,并应用于实践。

一、语文学科实践的特征

学科实践作为培育语文素养的重要路径,具有丰富的理论支撑。洛克的经验论认为通过感官获得的经验给心智的白板上留下各种印记。[3] 杜威提倡"做中

---

[1] 王崧舟.秉纲而目自张 执本而末自从——《义务教育语文课程标准(2022年版)》"核心素养"解读[J].教学月刊·小学版(语文),2022(06):8-18.
[2] 崔允漷,张紫红,郭洪瑞.溯源与解读:学科实践即学习方式变革的新方向[J].教育研究,2021,42(12):55-63.
[3] 叶浩生.身体与学习:具身认知及其对传统教育观的挑战[J].教育研究,2015,36(04):104-114.

学",认为儿童在活动中进行学习,通过创造性运用学习的知识,会掌握得更加牢固。可以看出与单纯依靠心理技能练习相比,具身性参与,即通过身体感官的参与使得感性知识与理性知识相互交融,创造性地解决真实问题,能使个体的认知更加丰盈。

　　学科实践同样具有强烈的现实意义。学科核心素养将学科知识与能力相关联,唯有在实践中才能认识世界,收获源源不断的知识,并在实践中检验知识,发展能力。站在巨人的肩膀上俯瞰世界,洞悉世间,个体获得了学校提供的理性知识。除了将自我与知识相连,学生也要实现个体性与社会性的统一,即发展自己与社会、国家的联系。在实践中学习,应用于实践,学生带着学校里的所学走进世界,在实践中理解、练习、应用学科知识,既可以促进自我构建与他人、社会的联系,也有利于参与社会活动、批判认识世界、改善自身生活、服务他人、助力国家发展。

　　从学科实践培育语文素养的过程来看,若干学科实践包括创设情境、任务驱动、实践体验、构建认知、迁移应用五个共同要素,分别体现了学科实践的情境性、综合性、具身性、建构性和适应性,关系如下图(见图1):

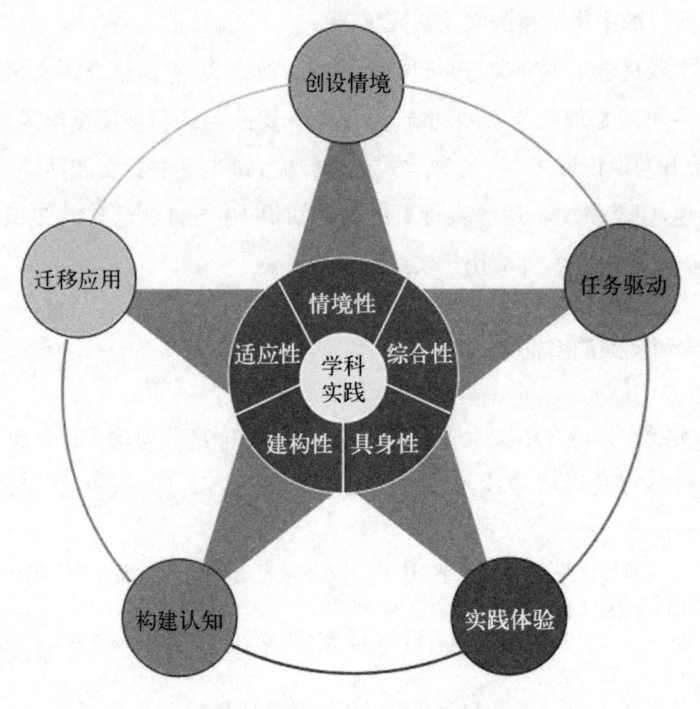

图1:"学科实践"五维模型图

上面"学科实践"五维模型图的情境性、综合性、具身性、建构性和适应性具体体现如下：

(一) 情境性

情境性指向学科知识产生以及运用的环境，是学生学科知识的起点和终点。由于情感体验、文化创造具有情境性和特殊性，因而教学需要在知识的情境中运行，来保证学习的意义，使学生有机会接触到、认识到学习的目的。这有助于提高学生的学习兴趣以及有效完成教学目标：培育学生运用语文素养解决问题的能力。"润心语文"课程结合语文学科的特点，以"传统节日课程""现代节日课程""校园节日课程"为主题，构建校园文化课程，创设"润心节日"。在春节、元宵节、清明节、儿童节、妇女节等传统与现代节日之际，引入节日文化，营造文化氛围，适时创造情境，激发学生主动参与的兴趣，丰富学生的经历和情感，引导学生发展思维并积极融入语言文字之中，在理解文字中感悟文化，在感知文化中发展语用能力。

(二) 综合性

传统的知识本位导向下的学生用大量时间来巩固语文学科知识，读书时间过少，教师进行识字写字、理解词语、分析段落大意等线性教学的时间较多。而素养本位下的语文的教与学具有综合性，即通过大概念、核心概念、问题链来统整学科内容，教与学围绕具有综合性的任务群展开。学生在小学三个学段完成语言文字积累与梳理、实用性阅读与交流、文学阅读与创意表达、思辨性阅读与表达、整本书阅读、跨学科学习六个任务群活动的学习，同时进行听说读写的语文能力训练，实现字词、段落、整篇文章学习的互相推进。"博雅语文"通过分享型任务群鼓励学生增加阅读时间，将语文教材的各个主题分散到相应年级的教学任务中。具体来说，将主题相同的课文按照一定的侧重点进行整合，并进行课外拓展延伸，鼓励学生以群文阅读、整本书阅读的形式阅读同类型、同作者的书，在文本分析中学习语言文化，以完成文本情境任务。

(三) 具身性

作为学科实践中的重要一环，实践需要知、情、意、行充分结合。具身学习指向在身体参与的过程中进行学习，在身心一致中直接了解理性知识的源头。在多种形式的活动中实现深度理解，完善知识体系，并寻找其实际用途。学生亲历知识产生的过程，有利于发挥学生的主体地位，调动学生多感官参与课堂的积极性，尽可能开发身体潜能。"真知语文"依托"真知社团""真知之旅"和"真知课堂"来创设学生实践的场所,通过知识讲座、采风、故事会、社会实践、经验交流等一系列听、说、读、写、看、创活动,探寻传统文化,发现身边的语文,在实践练习中训练语言表达能力,培养语感。

(四) 建构性

建构性是个体实现自身经验的统合。培养学生的语文素养需要创造机会让学生深入学习,形成受元认知调节的思维。学生通过实践体验认识任务、与自己的生活经验建立联系、在完成任务的过程中收获新的理性知识、建构自己的知识体系,这些都体现了实践的建构性。语文学科的学习就是发现字词背后的语言规律,将文字、符号与背后的精神、文化进行融合。在建构的过程中,学生把握了文化背后的意义,品味到文字承载的价值,在文化熏陶中提高自身素质。"美慧语文"鼓励学生共同设计课堂,学生先独立思考,再小组讨论,在此过程中,学生取长补短,共同建构知识体系。同时,对学生的成果表现进行多元化评价,让学生尽可能全方面地展示与认识自己。

(五) 适应性

应用于实践是学生语言训练的目的。适应性是学生通过实践体验,能够收获语言能力,将语文学科知识体系进行情境迁移。知识是动态存在的,不仅表现在学生的认知是螺旋上升的,而且学习情境是不断变化的,学生能够依据不同的情境进行调整内化。在此过程中,学生有能力解决更复杂、更抽象的问题,提高自我效能感。

对于教师来说,关注学科实践的适应性,有利于解决学生学习后怎么用的疑惑,也极大地提高了教学效率。"灿烂语文"通过强化锻炼,让学生在课堂活动中能清楚明白地说出自己的感受和想法,能有效地表达自己的所思所想,进行高质量的语言输出。同时,将学习延伸到课外,在研学活动中感受文化魅力,在实地考察中培养学生收集信息、整理资料的能力,在多种变式情境中提升学生语言综合运用能力。

二、语文学科实践的落实

若干语文学科实践在实施路径上有如下共同要素:创设真实、生活化情境,任务群驱动学生进行实践体验,引导学生在原有的生活经验上进行新的建构,构建知识体系和迁移应用。

（一）情境：创设可接受的真实情景

知识具有情境性，首先需要联系学科知识进行情景设计。基于语文学科知识产生的背景和逻辑，也基于学生已有的知识经验、个体的认知结构、情感倾向，教师要创设真实而富含意义的学习情境，引导学生在语境中学习和应用语言文字。如《快乐读书吧》的外国名著单元，让学生开展活动一：聊买书。让学生在自己班上开展图书调查，学生都有哪些课外读物、出自哪个出版社、什么版本；并让学生从封面、目录、章节片段等方面着手，比较不同版本读物质量高下；从购书平台、图书价格等方面，比较怎样购买更合理划算。活动二：聊书评。让学生提前查找相关资料，包含正面评价和负面评价，分类整理；在课堂上让学生充分展示交流；老师最后呈现自己对该书的评价，给学生阅读作参考。活动三：聊人物和情节。这项活动可以在阅读交流课开展。活动四：开阅读推介会。向同学推荐一本书，这就需要学生把握整本书内容，并能选取书中某一亮点深入写和谈。这样，既考虑到了知识学习情境的设计，也兼顾到了知识应用情境的设计。

同时情境中的问题也要有挑战性，这要求教师采取多种方式来进行情境教学。可以利用音乐、多媒体、问题情境导学，也可以同时融入多种形式进行情境教学，比如让学生进行课本剧的表演，让学生在此过程中尝试代入不同的角色去朗诵课文，演绎人物，从而更全面感知人物形象，提升自身的综合能力。

总而言之，教师应当与时俱进地采用合理、科学的教学模式和手段全面进行各种情境的创设，为学生营造生动形象的学习氛围，让学生在这种愉悦的氛围中更加轻松地掌握知识，体验语文学习的快乐，全面提高课堂教学效率和质量。

（二）任务：统整语文主题与概念

知识具有综合性，因此在学科实践中要以任务驱动的方式进行能力训练。任务群的显著特点是内在整合性，它由相互关联的系列学习任务组成，共同指向核心素养的发展。语文教学实践中，教师通过提炼学科大概念、分解关键概念，生成结构化问题，引导学生完成任务的同时进行能力训练。[1] 现有教材是单元教学，将

---

[1] 刘飞，黄伟.新课程理念下语文课堂教学体系重建——基于《义务教育语文课程标准（2022年版）》的分析[J].天津师范大学学报（基础教育版），2022,23(04)：1-6.

同一个主题的文本放置在一个单元,任务驱动下的教学要求教师考虑语文课程标准、语文教材、学生学习兴趣后,选择学习主题来统整教材。接下来,将学习主题与任务群对应,关注学生在对应学段的学习内容与教学提示,与语文素养四个方面具体内容相联系来确定大概念。大概念的落实需要启发性、结构化、情景化的问题,结构化要求问题与问题之间具有逻辑关联,情景化和启发性要求问题的设计联系生活。学生"做任务"的过程就是不断解决问题的过程。

"群"字指向的不是单篇阅读,也不是群文阅读,而是一种学习单元,学生在各个任务群活动中、在解决问题链的过程中获得听说读写的共同推进。学生在解决问题的过程中,既提升了语言运用能力,同时发展了思维和审美创造能力,也增强了文化自信。

(三)实践:搭建学生学习中心平台

完成任务的过程具有具身性。引导学生感官参与、身心合一、"做中学"是实践体验的有效形式。学习者调动多个感官参与活动是意义建构的重要前提。但是学习不仅要感官参与,还要身心合一。为此,教师需要时刻关注学生的听课状态,通过各种各样的评价形式,监控学生的注意力状态,将有意注意与无意注意相结合,实现个体心灵与身体的统一。"做中学"是实现具身性的重要方式,在课堂教学中,学生的能动性、独立性、自主性是核心素养形成的前提条件。[1] 这意味着,我们要搭建的课堂以增加学生活动时间为方向,使学生成为课堂的中心,也要相信、培育学生的独立学习能力,相信每一朵花都会绽放。

在具体的实践活动中,学生可以采用演讲、辩论、朗读、表演、讲故事、游戏、情景对话、复述等调动多种感官的形式,依托学科相关知识,观察问题,寻找问题的解决方向,结合与同伴、集体的讨论,进行推理论证,发展辩证思维、逻辑思维、创造思维等,找寻正确的解决办法,完成任务。在此活动中,通过训练真实情境中的语言表达,有助于培养学生的语感,体会语言文字的特点和运用规律,提升语言表达能力。通过引导学生反复推敲文学作品中的语言,欣赏灵动的表达,获得美的体验。通过推断、质疑、梳理逻辑等过程,使学生探索人类不朽的创造发明,体验

---

[1] 余文森.以核心素养为导向:建立与义务教育新课标相适应的新型教学[J].中国教育学刊,2022(05):17-22.

多角度、多方位科技的创新,增强民族自信心。

(四) 建构:外化认知与情感升华

经验具有建构性。学生的认知建构包括思维外化、个性化创作以及情感唤醒。学生在实践活动中获得更加丰富的感性认识。教师可以让学生问问题,通过问题引导学生深入思考,接着教师及时提供支持,利用网络资源绘制与语文元素、语文素养相关的图表,引导学生反思学习过程中的收获,实现思维外化。在这一过程中,我们要防止千篇一律的答案和表达,允许学生用自己的视角看世界、想问题,有意识培养学生的逻辑思维和创新性思维。一千个读者就有一千个哈姆雷特,学生利用可视化成果展示自己的想法,就是将知识、情感、行为、艺术进行多维融合,孩子们独一无二的创作正是他们的灵性所在。一枝独放不是春,百花齐放春满园。

在引导学生进行个性化创作后,教师要进行感情升华,从文字上升到价值层面,让学生感受到文字背后的文化内涵,培养文化自信。文字折射出一个国家与社会的精神与文化,文以载道,以文化人,在文字与文字的碰撞中,学生可以欣赏诗书礼仪的精美,也可以领略文人志士的优良品格,鉴赏范仲淹、李大钊等爱国人士的一腔热情,了解苏武牧羊的忠诚与无悔。学生认识到文字与符号承载着厚重的情感,迸发出超越时代的精神品质,以此建构出知情意行相结合的新的认知。

(五) 应用:实现变式情境中的迁移

构建新的认知模式后,如何提高认知结构的适应性是下一步需要考虑的问题。奥苏贝尔的有意义学习理论表明,学生进行迁移的前提条件是原有的认知结构、学习者学习的主动性和学习材料的逻辑性。[①] 在实践中具体过程如下:

首先,引导学生巩固原有的认知结构。学生在完成每一个任务、进行每一次建构之后,都对关键概念有了新的认识。为了巩固已有的认知,教师可以组织学生进行任务小结,在整合的过程中明确学习方法,进而搭建迁移的桥梁。其次,教师变换问题,让学生在变式情境中进行自学,思考研究出问题的答案。教师在对学生进行变式训练时,需要构建高质量的知识结构,保障学习材料的逻辑性,以此提高学生举一反三的能力。最后,教师拓展有意义的学习空间,在学校和社会生

---

① 孙丛丛.小学语文单元整体教学研究[D].华中师范大学,2014.

活的多元情境中进行语言表达,以此积累语言运用的经验,最终在感性与理性认识的循环往复出入中,实现高层次的迁移学习。

  总之,语文学科实践以知识理解为基础,逐步向科学探究、文化体验、审美实践、社会应用和生命体悟的实践层次展开。学科实践以大概念、大问题、大任务为学习路径,搭建回归学生生活的学习模式,在听说读写相融合的教与学中培育学生的语言能力,重视学生的思维创造、审美感受,引导学生发现语言美、感受文学美、赏析文化美,在美的熏陶中增强文化认同,自觉提升自身修养。

(撰稿者:刘静怡)

第一章
情境性：打造培养核心素养的场域

情境是认知活动的基础。语文学习情境源于生活中语言文字运用的真实需求，也服务于解决现实生活的真实问题。因此，语文课程与情境是天然耦合的。教师应注重创设学习情境，引导学生关注生活中的经验，建设开放的学习空间，让学生在多样的、真实的日常情境和社会实践中学习语言文字的运用。

润心语文：
让语文学习滋润儿童心灵

郑州市管城回族区五里堡小学语文教研组现有教师50人，其中中小学高级教师1人，中小学一级教师23人，郑州市骨干教师2人，管城区骨干教师5人。这是一支爱钻研、会钻研的老中青团队，团队中多名教师参加省市级优质课等活动，均取得了优异成绩。我校依据《教育部关于全面深化课程改革落实立德树人根本任务的意见》《中共中央国务院关于深化教育教学改革全面提高义务教育质量的意见》《义务教育语文课程标准（2022年版）》，充分发挥团队合作精神，推进学校语文课程群建设，取得了良好效果。

第一节 畅想澄澈灿烂的学习境界

一、学科性质

《义务教育语文课程标准(2022年版)》明确指出:"义务教育语文课程围绕立德树人根本任务,充分发挥其独特的育人功能和奠基作用,以促进学生核心素养发展为目的,以识字与写字、阅读与鉴赏、表达与交流、梳理与探究等语文实践活动为主线,综合构建素养型课程目标体系;面向全体学生,突出基础性,使学生初步学会运用国家通用语言文字进行交流沟通,吸收古今中外优秀文化成果,提升思想文化修养,建立文化自信,德智体美劳得到全面发展。"[1]

基于此,语文课程应面向全体学生。教师通过开展语文学科实践滋润学生心灵,激发学生学习兴趣,使学生掌握知识与技能,提升文化素养,培养良好品行,丰富精神世界,形成正确的人生观、价值观,绽放生命之美。

二、学科课程理念

基于上述理解,我们提出"润心语文"理念,致力让语文学习滋润儿童心灵。我们尊重每一个儿童的学习方式与思维模式,珍视每个生命个体的学习状态与成长姿态,实现课程的全面性、基础性、实践性、序列性、多元性和选择性。"润心语文"的课程理念具体如下:

"润心语文",以"生"为根本。"润心语文"立足于学生,体现在"为了学生的一切"和"为了一切的学生"。"润心语文"承认并尊重学生的主体地位,以学生的兴趣、需要、追求以及接受能力作为课程的出发点,学校创设情境、搭建平台,激励学生自主参与、自主表达、自主评价,充分发挥其主人翁意识。

"润心语文",以"润"为途径。"润"是雨水下落,滋润万物。教育就应该像雨

---

[1] 中华人民共和国教育部.义务教育语文课程标准(2022年版)[S].北京:北京师范大学出版社,2022:2.

水一样,润"生"细无声。根据课程的特点,"润心语文"开展多种多样的语文实践活动,整体、充分、多元地发展学生的个性。"润心语文"能够让孩子找到适合自己发展的方法,心灵得到舒展,从而收获自信。

"润心语文",以"心"为目的地。"心"是一个人的灵魂所在,是建立情感态度和价值观的指挥棒。"润心语文"用"春风化雨,润物细无声"的教育去温暖学生的心灵;用丰富的人文内涵熏陶和感染学生,触动学生的心灵;用自主、合作、探究等方式激发学生兴趣,让学生对语文学习产生真正的认同感。

"润心语文",以"情"为升华。丰富有趣的内容,鲜明生动的形象,真切动人的情谊,清丽隽永的意境以及耐人寻味的哲理,在不知不觉中唤起学生的情感体验,点燃学生智慧的火花,引领着儿童发现自然之美、心灵之美、生命之美。

第二节　感受柔软有力的生命跃动

《义务教育语文课程标准(2022年版)》指出:"语文课程围绕核心素养,体现课程性质,反映课程理念,确立课程目标。""义务教育语文课程培养的核心素养,是学生在积极的语文实践活动中积累、建构并在真实的语言运用情境中表现出来的,是文化自信和语言运用、思维能力、审美创造的综合体现。"[①]

一、学科课程总体目标

基于《义务教育语文课程标准(2022年版)》,我校"润心语文"设置了识字与写字、阅读与鉴赏、表达与交流、梳理与探究四个方面的课程目标,通过语文课程的学习让学生乐于学习、积极学习,在快乐地认知、勇敢地交流和自信地表达中开阔视野,丰富思维方式,掌握语言基础知识,提高综合素养,形成正确的世界观、人生观和价值观。

(一)识字与写字

识字与写字是学习语言文字的基础。"识字与写字"的课程目标要求学生喜欢学习汉字,有主动识字、写字的愿望,逐步养成独立识字能力。写字姿势正确,有良好的书写习惯。掌握汉字的基本笔画和常用的偏旁部首,能感知汉字形、音、义的联系和构字组词特点,感受汉字的文化内涵和蕴含的智慧。

(二)阅读与鉴赏

熟练地用普通话正确、流利、有感情地朗读课文。学习默读,默读有一定的速度。学会运用多种阅读方法,具有独立阅读能力。能阅读日常的书报杂志,初步鉴赏文学作品,能借助工具书阅读浅易文言文。能联系上下文和自己的积累理解词句的意思,在理解课文的过程中体会标点符号的用法。能体会作者的思想感情,逐步学会领悟文章的表达方法。阅读整本书,逐步学会把握文章的主要内容,

---

[①] 中华人民共和国教育部.义务教育语文课程标准(2022年版)[S].北京:北京师范大学出版社,2022:4.

分享阅读感受。背诵优秀诗文,扩展阅读面。

(三) 表达与交流

学会倾听与表达,逐步学会用口头语言有条理地进行人际沟通和社会交往。乐于表达,与人交流时能尊重和理解对方。注意语言美,抵制不文明的语言。养成留心观察周围事物的习惯,积累写作素材,能根据需要,用书面语言具体明确、文从字顺地表达自己的见闻、体验和想法。学会修改习作中有错误的词句。

(四) 梳理与探究

能逐步学会分类整理学过的字词,发现所学汉字形、音、义和书写的特点,发展独立识字和写字能力。初步了解查找资料、运用资料的基本方法。初步掌握运用多种方法整理和呈现信息。能通过调查访问、讨论演讲等方式,开展专题探究活动。

二、学科课程年段目标

依据如上学科课程总体目标、小学语文教材和教参,结合我校实际和"润心语文"的课程理念,我校将1—6年级的语文课程目标设置如下(见表1-1):

表1-1:郑州市管城回族区五里堡小学"润心语文"1—6年级课程目标表

学期 年级	上学期	下学期
一年级	第一单元: 1. 认识45个生字,会写17个生字和10个笔画。感知汉字的演变过程。 2. 学习利用已有的生活经验,借助象形识字、看图识字、对对子识字等多种方法识字。初步了解汉字的文化内涵,产生主动识字的愿望。 3. 学会正确朗读和背诵课文。 4. 培养良好的学习习惯,特别是读书和写字的习惯。 5. 了解课外阅读的途径,感受课外阅读的快乐。 6. 乐于和大家分享课外阅读成果。	第一单元: 1. 认识51个生字、8个偏旁,会写28个生字和2个笔画。 2. 利用已有的生活经验及插图、字谜、形声字规律等识字。了解全包围结构的字"先外后内再封口"的笔顺规则,在田字格中正确书写。 3. 能有顺序地正确认读字母表,能将大小写字母相对应,熟记字母表。 4. 感受大自然四季的美好,培养保护环境的意识,了解传统姓氏文化,激发对中华传统文化的喜爱之情。 5. 能认真听故事,明白故事内容,并能借助图片讲故事,做到声音响亮。 6. 积累并朗读描写春天的词语。

续 表

学期 年级	上学期	下学期
一年级	**第二单元：** 1. 学会 6 个单韵母、23 个声母和 10 个整体认读音节，掌握两拼音节和三拼音节的拼读方法。 2. 认识声调符号及四线三格，学会正确地在四线三格里书写字母。 3. 学会正确拼读带调音节词，正确读词语和儿歌，感悟童趣。 4. 借助课程表，认识"文、数"等 21 个生字。 **第三单元：** 1. 正确认读 9 个复韵母，5 个前鼻韵母，4 个后鼻韵母，6 个整体认读音节。正确拼读由声母和复韵母组成的音节。 2. 在四线三格中正确书写 5 个音节词。 3. 认识要求会认的 16 个生字，能借助拼音正确朗读词语和句子，会读儿歌。 4. 熟记字母表，能区分声母、韵母、整体认读音节。 **第四单元：** 1. 会认 44 个生字、1 个多音字和 9 个偏旁，会写 16 个生字、6 个笔画。 2. 正确朗读课文，读准字音，感受四季之美，激发对大自然的喜爱之情。 3. 仿照例子积累和拓展带叠词的"的"字短语，仿照课文说说自己喜欢的季节。 4. 能向他人做自我介绍，并能引起话题。 5. 积累有关惜时的名言，懂得珍惜时间。 **第五单元：** 1. 认识 65 个生字、10 个偏旁，会写 23 个生字和 2 个笔画。 2. 能利用已有的生活经验，借助会意字识字、归类识字、反义词识字等多种方法识字，进一步了解汉字的文化内涵，喜欢学习汉字。	**第二单元：** 1. 会认 57 个生字和 6 个偏旁，读准一个多音字，会写 27 个生字和 3 个笔画。 2. 正确朗读课文，读准字音，能读好带有感叹号的句子。 3. 读懂课文，能提取明显信息，乐于和小伙伴交流阅读感受。 4. 感受儿童的美好愿望，了解革命传统故事，激发对革命领袖的热爱之情。 5. 复习巩固字母表，能将大小写字母一一对应。 6. 朗读积累古诗《春晓》。 **第三单元：** 1. 会认 33 个生字、3 个偏旁和 4 个多音字，会写 20 个生字及由熟字组成的词语。 2. 正确、流利地朗读课文，读好"不"的变调，读好角色间的对话，读出诗歌的感受。 3. 学习联系上下文理解词语意思的方法，积累意思相对的词语、AABB 式的词语和表示游戏动作的词语。 4. 读好对话，读出不同角色说话的语气，朗读儿童诗，初步体会诗歌的情趣，读出自己的感受。 5. 懂得在遇到困难时，可以寻求别人的帮助，在不同情境下使用合适的礼貌用语并讲清楚自己的要求。 6. 学习正确使用字典的方法，学会用音序查字法查字典。 7. 背诵积累古诗《赠汪伦》。 **第四单元：** 1. 会认 54 个生字和 4 个偏旁，会写 28 个生字及由熟字组成的词语。 2. 正确、流利地朗读课文，读好长句子及问句，注意停顿，读懂句子所表达的意思。

第一章　情境性：打造培养核心素养的场域

续 表

学期 年级	上学期	下学期
一年级	3. 正确朗读课文、背诵古诗。 4. 图文结合,感受诗中描绘的景象。 5. 培养爱惜文具的好习惯,懂得团结力量大的道理,受到初步的爱国主义教育。 6. 了解汉字"从左到右""先撇后捺"的笔顺规则。 第六单元: 1. 认识43个生字、10个偏旁和2个多音字,会写17个生字和3个笔画。 2. 学会分角色朗读课文,读好人物说话的语气。 3. 认识逗号和句号,根据标点符号读好停顿,初步建立句子的概念。 4. 了解方位词,和他人交流在生活中自主识字的成果,培养自主识字的习惯。 5. 知道汉字有"上下结构"和"左右结构",学习把字按结构进行归类的方法。 6. 能根据场合用合适的音量与他人交流,并知道这是有文明、有礼貌的表现。 第七单元: 1. 会认38个生字,会写11个生字,认识5个偏旁。 2. 能正确、流利地朗读课文,初步尝试找出课文中一些明显的信息。 3. 联系生活实际,理解课文内容,感受儿童丰富多彩的内心世界。 4. 看图写词语,能根据图意说一两句话。 5. 朗读背诵成语,了解成语蕴含的道理。 第八单元: 1. 会认44个生字和2个偏旁,会写18个生字和1个笔画。	3. 读好轻声的词语,激发学生识字的兴趣。 4. 用扩词的方法积累一些常用的词语;理解并背诵古诗《静夜思》和《寻隐者不遇》,激发学生背诵古诗词的兴趣。 5. 了解点的位置不同,书写先后就不同的笔顺特点。 6. 初步感受端午节的传统文化,体会浓浓的亲情。 第五单元: 1. 会认65个生字和1个偏旁,会写28个生字及由熟字组成的词语。 2. 正确、流利地朗读课文,学习用不同的节奏诵读儿歌、对子等不同形式的韵语。 3. 继续了解形声字的构字规律,并学习运用这一规律自主识字。 4. 积累歇后语,了解歇后语的特点。 5. 运用音序查字法查生字,查字典能达到一定速度。 6. 通过学习如何打电话,懂得怎样和别人交流,学会做一个守文明、有礼貌的好孩子。 7. 了解身边小动物的习性和四季气候、景物的变化,保持探索自然的好奇心。 第六单元: 1. 会认45个生字和1个偏旁,认准1个多音字,会写21个生字及由熟字组成的词语。 2. 正确朗读课文,读好带有"呢、呀、地、吧"的疑问句和感叹句。 3. 学习句子的多样表达并积累课文中的比喻句,积累气象谚语。 4. 通过课文的学习和朗读,感受夏天的美和快乐。 5. 通过学习扩写句子把一个简单的句子写具体。

续 表

学期 年级	上学期	下学期
	2. 了解汉字"先中间后两边"和"先内后外"的笔顺规则,端正写字姿势,感受汉字的形体美。 3. 能找出课文中明显信息,认识自然段,正确流利地朗读课文。 4. 通过学习课文,了解自然常识,激发学生观察自然、观察生活的兴趣。 5. 与人交流,能大胆说出自己的想法。 6. 学习写新年贺卡。 **绘本讲读** 1. 培养阅读兴趣和习惯,喜爱读书,快乐读书。 2. 培养读图和阅读简单文字的能力,积极向纯文字阅读过渡。 3. 从阅读浅近的绘本中感受到学习、创造和成长的快乐,向往美好的情景,关心自然和生命,在快乐阅读中健康发展。 **国学经典——第二课堂** 1. 初步熟悉国学经典文化。 2. 通过诵读《园果》《采莲曲》《长干行》《池上》《花影》,感悟国学里的童真童趣。 3. 通过诵读《关山月》《绝句》《晓日》《秋月》《雁儿落带得胜令·退隐》《声律启蒙》,欣赏祖国一幅幅奇妙的画卷,领略祖国大好河山之美。 4. 通过诵读《奉和令公绿野堂种花》《无题》《论语》一则、《学记》一则、《吕氏春秋》一则、《三字经》一则,学会用实际行动表达对老师的爱。	6. 能正确使用逗号、句号、问号、感叹号,能正确抄写句子。 **第七单元:** 1. 认识59个生字和2个偏旁,会写27个生字。 2. 正确、流利地朗读课文;分角色朗读课文,读好对话。 3. 借助插图、故事情节反复的特点,读懂长课文。 4. 能根据课文信息作简单推断。 5. 学习左上包围和右上包围的字先外后内的笔顺规则。 6. 在活动情景中明白游戏规则,并在交际互动中初步学习有条理地表达。 **第八单元:** 1. 认识45个生字和3个偏旁,会写21个生字;能借助图画、形声字特点、生活经验去猜字、识字;继续巩固掌握半包围结构字的书写笔顺规则。 2. 正确、流利地朗读课文;借助图画阅读课文,体验角色,读好对话,读出祈使句的语气。 3. 联系上下文和生活经验理解"可恶、盼望、热闹"等词语的意思,积累"碧绿碧绿的""雪白雪白的"这类结构的词语。 4. 继续训练根据信息作简单推断的阅读能力。 5. 结合生活情境,体会四种不同的心情,并进行说话写话的训练。 **我分享 我快乐** 1. 在分享中持续产生对童谣和儿歌的兴趣。 2. 展示自己的阅读成果,分享阅读的感受和快乐。 3. 在分享中让学生会读、乐读。 **国学经典——第二课堂** 1. 初步熟悉国学经典文化。

续 表

学期 年级	上学期	下学期
一年级		2. 通过诵读《归园田居》《春庄》《宿建德江》《山中》《雨过山村》《约客》,感悟祖国美好大自然和令人神往的田园牧歌式的生活。 3. 通过诵读《弟子规》一则、《论语》一则、《孝经》一则、《三字经》一则、《七步诗》,感悟做人的基本道理。 4. 通过诵读《山中送别》《孟子》一则、《论语》一则、《易经》一则、《庄子》一则、《弟子规》一则,学会交朋友。
二年级	第一单元: 1. 认识40个生字,读准4个多音字,会写30个生字。 2. 正确流利地朗读课文。感悟课文内容。 3. 能背诵指定课文或自己喜欢的部分。 4. 知道大自然中事物发展的规律,懂得爱护动物、爱护自然。 5. 继续引导学生养成自主识字的习惯,引导学生按偏旁给熟字分类,继续培养学生养成合作学习的习惯和认真书写的习惯。 6. 阅读浅近的童话故事,激发学生的阅读兴趣,初步养成爱护图书的好习惯。 第二单元: 1. 会认64个生字,会写40个生字,读准两个多音字,认识"隹"字旁。 2. 能正确流利、有感情地朗读课文。能结合图画识字学文,了解形声字形旁表义、声旁表音的特点。 3. 了解数量词的不同用法,能在生活情境中恰当运用数量词。 4. 通过朗读课文,感受儿歌的韵律和趣味。从儿歌中获得启迪与思考。	第一单元: 1. 会认53个生字、1个多音字,会写34个生字,会写31个词语。 2. 正确流利地朗读课文,能注意语气和重音。背诵《古诗二首》。 3. 能用自己的话说出春天的美景;了解课文内容,能说出孩子们找到的春天是什么样的;能借助插图,说出邓爷爷植树的样子。 4. 培养学生良好的观察与思考的习惯,让学生大胆想象,自由表达。 5. 感受春天的美好,用自己喜欢的方式表达对春天的喜爱。 6. 懂得与人交流时,语气不同会有不同的效果;与人交流时,能用恰当的语气说话。 7. 阅读浅近的童话、寓言、故事,向往美好的情景,关心自然和生命;初步学会看书的目录;对感兴趣的人物和事件有自己的感受和想法,并乐于交流。 第二单元: 1. 认识43个生字、读准1个多音字,会写27个生字。 2. 正确流利地朗读课文,有感情地朗读课文,通过朗读感悟道理,懂得奉献爱心、乐于助人。

续　表

学期 年级	上学期	下学期
二年级	5. 培养对儿歌的兴趣,搜集儿歌,从儿歌中学习知识,并结合自己生活实际来理解儿歌的内容。初步了解不同树木的基本特点和四季农事,懂得动物是人类的朋友;感受农民辛勤的劳作和丰收的喜悦,体会大自然的丰富与美妙,激发对大自然的喜爱之情。 6. 学习部首查字法,初步建立部首的概念。 **第三单元:** 1. 认识 55 个生字,读准 4 个多音字。会写 38 个生字。 2. 正确流利地朗读课文。 3. 了解关键词句的意思,能用指定的词语写句子。 4. 借助关键词句理解课文内容并讲故事。 5. 能针对问题,说出自己的感受和想法。 6. 口语交际《做手工》,能按照顺序说话,把主要意思说清楚,继续培养专心听、记住重要信息的习惯。 7. 写写自己喜欢的玩具,学习基本的写话格式。 **第四单元:** 1. 认识 57 个生字,读准 3 个多音字。会写 38 个生字。 2. 能联系上下文和生活经验,理解词语的意思。 3. 展开想象,用自己的话说说诗句描绘的画面,初步感受大自然的神奇和壮丽。 4. 能正确、流利地朗读课文,理解课文内容,背诵古诗和课文指定的段落。 5. 能仿写句子,提升写话能力。 6. 积累词语,并能学会运用。 7. 激发认识家乡、赞美家乡的情感。	3. 能用多种方法猜测词语意思,并说出了解词语意思的方法。 4. 读句子,想画面,能用自己的话说出画面内容。 5. 懂得关心帮助他人,珍爱劳动成果,与家人相亲相爱。 6. 能根据提示写一写自己的好朋友,写出他的样子和经常一起做的事。 7. 能积累关爱他人的谚语。 **第三单元:** 1. 认识 60 个生字、读准 2 个多音字,会写 36 个生字。 2. 能利用韵语、形旁与自己的实物联系,能借助图片识字。 3. 能在语言环境中初步感受"奔、涌、长、耸"的表达效果;能说出制作美食的多种方法。 4. 积累"华夏儿女、炎黄子孙"等四字词语。 5. 朗读背诵课文,感受祖国山河的壮美和文化的悠久。 6. 能讲出汉字"贝"的故事,初步感受汉字的魅力。 7. 通过学习口语交际《长大以后要做什么》,能把自己长大以后想干什么说清楚,简单说明理由;能听明白同学说的内容,对感兴趣的内容提出疑问。 8. 认识十二生肖、十二时辰,并能按顺序背诵十二生肖,初步了解生肖文化。 **第四单元:** 1. 认识 48 个生字,读准 2 个多音字,会写 34 个生字。 2. 能正确流利地朗读课文,默读课文《枫树上的喜鹊》。 3. 能根据课文内容说出课后的问题,与同学交流自己感兴趣的内容。 4. 根据情境展开想象,仿照课文相关段落把想到的内容写下来;能根据提示,用上提供的词语编故事。

续　表

学期 年级	上学期	下学期
二年级	第五单元： 1. 认识35个生字，读准3个多音字，会写24个生字。 2. 能分角色朗读课文，读好对话，读出不同句子的语气。 3. 能联系生活实际，初步体会课文讲述的道理。 4. 能结合课后题目，感受和体会语言表达的多样性，学习表达。 5. 阅读寓言故事，体会故事寓意，通过小故事，明白大道理。 6. 和别人商量事情，要用商量的语气，并把自己的想法说清楚。 第六单元： 1. 会认44个生字，读准3个多音字，会写24个生字。 2. 能正确流利、有感情地朗读课文，能借助词句讲述课文内容。 3. 能抓住关键词句段，品读感悟人物的优秀品质，激发对伟人的敬佩之情。 4. 阅读神话故事，通过故事情节体会文中人物的精神。 5. 通过观察图片，了解每幅图的意思，能按顺序讲清楚图片的含义；认真听，知道别人讲的是哪幅图的内容。 第七单元： 1. 认识38个生字，读准1个多音字，会写24个生字。 2. 能正确流利、有感情地朗读课文，背诵相关课文。 3. 学习默读，试着做到不出声朗读课文。 4. 图文对比，想象画面，大致理解古诗的意思；想象说话，体会雾的顽皮淘气；通过想象编故事，感受雪孩子的善良。 5. 通过句子的对比朗读与抄写，感受语言表达的具体生动。	5. 能根据提示看图发挥想象，借助词语按时间顺序把小动物们一天的经历写下来。 6. 能背诵与诚信有关的名言。 第五单元： 1. 认42个生字，读准2个多音字，会写26个生字。 2. 能正确流利、有感情地朗读课文，用好恰当的语气；分角色朗读《小马过河》。 3. 能说出"亡羊补牢""揠苗助长"两个成语的意思；能用自己的话说出看到"我"画的杨桃，老师和同学们的做法有什么不同；能用上提供的词语，复述《小马过河》的故事。 4. 根据课文内容，说出自己简单的看法。 5. 比较句子的不同，能体会句子加上"赶紧""焦急"等修饰词语后的好处。 6. 通过学习《图书借阅公约》，主动发表对图书角管理方法的意见；交流时，能做到等别人说完再发表自己的意见。 7. 能背诵《弟子规》中的节选内容。 第六单元： 1. 认识42个生字，认准1个多音字，会写34个生字。 2. 会说诗句描绘的画面；体会在语境中使用"压、垂、挂"等词语的好处；能拓展积累词语，抄写句子。 3. 阅读课文，能提取主要信息，会说出雷雨前后景色的变化、"天然的指南针"怎样帮助人们辨别方向和太空生活中的趣事。 4. 背诵要求背诵的古诗、课文。 5. 能仿写句子，把自己对大自然的疑问写下来。 第七单元： 1. 认识51个生字、读准5个多音字，会写33个生字。

续 表

学期 年级	上学期	下学期
二年级	第八单元： 1. 认识51个生字，读准2个多音字，会写32个生字。 2. 综合运用多种方法自主识字，自主阅读，读懂课文。 3. 借助提示，复述课文。 4. 继续学习默读，试着做到不出声。 5. 图文对比，想象说话；感受狐狸狡猾、贪吃的形象。 6. 通过故事内容，感受应该怎样与人相处。 "乐"读童书课程： 1. 全班阅读《小鲤鱼跳龙门》《"歪脑袋"木头桩》《一只想飞的猫》等书籍。 2. 阅读浅近的童话故事，激发学生的阅读兴趣，初步养成爱护图书的好习惯。 3. 通过阅读充满向往美好情感的情节，关心自然和生命。 4. 对感兴趣的人物和事件有自己的感受和想法，并乐于交流分享课外阅读成果。 国学经典——第二课堂 1. 诵读《国学经典——第二课堂》（上） 2. 通过诵读经典诗歌，积累传统经典篇目，提升国学修养。 3. 了解古代诗人怎样用诗描述动物特征及特性。 4. 通过诵读一些表达时间珍贵的古诗，让学生意识到时间的重要性，培养珍惜时间、珍惜生命的意识。 5. 启发学生只有勤奋、刻苦才会有收获。 五小朗读者： 1. 朗读课本中的课文内容，并按照具体要求把课文朗读录成音频或视频，分享到钉钉班级圈。	2. 能正确流利地朗读课文，读好问句，分角色表演《青蛙卖泥塘》。 3. 读懂课文内容，解决课后问题。 4. 能结合生活说出对"人家是人家，我是我"的理解，能根据课文内容展开想象。 5. 能写清楚自己想养小动物的理由。 6. 能背诵《二十四节气歌》。 第八单元： 1. 认识33个生字，会写26个生字。 2. 能结合语境体会表示动作的词语的恰当运用。 3. 根据课文内容展开想象，根据提示说出自己想象的内容。 4. 通过学习口语交际《推荐一部动画片》，能把自己感兴趣的内容说清楚；能注意说话的速度，让别人听清楚讲的内容；会认真听，了解别人讲的主要内容。 5. 背诵古诗《舟夜书所见》。 传统节日知多少： 1. 学习春节、清明节、中秋节等传统节日的相关知识。 2. 了解中国传统节日是中华民族悠久历史文化的重要组成部分，具有深邃的文化内涵。 五小朗读者： 1. 整班阅读儿童故事，打造书香校园，营造良好的阅读氛围。 2. 通过阅读有趣的童话故事，激发阅读兴趣。 传统课程： 1. 认识十二生肖、十二时辰；背诵积累《二十四节气歌》；学习寓言故事《亡羊补牢》《揠苗助长》和神话故事《羿射九日》等。 2. 认识十二生肖，学习十二时辰。 3. 了解二十四节气。 4. 学习寓言故事，体会故事寓意，通过

第一章 情境性：打造培养核心素养的场域

续 表

学期 年级	上学期	下学期
二年级	2. 打造书香校园，营造良好的阅读氛围，激发学生的阅读兴趣。 **翰墨书香：** 1. 掌握汉字的基本笔画和常用的偏旁部首。 2. 能按笔顺规则用硬笔书写，注意间架结构，养成良好的写字习惯。	小故事，明白大道理；阅读神话故事，通过故事情节，体会文中人物精神。 **翰墨书香：** 1. 掌握汉字的基本笔画和常用的偏旁部首。 2. 能按笔顺规则用硬笔书写，注意间架结构，养成良好的写字习惯。 **国学经典——第二课堂：** 1. 诵读《国学经典——第二课堂》（下）。 2. 培养吾爱吾家、尊老爱幼的传统美德。 3. 了解中华传统节日及传统习俗，培养学生自立自强、立志向学的意识。
三年级	第一单元： 1. 认识25个生字，读准3个多音字，会写25个生字，会写34个词语。 2. 阅读时，关注有新鲜感的词语和句子；与同学交流，借鉴课文的表达方法，仿说或仿写。 3. 正确流利地朗读课文，能边读边想象画面。 4. 默读课文，能初步了解略读课文的基本学习要求，了解课文的主要内容，说出自己的看法。 5. 体会习作的乐趣；能选择一两点印象深刻的地方，写一段话介绍自己的同学。 第二单元： 1. 认识35个生字，读准1个多音字，会写30个生字，会写31个词语。 2. 运用多种方法理解难懂的词语。 3. 有感情地朗读课文，读出秋天的美好，在朗读理解中积累语言。 4. 学习写日记，能借助例文，了解写日记的好处、日记可写的内容及日记的基本格式。 第三单元： 1. 认识41个生字，读准7个多音字，会写26个生字，会写34个词语。	第一单元： 1. 认识28个生字，读准4个多音字，会写25个生字，会写30个词语。 2. 试着一边读一边想象画面。有感情地朗读课文。 3. 体会优美生动的语句，领悟作者所描绘的意境。积累优美段句。 4. 留心观察，展开想象，试着把观察到的事物写清楚。 第二单元： 1. 认识27个生字，读准3个多音字，会写25个生字，会写29个词语。 2. 有感情地朗读课文，了解寓言故事的内容，明白其中蕴含的道理。 3. 分角色朗读课文，体会作者的表达方式。 4. 学习编写寓言故事，把图画的内容编成一则寓言，并写清楚。 第三单元： 1. 认识37个生字，读准8个多音字，会写36个生字，会写30个词语。 2. 通过查字典和联系上下文理解词语，学会运用词语。 3. 理解背诵古诗，了解中国传统节日的风俗习惯，激发学生热爱祖国传统文化的兴趣。

续 表

学期 年级	上学期	下学期
三年级	2. 感受童话丰富的想象,了解课文中童话故事的主要内容,能对文中的人物作出简单的评价;展开想象,体会人物心情的变化。 3. 能借助教材提示的内容,发挥想象,试着自己编童话、写童话。 第四单元: 1. 认识31个生字,读准5个多音字,会写13个生字,会写13个词语。 2. 一边读一边预测,顺着故事情节去猜测,预测要有一定的依据,预测的内容跟实际内容可能一样,也可能不一样,初步感受预测的好处和乐趣。 3. 学习预测的一些基本方法。能将自己的预测与实际内容进行比较,及时修正自己的想法。 4. 尝试续编故事,把故事写完整。 5. 能运用改正、增补、删除的修改符号,修改有明显错误的内容。 第五单元: 1. 认识10个生字,读准1个多音字,写会9个生字,会写29个词语。 2. 体会作者是怎样留心观察周围事物的;感受作者观察的细致,体会留心观察的好处。 3. 能和同学交流自己观察到的动物、植物或场景及其变化;仔细观察,把观察所得写下来。 第六单元: 1. 认识44个生字,读准6个多音字,会写42个生字,会写62个词语。 2. 能结合注释,想象古诗中描绘的景色,能用自己的话说出诗句的意思。 3. 能用自己的话介绍文中的景物或场景。 4. 能借助关键语句理解一段话的意思。	4. 了解课文是怎么围绕一个意思把一段话写清楚的。 5. 收集传统节日的资料,交流节日的风俗习惯,写一写过节的过程。 第四单元: 1. 认识27个生字,会写25个生字,会写30个词语。 2. 借助关键语句概括一段话的大意,朗读课文,使用关键句和重点词语理解课文,渗透积累使用关键句的方法。 3. 能借助图表记录做一次小实验,观察事物的变化,把实验过程按顺序写清楚。 第五单元: 1. 认识13个生字,会写10个生字,会写25个词语。 2. 走进想象的世界,感受想象的神奇,了解课文内容,感受作者大胆和神奇的想象。 3. 能和同学交流自己想象到的内容。 4. 能借助习作例文,进一步体会丰富、神奇的想象,并发挥想象写故事,创造自己的想象世界。 第六单元: 1. 认识30个生字,读准1个多音字,会写30个生字,会写41个词语。 2. 默读课文,运用多种方法理解难懂的句子;能理解课文的主要内容。 3. 能体会课文的丰富想象,说出肥皂泡还有哪些美丽的去处。 4. 写一个身边的人,尝试写出他的特点;能给习作拟一个表现人物特点的题目。 第七单元: 1. 认识24个生字,读准2个多音字,会写20个生字,会写40个词语。 2. 了解课文是从哪几个方面把事物写清楚的;理解课文的主要内容,感受大自然的奇妙。

续 表

学期 年级	上学期	下学期
三年级	5. 在习作中，能围绕一个意思用一段话写下来；能运用平时自己积累的描写景物的词语和句子。 **第七单元：** 1. 认识22个生字，读准2个多音字，会写20个生字，会写67个词语。 2. 引导学生有感情地诵读课文，感受语文生动的语言，积累喜欢的语句。 3. 能够借助关键句、重点词，感受课文内容表达的美好感情。 4. 鼓励学生留心生活，引导学生从积极的方面，有条理、清楚地把自己的想法记录下来。 **第八单元：** 1. 认识42个生字，读准4个多音字，会写30个生字，会写28个词语。 2. 能借助注释理解《司马光》的课文大意，并用自己的话讲故事，初步感受文言文的特点。 3. 学习带着问题默读，理解课文的内容，体会人物心情的变化。 4. 学写一次简单的玩的过程，表达当时快乐的心情，正确使用标点符号。 **遨游童话世界：** 1. 整班阅读《稻草人》《格林童话》等。 2. 体会故事中主人公的情感、命运。 3. 逐步感受童话里的真、善、美。 **童声诵经典课程：** 1. 带领学生初步阅读浅显的古诗词。 2. 积累浅近文言文的阅读经验，积累常见词汇和名言警句。 **走进中国上下五千年：** 1. 打造书香班级，营造良好的阅读氛围。 2. 通过阅读，让学生感受祖国历史的变化。 **读童书课程：** 1. 培养阅读兴趣。	3. 知道怎么围绕一个意思，把一段话写清楚。 4. 体会课文语言表达的好处，能借鉴课文的表达仿写句子。 5. 初步学习查找资料，整合信息；围绕提示的信息，写一写国宝大熊猫。 **第八单元：** 1. 认识32个生字，读准6个多音字，会写25个生字，会写22个词语。 2. 了解故事的主要内容，能借助提示，按顺序复述故事，不遗漏重要情节。 3. 分角色朗读课文，能读出故事中人物对话的语气，体会人物的特点。 3. 根据提示，展开想象，选择一种动物作为主角，尝试编写童话故事；巩固修改符号的使用方法。 **童声诵经典课程：** 1. 带领学生初步阅读浅显的古诗词。 2. 积累浅近文言文的阅读经验，积累常见的词汇和名言警句。 **走进中国上下五千年：** 1. 积累初步的历史知识，了解中国古代历史时期顺序。 2. 增强对祖国历史的热爱。 **遨游寓言世界：** 1. 整班阅读《中国古代寓言故事》《伊索寓言》等。 2. 对于传统寓言故事，能记住其中的典型人物和精彩情节。 3. 初步把握其感情，知晓道理。 **汉字听写大赛：** 1. 通过比赛方式提高学生的字词积累量。 2. 在充满乐趣的氛围中积累字词。 **我爱记诗词：** 1. 巩固从一年级到现在班级共同课外积累的古诗词。 2. 在比赛中积累更多古诗词。

续 表

学期 年级	上学期	下学期
三年级	2. 记忆故事中的典型人物和精彩情节,初步把握其感情。 **汉字听写大赛:** 1. 通过比赛的方式提高字词积累量。 2. 在充满乐趣的氛围中积累更多字词。 **我爱记诗词:** 1. 巩固从一年级到现在所学的课内古诗词。 2. 在比赛中积累更多古诗词。 **国学经典——第二课堂:** 1. 积累中华优秀传统文化。 2. 赞美祖国河山之美,树立做人要知恩图报的正确价值观。 3. 树立待人诚实守信的意识。	**国学经典——第二课堂:** 1. 培养对家乡的热爱、赞美之情。 2. 培养学习生活中的自律意识。 3. 初步践行与人为善的良好作风。
四年级	**第一单元:** 1. 认识29个生字,会写29个生字,会写28个词语。 2. 边读边想象画面,感受自然之美。 3. 初步了解课文的描写顺序,能从课文中找出优美的句子并抄下来。 4. 推荐一个好地方,写清楚推荐理由。 5. 学习现代诗的格式及特点,尝试创编儿童诗。 **第二单元:** 1. 认识49个生字,读准2个多音字,会写41个生字,会写46个词语。 2. 阅读时尝试从不同角度去思考,提出自己的问题,能筛选出对理解课文有帮助的问题。 3. 能自主运用提问策略进行阅读,尝试解决提出的问题,养成积极思考的习惯。 4. 能抓住人与动物的相似之处写出家人的特点,能主动与同学和家人分享习作,修改不通顺的语句,体验表达的乐趣。	**第一单元:** 1. 认识20个生字,读准2个多音字,会写20个生字,会写26个词语。 2. 抓住关键句,初步体会课文表达的思想感情。 3. 积累本单元课文中生动形象的句子,能够想象和体会句中的画面和情境。 4. 回忆自己的生活乐园,借助表格提示,写清楚乐园的样子和在乐园中的活动,表达出自己快乐的感受。 **第二单元:** 1. 认识43个生字,读准2个多音字,会写43个生字,会写45个词语。 2. 阅读时能提出不懂的问题,并试着解决。 3. 展开奇思妙想,写一写自己想发明的东西。 4. 热爱科学,关注科技发展。 **第三单元:** 1. 认识19个生字,会写19个生字,会写17个词语。 2. 初步了解现代诗的一些特点,体会诗歌的情感。

第一章 情境性:打造培养核心素养的场域 17

续 表

学期 年级	上学期	下学期
四年级	第三单元： 1. 认识22个生字，读准2个多音字，会写22个生字，会写32个词语。 2. 体会文章准确生动的表达，感受作者连续细致的观察。 3. 留心周围的事物，养成连续细致观察的习惯，能够运用图文结合和做表格的形式，学习做好观察记录。 4. 能进行连续的观察，用观察日记的形式记录观察对象的变化。 第四单元： 1. 认识41个生字，读准2个多音字，会写32个生字，会写27个词语。 2. 了解故事的起因、经过、结果，学习把握文章的主要内容。 3. 感受神话中神奇的想象和鲜明的人物形象。 4. 能选择一个自己喜欢的神话或童话人物，围绕"我和＿＿过一天"展开想象，写一个故事。 5. 通过学习《夸父逐日》《共工触山》《盘古开天地》等熟悉的小古文，初步阅读浅显的小古文，积累文言文的阅读经验，积累常见词汇和名言警句。 第五单元： 1. 认识11个生字，读准1个多音字，会写11个生字，会写31个词语。 2. 知道要按一定的顺序把事情写清楚；知道可以把看到的、听到的、想到的写下来，清楚展示事情发展过程中的重要内容；知道抓住怎么想、怎么说、怎么做，把事情发展过程中的重要内容写清楚。 3. 进行习作"生活万花筒"的练习，能够把看到的、听到的或经历过的印象深刻的事写清楚，能够用文字记录身边的童真童趣。	3. 能借助关键词句，体会诗人情感和诗歌韵味。 4. 根据需要收集资料，初步学习整理资料的方法。 5. 合作编小诗集，举办诗歌朗诵会。 第四单元： 1. 认识27个生字，读准4个多音字，会写27个生字，会写36个词语。 2. 体会作家是如何表达对动物的感情的，感受语言的趣味。 3. 有热爱生活的情趣，激发学生观察动物的兴趣。 4. 认真观察自己熟悉的动物，能发现它们各方面的特点；能够根据需要写出动物的特点。 第五单元： 1. 认识9个生字，读准1个多音字，会写9个生字，会写24个词语。 2. 了解课文按一定顺序描写景物的方法，体会作者是怎么抓住景物的特点写清楚的。 3. 学习按游览的顺序描写景物的方法。 4. 能结合课文内容，总结、梳理出按照游览顺序和景物变化顺序写景的方法。 5. 开展"我是小导游"活动，能按照顺序介绍一处景物；制定出游览路线并写下来，能够把过程说清楚或写清楚。 第六单元： 1. 认识33个生字，读准5个多音字，会写15个生字，会写13个词语。 2. 用较快的速度默读课文，学习怎样把握长文章的主要内容。 3. 感受人物的美好特质。 4. 按一定顺序把自己学做事情的过程写清楚，能够写出学习过程中遇到的有困难或有趣的经历，把心情变化写下来。

续　表

学期 年级	上学期	下学期
四年级	第六单元： 1. 认识35个生字，读准7个多音字，会写34个生字，会写46个词语。 2. 学习用批注的方法阅读。 3. 通过人物的动作、语言、神态体会人物的心情，能理解关键句的意思。 4. 记录一次游戏，能按顺序把游戏过程写清楚，写出自己的想法和感受。 第七单元： 1. 认识30个生字，读准3个多音字，会写23个生字，会写16个词语。 2. 关注主要人物和事件，学习把握文章的主要内容。 3. 能查找资料，联系时代背景理解课文内容，感受人文情怀。 4. 学写书信，掌握书信的格式，给自己身边的人写信。 5. 通过开展朗诵分享和比赛等活动，让学生朗诵经典诗文、优美文段，提高自身的文学修养，培养自身气质，提高语言感受能力。 第八单元： 1. 认识33个生字，读准1个多音字，会写20个生字，会写12个词语。 2. 了解故事情节，简要复述课文。 3. 能够通过描写人物语言的句子，感受人物形象。 4. 能借助卡片提示的重要信息，使用恰当的语气和肢体语言，讲述自己最喜欢的历史人物故事。 5. 选取一件感受强烈的事情，写清楚事情的经过和当时的感受；能自己修改习作，并誊写清楚。 畅游神话： 1. 整班共读《中国民间神话故事》《中国神话故事》等。 2. 能复述叙事性作品的大意，关心作品中人物的命运和喜怒哀乐。 3. 能与他人交流自己的感受。	5. 学习《曹冲称象》《孔融让梨》《守株待兔》等熟悉的小古文，初步阅读浅显的小古文，积累文言文的阅读经验，积累常见词汇和名言警句。 第七单元： 1. 认识28个生字，读准2个多音字，会写28个生字，会写10个词语。 2. 能借助注释，理解诗句和文言文的意思。 3. 从人物的语言、动作等描写中感受人物的品质。 4. 能从外貌、主要性格等方面写出自己的特点，并能用具体的事例说明。 第八单元： 1. 认识28个生字，读准1个多音字，会写26个生字，会写20个词语。 2. 能把握课文的主要内容，感受童话的奇妙，体会人物真善美的形象。 3. 能够根据课文内容，展开丰富的想象，能够按自己的想法新编故事。 畅游科学世界： 1. 班级共读《十万个为什么》《穿过地平线》《细菌世界历险记》《地球故事》等科普读物。 2. 初步感受科普书籍的乐趣，学习阅读方法和技巧，感受科学世界的奥秘。 能说会道： 1. 能在生活中转述事情。 2. 能准确传达信息，清楚连贯地讲述。 3. 能根据讨论的目的，记录重要信息，并分类整理，有条理地汇报。 4. 能根据对象和目的进行自我介绍。 国学经典——第二课堂： 1. 初步熟悉国学经典文化。 2. 感受古人勤劳简朴、同心同德的精神以及古人的聪明才智。 3. 能够学习其中蕴含的人生哲理并指导个人行为。

续 表

学期 年级	上学期	下学期
四年级	**翰墨书香：** 1. 能用硬笔熟练地书写正楷字，做到规范、端正、整洁。 2. 能用毛笔临摹正楷字。 3. 写字姿势正确，有良好的书写习惯。 **能说会道：** 1. 能围绕话题发言，在讨论的时候不影响其他人。 2. 能在生活中安慰他人。 3. 讲故事时，能运用恰当的语气和肢体语言，把故事讲得更生动。 **国学经典——第二课堂：** 1. 初步熟悉国学经典文化。 2. 感受古人手足情深、谦虚谨慎、乐山乐水的人文精神。 3. 能够学习其中蕴含的人生哲理并指导个人行为。	
五年级	**第一单元：** 1. 会读 26 个生字，读准 2 个多音字，会写 26 个生字，会写 31 个词语。 2. 初步了解课文借助具体事物抒发感情的方法。 3. 写出自己对一种事物的感受。 4. 阅读中外民间故事，了解民间故事的特点，从中获得感悟；营造良好的阅读氛围，激发阅读兴趣。 5. 学会合理控制发言时间，能尊重不同的见解，梳理、总结大家的意见，制定出切实可行的公约。 **第二单元：** 1. 会读 27 个生字，读准 5 个多音字，会写 27 个生字，会写 70 个词语。 2. 学习提高阅读速度的方法。 3. 结合具体事例写出人物的特点。 4. 对一些著名的诗人及古诗的特点有进一步的了解，并能够学习其中蕴含的道理。	**第一单元：** 1. 认识 41 个生字，会写 18 个生字，会写 10 个词语。 2. 体会课文表达的思想感情。 3. 把一件事的重点部分写具体。 4. 阅读、了解名著故事，从中获得感悟；营造良好的阅读氛围，激发学生的阅读兴趣。 5. 能根据需要提出不同的问题，交流时能边听边记录。 **第二单元：** 1. 认识 51 个生字，读准 5 个多音字，会写 26 个生字，会写 17 个词语。 2. 初步学习阅读古典名著的方法。 3. 学习写读后感。 4. 能对所学名著课文，如《景阳冈》《草船借箭》进行简单的创编，改成一个个有趣的剧本。 5. 初步了解读后感的基本写法。 **第三单元：** 1. 感受汉字的有趣，了解汉字文化。

续 表

学期 年级	上学期	下学期
五年级	5. 能抓住人物特点,用一两件事描写人物。 6. 能够评价、修改同学和自己的作品。 **第三单元:** 1. 会读 22 个生字,会写 22 个生字,会写 57 个词语。 2. 了解课文内容,创造性地复述故事。 3. 提取主要信息,缩写故事。 4. 讲故事时能适当丰富故事里的细节,配上相应的动作和表情。 5. 了解中国文字发展的历史,热爱我国文字,并能认真书写,力求美观。 6. 在学习民间故事的基础上,能对所学课文进行简单的创编,改成一个个有趣的剧本。 **第四单元:** 1. 会读 35 个生字,会写 30 个生字,会写 31 个词语。 2. 结合查找的资料,体会课文表达的思想感情。 3. 学习列提纲,分段叙述。 4. 能根据习作要求大胆想象;能列习作提纲,在习作中分段叙述,把重点部分写具体。 **第五单元:** 1. 会读 15 个生字,会写 15 个生字,会写 32 个词语。 2. 阅读简单的说明性文章,了解基本的说明方法。 3. 搜集资料,用恰当的说明方法,把某一事物介绍清楚。 4. 能用恰当的说明方法,分段介绍事物的不同方面,写清楚事物的主要特点。 5. 能和同学分享习作并交流各自的感受。	2. 学习搜集资料的基本方法。 3. 学写简单的研究性报告。 4. 能了解一些关于汉字的历史和现状的知识,树立规范使用国家通用语言文字的意识。 5. 硬笔书写楷书,行款整齐,力求美观,有一定的速度,在书写中体会汉字的优美。 **第四单元:** 1. 认识 27 个生字,读准 2 个多音字,会写 27 个生字,会写 30 个词语。 2. 通过课文中的动作、语言、神态描写,体会人物内心。 3. 尝试运用动作、语言、神态描写,来表现人物的内心。 4. 了解篇章书写的格式要求,书写时能做到标题和作者位置醒目、段落分明。 **第五单元:** 1. 会读 20 个生字,读准 2 个多音字,会写 20 个生字,会写 26 个词语。 2. 学习描写人物的基本方法。 3. 了解可以通过描写人物的语言、动作、外貌、神态、心理等表现人物特点。 4. 初步运用人物描写的基本方法,尝试把一个人的特点写具体。 5. 能结合例文和批注,进一步感知写人的基本方法。 **第六单元:** 1. 会读 15 个生字,读准 1 个多音字,会写 15 个生字,会写 24 个词语。 2. 了解人物的思维过程,加深对课文内容的理解。 3. 根据情境编故事,注意情节的转折。 4. 通过搜集我国历代爱国名将的故事,学习他们的精神,增强爱国情感。 5. 能借助提示,按事情发展的顺序写探险故事;能展开丰富的想象,把遇到的困境、求生的方法写具体。

续　表

学期 年级	上学期	下学期
五年级	**第六单元：** 1. 会读 35 个生字，读准 2 个多音字，会写 26 个生字，会写 59 个词语。 2. 注意体会场景描写和细节描写中蕴含的感情。 3. 用恰当的语言表达自己的看法和感受。 4. 能选择恰当的材料支持自己的观点。 5. 以书信的形式，用恰当的语言向父母表达自己的看法和感受。 **第七单元：** 1. 会读 28 个生字，读准 2 个多音字，会写 22 个生字，会写 30 个词语。 2. 初步体会景物的动态美和静态美。 3. 学习描写景物的变化。 4. 观察某种自然现象或某处自然景观，重点观察景物的变化，写下观察所得。 5. 能按照一定的顺序描写景物，写出景物的动态变化。 **第八单元：** 1. 会读 34 个生字，读准 5 个多音字，会写 22 个生字，会写 30 个词语。 2. 阅读时注意梳理信息，把握内容要点。 3. 根据表达的需要，分段表述，突出重点。 4. 介绍一本书，能分段表述推荐的理由，并能把重要的理由写具体。 **国学经典——第二课堂：** 1. 通过学习国学小课文，了解古人表达尊重的礼仪和具体做法。 2. 知道文明举止不仅体现在一个人外在的仪容仪表上，更重要的是体现在行为习惯、道德修养和气质情操上。 3. 努力做一个讲礼仪、守规范的好孩子。	**第七单元：** 1. 会读 30 个生字，读准 3 个多音字，会写 30 个生字，会写 34 个词语。 2. 体会景物的动态美和静态美。 3. 搜集资料，介绍一个地方。 4. 能列出讲解的提纲，按一定顺序讲述。 5. 能搜集资料，清楚地介绍一处自己感兴趣的中国文化遗产。 **第八单元：** 1. 会读 25 个生字，读准 1 个多音字，会写 19 个生字，会写 21 个词语。 2. 感受课文风趣的语言。 3. 看漫画，写出自己的想法。 4. 能用心倾听别人讲笑话，做一个好的听众。 5. 能写出漫画的内容和可笑之处，能借助标题和提示语，联系生活，写清楚从漫画中获得的启示。 **国学经典——第二课堂：** 1. 初步熟悉国学经典文化。 2. 感受古人傲骨迎风、挺霜而立的高尚品格，并努力提升自己的品行。

续　表

年级＼学期	上学期	下学期
六年级	**第一单元：** 1. 会写22个生字，会写37个词语。 2. 阅读时能结合所读的内容进行想象。 3. 领悟作者在写景中融入自己感受的表达方法，体会这样写的好处。 4. 体会由事物引发联想的表达方式，并能说出自己的理解。 5. 在习作中发挥想象，把重点部分写得详细一些。 **第二单元：** 1. 会写32个生字，会写40个词语。 2. 了解文章是怎样点面结合描写场面的。 3. 领悟诗句表达的情感，感受红军大无畏的革命乐观主义精神。 4. 体会课文既关注群体，又聚焦个体的写法。 5. 尝试运用点面结合的写法记录一次活动。 **第三单元：** 1. 会写28个生字，会写39个词语。 2. 能根据阅读目的，选用恰当的阅读方法。 3. 能根据不同的阅读任务，快速读课文，找到相关内容，再仔细阅读，达到阅读目的。 4. 能根据阅读目的，选择适当的阅读方法，解决问题。 5. 写生活体验，试着表达自己的看法。 **第四单元：** 1. 会写22个生字，会写29个词语。 2. 读小说，关注情节、环境，感受人物形象。 3. 能根据环境描写的句子，初步体会这些描写对塑造人物形象的作用。 4. 默读课文，关注情节和人物，了解小说表达主题的方法。 5. 发挥想象，创编生活故事。	**第一单元：** 1. 会写34个生字，会写38个词语。 2. 分清内容的主次，体会作者是如何详写主要部分的。 3. 了解课文表达顺序，把握详略安排及其效果，学习作者抓住有特色的民俗活动进行细致描写的方法。 4. 能想象诗中描绘的画面，体会诗人所表达的情感。 5. 在习作中注意抓住重点，写出特点。 **第二单元：** 1. 会写15个生字，会写20个词语。 2. 借助作品梗概，了解名著的主要内容。 3. 能就印象深刻的人物和情节交流感受，能对相关人物作出简单的评价，产生阅读原著的兴趣。 4. 学习写作品梗概。 **第三单元：** 1. 会写19个生字，会写29个词语。 2. 体会文章是怎样表达情感的。 3. 能选择一两个情境，运用情景交融的方法写几句话。 4. 选择合适的内容写出真情实感。 **第四单元：** 1. 会写28个生字，会写37个词语。 2. 关注人物外貌、神态、言行的描写，体会人物品质；查阅相关资料，加深对课文的理解。 3. 能联系诗人的生平资料，体会诗人的精神品质和远大志向。 4. 了解课文首尾呼应的表达方法。 5. 在习作中选择适合的方式进行表达。 **第五单元：** 1. 会写24个生字，会写37个词语。 2. 体会文章是怎样用具体事例说明观点的。 3. 能围绕辩题搜集、整理材料，清晰地表达自己的观点。

续 表

学期 年级	上学期	下学期
六 年 级	**第五单元：** 1. 会写 22 个生字，会写 24 个词语。 2. 体会文章是怎样围绕中心意思来写的。 3. 体会课文从不同方面表达中心意思的写法。 4. 感受课文是如何把心理活动写具体、写生动的，说出这样写的好处。 5. 从不同方面或选取不同事例，表达中心意思。 **第六单元：** 1. 会写 14 个生字，会写 20 个词语。 2. 抓住关键句，把握文章的主要观点。 3. 借助具体诗句，通过想象画面理解诗歌大意，体会诗词之美。 4. 能说出课文表达了怎样的观点，又是怎样一步步说明这个观点的。 5. 学写倡议书。 **第七单元：** 1. 会写 15 个生字，会写 12 个词语。 2. 借助语言文字展开想象，体会艺术之美。 3. 展开想象，感受京剧艺术的魅力。 4. 写自己的拿手好戏，把重点部分写具体。 **第八单元：** 1. 会写 25 个生字，会写 29 个词语。 2. 借助相关资料，理解课文主要内容。 3. 能联系上下文、借助资料理解难懂的词语，在此基础上正确、流利地朗读课文。 4. 通过事情写一个人，表达出自己的情感。 **童声诵童书课程：** 1. 结合快乐读书吧，了解中华民族辉煌的历史征程。 2. 感受中华儿女的爱国情怀，增强民族自豪感。	4. 能根据相关语句体会人物形象，感受探索精神。 5. 展开想象，写科幻故事。 **第六单元：** 1. 运用学过的方法整理资料。 2. 策划简单的校园活动，学写策划书。 3. 能用书信等形式表达情感、与人交流。 4. 围绕单元及板块主题，与同学交流、协商、制订阶段活动计划。 **童声诵经典课程：** 1. 班级共读《格列佛游记》《希利尔讲世界史》。 2. 通过对世界故事的理解，进而了解时代全貌，正确地看待历史事件。 **经典古诗词课程：** 1. 阅读经典"宋词"，注重古诗词积累。 2. 感受中华古诗词文化，积累古诗词，丰富人生底蕴。 **品读经典文言：** 1. 诵读《历代美文选》，提高学生文言文阅读水平，掌握文言实词、虚词等相关知识。 2. 能够初步翻译浅易的文言文。 **传统文化多彩课程：** 1. 学习徐福渡海、丝绸之路、张骞出使西域等相关知识。 2. 了解中国历代与国外的文化交流，感受中华的传统美德。 **名著伴我行课程：** 1. 阅读外国名著片段，打造书香校园。 2. 营造良好的阅读氛围，激发学生的阅读兴趣。 **翰墨书香书法课程：** 1. 用硬笔、毛笔书写正楷字，以本册生字为主，学习千字文中的常用字。 2. 进一步学习用硬笔书写楷书，行款整齐，力求美观，有一定的速度。

续 表

学期 年级	上学期	下学期
六年级	**经典古诗词课程：** 1. 阅读《唐诗三百首》，注重古诗词积累。 2. 感受中华古诗词文化，积累古诗词，丰富人生底蕴。 **名著伴我行课程：** 1. 诵读高尔基的《童年》，感悟名著的魅力。 2. 打造书香校园，营造良好的阅读氛围，激发学生的阅读兴趣。 **传统文化多彩课程：** 1. 学习脸谱、京剧、豫剧的相关知识。 2. 了解京剧、豫剧等传统戏剧，感悟中华文化的多彩。 **走进鲁迅：** 1. 学习鲁迅先生的文章。 2. 阅读鲁迅书籍，感受鲁迅崇高的精神。 **翰墨书香：** 1. 用硬笔书写楷书，行款整齐，力求美观，有一定的速度。 2. 能用毛笔书写楷书，在书写中体会汉字的优美。 **国学经典——第二课堂：** 1. 学习课本《国学经典——第二课堂》（上），感悟书法魅力。 2. 加强国学修养，拓展文史知识，奠定精神谱系。	3. 能用毛笔书写楷书，在书写中体会汉字的优美。 **轻叩诗歌的大门：** 1. 少年初长成，杨柳话送别。体会欣赏诗歌、朗诵诗歌、创作诗歌、感受诗歌的魅力。 2. 理解杨柳依依惜别之情的文化内涵，沐浴优秀传统文化的熏陶，感受少年成长的蜕变。 **国学经典——第二课堂：** 1. 学习课本《国学经典——第二课堂》（下），感悟国学经典，感悟对联魅力。 2. 拓展文学知识，感受传统"孝"文化。感悟离愁别绪，重温友情。

"润心语文"的课程着力培养学生的核心素养，让学生在积极的语文实践活动中，增强文化自信，提高语言运用能力、思维能力、审美能力等。

第三节 构筑交互生辉的课程体系

"润心语文"课程框架结构,依据我校"心之灯"课程体系,设立语文学科课程群。我校语文学科教师基于教材和课程标准,根据对学科的独特理解,以及学校的独特优势和独特资源,自主开发基于儿童需求,指向学科核心素养,突出语文学科特点,更加多彩、更加融合生活的课程群。

一、学科课程结构

《义务教育语文课程标准(2022年版)》从识字与写字、阅读与鉴赏、表达与交流、梳理与探究四个方面提出要求。

基于此,结合我校"润心语文"——让语文学习滋润儿童心灵,绽放生命之美的课程理念,小学生身心发展特点以及我校的学生特质,我校"润心语文"从"润心识写、润心品读、润心口语、润心习作、润心实践"五个维度,按年级、分阶段设计课程,创造性地开展各类活动,增强学生在各种场合学语文、用语文的意识,多方面提高学生的语文素养,使之相互渗透,融为一体。我校"润心语文"课程结构为(见图1-1):

左图中,各类课程具体描述如下:

润心识写。开展识字方法、汉字的起源、翰墨书香、查字典等活动,旨在运用多种识

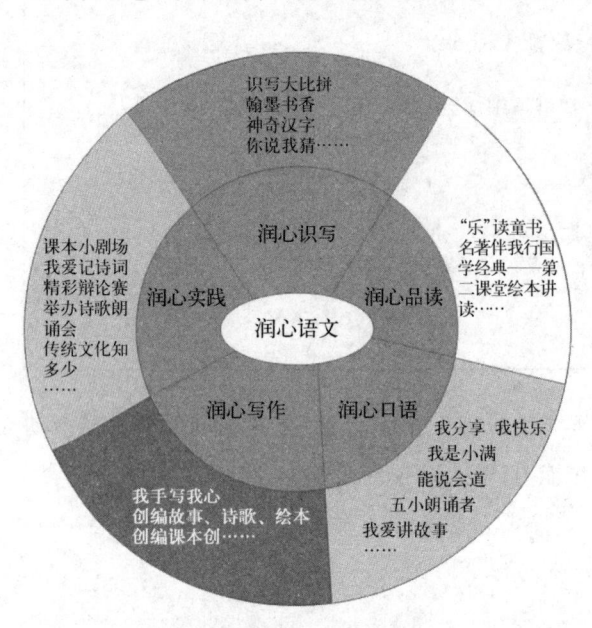

图1-1:郑州市管城回族区五里堡小学"润心语文"课程体系图

字与写字教学方法,增加学习的趣味性;引导学生主动进行识字与写字,准确掌握一定数量的汉字,具有独立识字的能力;促进学生掌握基本的书写技能,检验学习成果,增强识字与写字学习的自信心;书写姿势正确,养成良好的书写习惯,不断提高书写质量。

润心品读。开展读绘本、品经典、阅名著等活动,旨在让学生不出门便知天下事,让学生从课内学到的知识与课外书籍中所获取的知识相融汇,形成"立体"的、牢固的知识体系。只有博览群书才能博识,通过品读,增加学生对自然科学、社会科学以及世界各地风土人情的认识和理解,增强学生语言表达能力,加强学生思维的广阔性、深刻性、逻辑性、灵活性。让学生多读书,读好书,在阅读中扩大学生的阅读面,开拓学生的视野,增强学生思维的敏捷性,丰富学生的知识储备;使学生从中汲取语言精华,从而掌握更多的阅读方法和技巧;使学生明白事理,增强能力,让学生学会做人,学会做事。

润心口语。开展说民俗、诵经典、讲故事、聊名人等活动,在课内外创设多种多样的交际情境,通过活动组织教学,鼓励学生无拘无束地进行口语交际,从而学会聆听、表达、合作,培养收集信息、处理信息等能力。既要学会清楚明白地表达自己的意思,又要学会倾听、补充和帮助,让融洽与合作的阳光普照每个学生的心灵。

润心习作。开展看图写话、多彩绘本、趣编童话、创编诗歌、妙笔生花、多元习作等活动,旨在培养学生养成留心观察周围事物的习惯,有意识丰富自己的见闻,珍视个人的独特感,积累习作素材。习作活动应贴近学生实际,让学生易于动笔,乐于表达,引导学生关注现实、热爱生活,表达真情实感,由浅入深,循序渐进,使学生乐于写作,有效地提高学生的语文综合素养。

润心实践。语文综合性实践活动让学生学好语文并乐于学语文,有效地提高学生的语文综合素养。学生正确应用语言文字,在语文实践中理解文字内涵、培养语感、积累语言、拓展思维,培养学生对语言文字的热爱之情,适应社会发展基本能力的要求。

二、学科课程设置

我校1—6年级使用部编版语文教材,除了国家基础性课程外,我校使用的还有西南师范大学出版社出版的《国学经典——第二课堂》,学校根据各年级孩子的特点设置了拓展性课程,具体课程设置为(见表1-2):

表1-2:郑州市管城回族区五里堡小学"润心语文"
1—6年级拓展性课程设置表

年级	课程	润心识写	润心品读	润心口语	润心习作	润心实践
一年级	上学期	看图识字 字谜识字	绘本讲读	我说你做	看图写话	快乐读书吧
	下学期	汉字的演变	儿童诗、童谣	讲童话故事	创编儿童诗	演童话故事
二年级	上学期	可爱的象形字	神话故事	有趣的动物	看图写段	汉字大会(上)
	下学期	字理识字法	读绘本画思维导图	说民俗	趣编童话	汉字大会(下)
三年级	上学期	有趣的形声字	读童话故事	编童话故事	写童话	汉字演变(上)
	下学期	多音字	读诗歌	谈诗歌	创编诗歌	汉字演变(下)
四年级	上学期	汉字加减法	《山海经》儿童版	我们与环境	家乡的变化	演国学剧(上)
	下学期	形近字	《伊索寓言》	讲历史故事	生活万花筒	演国学剧(下)
五年级	上学期	我们爱汉字	读中国民间故事	我想对您说	推荐一本书	演民间故事
	下学期	汉字奇观	读中国经典文学	我知道的伟人	写一个特点鲜明的人	演经典剧目

续　表

年级 \ 课程		润心识写	润心品读	润心口语	润心习作	润心实践
六年级	上学期	初探会意字	《童年》《爱的教育》《小英雄雨来》	演讲稿《请你支持我》每周谈读书心得	创编小说多彩的活动变形记	倡议书写童诗诵童诗讲汉字的故事书法展览每日一闻
	下学期	寻根汉字起源	《鲁滨逊漂流记》《尼尔斯骑鹅旅行记》《汤姆索亚历险记》	辩论赛	写给母校和老师的信	诵读古诗词

我校"润心语文"课程体系从润心识写、润心品读、润心口语、润心习作、润心实践五个方面,在不同年级、不同学期设置不同的拓展性课程,为学生构建真实的语言运用环境,设计富有挑战性的情境,激发学生的兴趣、想象力和求知欲,鼓励学生积极参与到语文学习活动中来,促进学生在语文实践活动中积累知识,提高学生语文核心素养。

第四节　激发生成创造的智慧潜能

依据我校"润心语文"的课程理念、学科性质、课程目标等内容，我校通过构建"润心课堂"，创设"润心节日"，组建"润心社团"，打造"润心校园"，设计"润心赛事"，推行"润心之旅"六个方面，全面推进"润心语文"的课程实施与课程评价。

一、构建"润心课堂"，提升课程实施效益

"润心课堂"是看得见学生、师生双方和谐共鸣的课堂，是学习过程灵活生成、立体互动的课堂，是目标明确、内容丰富、评价显露的课堂。学生在课堂中拥有良好的学习体验，掌握一定的语文素养，获得文化滋养，实现精神成长，得到自我的充分发展。

(一)"润心课堂"的实施

我校"润心课堂"面向全体学生，以素质教学为核心，关注学生个性发展，因材施教，注重学生反馈，促使学生积极主动地参加各项主体活动，满足学生多样化的学习需求，培养学生听、说、读、写的综合运用能力。在实施过程中，遵循以下几点：

1. 精准多维的教学目标

在语文课堂教学中，明确的教学目标能够促进学生核心素养的发展。语文教师要认真研究教材、分析学情，制定适用于本次教学的多维目标，便于更好地实施教学。

2. 丰富科学的教学内容

语文课堂从学生已有的知识和经验出发，整合语文教学内容，提高学生的语文综合素养，确保教学内容具有科学性、系统性、现实性和趣味性。

3. 立体互动的学习过程

教师要善于引导学生在课堂上建立一个学习场所，通过各种互动让学习真正发生。

4. 灵活多样的学习方法

教师在教学中灵活选择不同的教学方式,帮助学生主动建构知识体系,恰当运用多种教学手段和信息技术辅助教学。

5. 多元有效的学习评价

教师要保证评价主体、方式、方法的多元,注重评价活动的有效性,以反映学生的学习效果。

6. 和谐生成的课堂文化

在课堂教学过程中,和谐的课堂氛围和生成的课堂文化,更能使学生实现从知识到智慧、从表象到想象的多重超越。

(二)"润心课堂"的评价要求

"润心课堂"的评价始终关注学生是否站在课堂的正中央,通过全面、多元化的评价方式,结合过程性和终结性评价,细化评价标准,根据教师的教和学生的学来评价课堂,让孩子在不同的活动中体验学习的乐趣。我们设置的课堂评价表如下(见表1-3):

表1-3:郑州市管城回族区五里堡小学"润心课堂"课堂评价表

评价方面	项目	权重	序号	评 价 标 准	分值	得分
教师教学方面	教学目标	10	1	关注学生的差异性	5	
			2	尊重学生主体地位	5	
	教学策略	10	3	注重情景创设,关注课堂生成	5	
			4	善于激励调控	5	
	教学资源	10	5	创造性地使用教材	5	
			6	信息化教学	5	
	教学评价	10	7	关注学生的学习过程和体验	5	
			8	评价方式多元,反馈及时	5	
	教学方式	10	9	注重资源整合	5	
			10	多媒体教学	5	

续表

评价方面	项目	权重	序号	评价标准	分值	得分
学生学习方面	趣味	10	11	学生自主学习、自发学习、自觉能动性强	5	
			12	学生兴趣浓厚、思维活跃、积极参与	5	
	畅享	10	13	学生积极性高、配合默契、互相帮助、共同成长	5	
			14	学生积极性高、参与面广	5	
	体验	10	15	氛围浓厚,在情感态度价值观方面得到相应发展	5	
			16	体验感觉良好,学会相关知识	5	
	表达	20	17	乐于表现、敢于表达,自信大胆地表达自己的意见	10	
			18	语音语调规范标准,表演生动活泼,有激情、有感染力	10	
反馈意见	亮点					
	不足和改进意见					

二、创设"润心语文节",浓郁语文课程氛围

"润心语文节"着眼于学生能力的发展,从多种途径收集学生的知识、能力、兴趣、态度、情感及行为等信息,促使学生在形成性活动中学会获取信息,学会实施行动,学会研究和解决问题,学会更新自己,学会体验感情,学会合作,学会审美,进一步提高学生学习的兴趣,增强学生学习的责任意识,增强学生与人交往合作的意识,提升语文综合素养。学校的"润心语文节"每年设定一个主题,各年级共同设计总方案,同时,不同年级根据学生的年龄特点和语文学科课程目标制定实施内容。

(一)"润心语文节"的实施

"润心语文节"分为静态展示和动态活动两个部分。静态展示是将画配话、画童话故事、绘本创作、阅读摘抄本、课外阅读(批注)、阅读记录卡、小练笔等静态成果进行展示,展现学生的语文积累;动态展示主要从听、说、读、写、背诵五个方面

开展。每个方面从活动主旨、活动形式、活动评价标准和活动评价形式等方面进行活动设计。"润心语文节"的实施如下：

活动准备阶段：（1）确定活动主题，设计活动方案。（2）以主题故事为引线，串联整个活动，引起学生参与的兴趣，增强学生的仪式感。（3）在学校统一的大方案下，制定每个年级的活动内容。（4）制作活动所需要的道具。（5）搜集静态作品，进行布展。（6）对活动场地进行布展。

活动开展阶段：（1）开启仪式。（2）观看静态展示，欣赏学生学习成果。（3）分年级、分班级参与活动。（4）书写自己的活动感受，并合影留念。

活动评价阶段：（1）表彰优秀个人。（2）表彰优秀班级。

（二）"润心语文节"的评价要求

"润心语文节"的评价采取量化评价和质性评价相结合的方式，是包含从活动方案到活动内容再到家长展评等的全息评价主题活动。学校为每个学生建立一个成长档案袋，里面是学生每次活动的重点笔记、活动作业、优秀习作及发表文章的原件等，以此量化每学期活动参与度及参与效果，同时结合期末考评评选"优秀队员"。主题活动评价内容具体如下（见表1-4）：

表1-4：郑州市管城回族区五里堡小学"润心语文节"主题活动评价表

评价项目	评 价 标 准	评价等级 A	评价等级 B	评价等级 C
活动目标	能涵盖小学生的知识技能、情感态度价值观、学习方法等方面。			
	符合小学生的年龄特征、发展特点及各班实际。			
	突出本主题的核心目标，表述明确、可操作。			
活动内容	符合小学生现有的语言表达能力，具有挑战性。			
	贴近小学生生活，并引发学生学习汉语的兴趣。			
活动过程	支持与启发小学生主动学习，选择合适的方式，帮助小学生梳理和总结，突破重难点。			
	关注活动过程，及时指导、调控及回应，做到面向全体与个别指导相结合。			

续 表

评价项目	评 价 标 准	评价等级		
		A	B	C
活动过程	教学指导适量,语言表述准确、方法得当,态度亲切自然。			
	活动方案和步骤详实,活动组织得力,过程紧凑,张弛有度。			
活动效果	学生积极愉快参与,能主动与同伴和家人互动。			
	思维活跃,能运用自己现有的能力及经验解决问题。			
	学生大胆地表达及表现。			
亮点				
不足				
意见和建议				

三、组建"润心社团",激发课程学习兴趣

"润心社团"旨在保护学生文学创作的天性,珍视语文学习与实践中的梦想,尊重、理解、悦纳语文学习能力和特长,努力为学生提供最适合的梦想教育。学校通过有效的社团活动进一步激发学生学习语文的兴趣,激发他们对祖国文化的热爱,养成良好的学习习惯,丰富课余生活。

(一)"润心社团"的实施

"润心社团"主要有朗诵社团、习作社团、表演社团和小记者站等社团。社团每周有固定的活动时间、固定的活动场地,以学期为单位制定科学合理的活动计划,设置形式多样的活动内容。根据教师确定好的主题,让学生能够按主题进行活动。学生可根据自己的兴趣、特长,参加相应的社团活动。通过开展社团活动,助推学生综合素养的提升,丰富课程内涵。

朗读社团旨在训练学生的声音和当众发言的能力。朗读社团通过播放优秀朗读家的作品,调动学生参与的积极性。根据学生自身特点,选择合适的朗读内容,对学生进行朗读指导。开展朗读方面的讲座,普及朗诵知识,教给学生朗读技

巧并进行训练。最后举行朗读比赛,展示朗读成果并表彰优秀社员。

习作社团旨在培养学生的习作兴趣,提高学生的习作能力、认识水平和语言文字表达能力。习作社团根据学生的年级特点,选择适合学生习作的培养方向,设计主题,开展习作活动。教师指导学生观察,教授写作方法和技巧,培养习作鉴赏能力,指导学生修改习作,对完成的优质习作进行投稿或者发表成册。

表演社团有情景剧表演、话剧表演和课本剧表演等,学生从课内外读物中选择优秀的篇目进行表演。表演社团以"构思—创作—排练—演出"的方式开展连续性的活动。教师合理安排角色分配,为每一位学生提供展示自己的舞台。利用社团时间让孩子研读剧本,背熟台词,互相对戏。通过彩排,对表演进行讨论、完善,最后通过正式表演,展现活动成果。

小记者站旨在锻炼学生的表达能力,培养学生的自信心,提高学生的综合实践能力。小记者社团每周一节理论课学习,两次实践学习。通过对小记者的各项理论指导,使其掌握采访、撰稿、编辑的技巧,培养观察能力、语言表达能力、写作能力及应变能力,感受做记者的乐趣,激发表达的兴趣。合理安排采访主题,根据采访主题的不同,合理安排采访对象,积极开展采访活动。教师将学生的采访利用美篇等形式进行发布,为学校的宣传工作作出贡献。

(二)"润心社团"的评价要求

"润心社团"采用过程性评价和综合性评价相结合、自评和师评相结合的方式对学生进行多方面的评价。在活动过程中,对学生活动中的情感态度、合作意识、实践能力和成果展示四个方面进行评价。"润心社团"具体活动评价如下(见表1-5):

表1-5:郑州市管城回族区五里堡小学"润心社团"活动评价表

评价内容		评价方式	自评			师评		
			☆☆☆	☆☆	☆	☆☆☆	☆☆	☆
情感态度	积极参与活动							
	表现积极大方							
	能够与同伴积极合作交流							

续表

评价内容 \ 评价方式	自评 ☆☆☆	☆☆	☆	师评 ☆☆☆	☆☆	☆
合作交流 — 认真听取他人意见						
合作交流 — 采取多种方法搜集资料						
实践能力 — 能够发现问题，积极解决问题						
实践能力 — 活动过程记录						
成果展示 — 静态成果展示						
成果展示 — 动态成果展示						

四、打造"润心校园"，增强语文课程熏陶

"润心校园"是无形的教育、无字的教科书，是校园内看不见的文化形态。旨在通过语言环境、校园环境和学习氛围等方面，营造语文学习氛围，激发学习兴趣，给学生提供语文实践活动的机会，对校园内的每一个成员都起着潜移默化的熏陶和启迪作用。

（一）"润心校园"的实施

1. 创设班级图书角，营造良好的语文阅读氛围

各班充分利用班级书柜，创设班级图书角。根据学生年龄特点，分类配备适合学生阅读的图书。在年级和班级之间进行图书漂流活动，以保证学生的阅读面和阅读量。为每一位学生创建图书借阅卡，记录学生阅读的内容和阅读量。每一学期对学生的阅读记录卡进行评比展示，评选出"阅读小明星"。

2. 打造语文班级文化展，激发学生创作的动力

不同年级根据自己年级教材中的人文主题和语文要素开展相应的活动，并在教室墙壁、班级文化展板和走廊进行布展，如书写展评、语文思维导图展示、我的手抄报、我的儿童诗、画配话、读书分享等。通过对作品的展示，促进学生之间的交流与学习。

3. 合理利用课前 3 分钟,营造学生使用语言的良好氛围

每节语文课的课前 3 分钟,为每位学生创设一个语言交流展示的舞台,让学生进行充分的口语表达,如朗读诗歌、书法展示、说新闻、谈感受等。展示主题以月为单位,每月一个主题,每个年级根据学情合理安排展示主题。每个学生自主选择跟主题有关的内容和形式进行展示,激发学生说的兴趣,提高学生语言表达的能力。

(二)"润心校园"的评价要求

"润心校园"的评价标准围绕学习氛围、活动主题、学习效果等方面开展综合评价,设计以下评价表(见表 1-6):

表 1-6:郑州市管城回族区五里堡小学"润心校园"活动评价表

评价项目	评价标准	评价等级 A	B	C
图书角	班级图书数量是否能够满足学生阅读			
	图书漂流的次数能否达到要求			
	学生阅读记录卡记录的阅读量是否能够达到目标			
班级文化	作品的主题是否能够反映学生语文学习的成果			
	是否及时更换主题			
	学生作品的数量和质量			
	是否能够激发学生学习语文的兴趣			
课前 3 分钟	是否按时开展活动			
	每月主题的设计是否符合学生的学情和学习目标			
	学生是否积极参与			
	学生交流的形式是否多样			
	学生是否大胆地表达及表现			

第一章 情境性:打造培养核心素养的场域

五、设计"润心赛事",锻炼语文综合能力

"润心赛事"是根据学生的年龄特点,围绕语文素养等内容,充分设计活动方案,组织学生全员参与的竞技项目。"润心赛事"为学生提供更多展现自己的舞台和机会,让学生在活动过程中增强语文学习兴趣,综合运用语文思维,获得能力和素养的全面提高。

(一)"润心赛事"的实施

"润心赛事"结合"润心语文"课程群建设,从"润心识写、润心品读、润心口语、润心习作、润心实践"五个维度进行实施。赛前教师做好详细的活动方案,活动过程中对学生进行方法上的指导。学校搭建网络平台进行海选,再通过班级初选、年级 PK 和校级总决赛等方式,鼓励所有学生参与到活动中,让每一个孩子都有锻炼自己的机会。

"润心识写"通过开展识字大比拼、查字典大赛、神奇的汉字演变、寻根汉字的起源、翰墨书香书写比赛等活动,增强学生的识字与写字的兴趣,引导学生自主识字,养成良好的书写习惯。

"润心品读"通过整班共读一本书、开展读书分享会、推荐我最喜欢的一本课外书比赛、国学知识竞答等活动,激发学生的阅读兴趣,增加学生的阅读量,指导学生阅读方法,让学生积极参与到读书活动中。

"润心口语"通过开展五小朗读者、讲故事比赛、能说会道、我是小演员等活动和比赛,创造情境,增加学生展现自己口语交际的机会,锻炼学生倾听与表达的能力。

"润心写作"通过开展我手写我心作文竞赛、创编诗歌、创编童话等习作活动,激发学生写作的兴趣。习作活动应贴近学生实际,凸显学生写作综合能力。

"润心实践"通过开展辩论赛、课本剧表演比赛、我爱记诗词、传统文化知多少、语文形成性评价等活动,让学生在实践活动中学习语文,将语文学习运用到实践中去,积累语文素养,提升语文综合能力。

(二)"润心赛事"的评价要求

"润心赛事"的评价结合具体的活动方案与预期设置的目标,对学生在比赛过程中的表现进行综合性评价。设置的评价要求具体如下(见表 1-7):

表1-7：郑州市管城回族区五里堡小学"润心赛事"活动评价表

评价内容	评价标准
润心识写	1. 识字量多
	2. 在规定的时间内完成书写
	3. 能把字写规范、干净、正确
	4. 书写姿势正确，有良好的书写习惯
润心品读	1. 有一定的阅读量
	2. 阅读成果的展示
	3. 阅读分享的能力
	4. 有自己的感受和见解
润心口语	1. 普通话标准，声音洪亮
	2. 条理清晰，语句通顺，表达流畅
	3. 态度大方，举止得体
	4. 能吸引听众注意，有感染力
润心习作	1. 符合作文主题，思想健康，中心明确
	2. 语句通顺，标点正确，条理清晰，段落明确
	3. 描写生动具体，有自己见解和感受
	4. 书写工整美观
润心实践	1. 有一定的语文素养积累
	2. 能充分发挥个人和集体的特点和优势
	3. 能够准确表达自己的观点、想法
	4. 有一定的成果或收获

六、推行"润心之旅"，做好语文研学旅行

"润心之旅"是有方向、有目的、有内涵的寻访之旅。在旅行的过程中陶冶学

生的情操、增长学生的见识。学生通过亲身经历感受语文的魅力,激发语文学习兴趣,提升语文综合素养。通过寻访郑州的历史文化,感受郑州的历史积淀,更好地认识自己生活的城市,增强自豪感。

(一)"润心之旅"的实施

"润心之旅"是依据我校实际情况与不同学段学生的年龄特点以及各学科教学内容的需要开展的活动。活动内容的设置基于学生的兴趣和需求,作业的设计不仅关注学生游学过程中的体验,更注重研学前的预学和研学后的延学。具体操作步骤如下:

1. 根据研学课程对学生进行相关知识、能力等方面的专业指导。
2. 制定相应的研学活动要求及评价措施。
3. 展示交流,对研学活动中学生的表现及作业进行星级评价。
4. 研学课程结束后,对本次活动进行总结,提出修改意见和建议。

具体活动设计如下(见表1-8):

表1-8:郑州市管城回族区五里堡小学"润心之旅"活动实施表

主 题	地 点	活 动 板 块 设 计
寻访黄河,探究炎黄文化	黄河文化公园	预学: 1. 了解与黄河有关的古诗和故事。 2. 了解炎黄二帝的传说与故事。 共学: 1. 看到黄河你有什么感受?体会古人描写黄河时流露的情感。 2. 炎黄的故事给你留下了什么感受? 延学: 1. 你比较喜欢哪些故事? 2. 把你学到的和感受到的与人分享。
认识城隍	郑州城隍庙	预学: 1. 认识城隍。 2. 了解城隍的故事。 共学: 1. 了解了"诓楚救汉"的故事,你有什么感受? 2. 通过门上的对联,你能感受到什么样的历史情怀? 延学: 1. 你还喜欢哪些人物故事? 2. 把你知道的故事与人分享。

续表

主　题	地　点	活　动　板　块　设　计
了解商城文化，感受汉字的魅力	商城考古遗址公园	预学： 1. 了解商城文化。 2. 了解汉字演变。 共学： 1. 感受商城文化，感受历史的厚重与沧桑。辉煌的商城文化给你什么样的感受？ 2. 学习郑州商城出土的11字习刻字骨，感受郑州商文明，见证汉字书写系统的形成。 延学： 1. 你还知道哪些历史文化和汉字演变的故事？ 2. 把你知道的故事与人分享。
探寻孔子文化	文庙	预学： 1. 了解文庙作用。 2. 了解孔子的事迹。 共学： 1. 人们为什么对孔子和儒学如此崇拜？ 2. 孔子的哪些思想或者言论让你印象深刻？ 延学： 1. 搜集孔子的故事和儒家经典名言。 2. 把你积累到的故事与人分享。

（二）"润心之旅"的评价要求

"润心之旅"的评价通过学生自评、互评和教师评价等方式进行综合性评价。要求做到"学"之扎实，"研"之尽兴，"旅"之有获，"行"之成长。具体评价标准如下（见表1-9）：

表1-9：郑州市管城回族区五里堡小学"润心之旅"活动评价表

评价内容		评价方式	自　评			师评（互评）		
			☆☆☆	☆☆	☆	☆☆☆	☆☆	☆
预学	研学态度							
	预学情况							

第一章　情境性：打造培养核心素养的场域　　41

续 表

评价内容 \ 评价方式	自评 ☆☆☆	☆☆	☆	师评（互评）☆☆☆	☆☆	☆
参与 / 参与程度						
参与 / 研学内容的掌握						
参与 / 独特的感受和体验						
参与 / 是否达到预期目标						
延学 / 多种方法搜集资料						
延学 / 分享展示						

"润心语文"课程的实施与评价将课程内容与学生的生活内容结合，充分利用生活中的资源，拓展学生学习的领域，调动多元主体，发挥教师自身的优势和潜力。教师从不同方面考察学生语文学习的水平和能力发展状况，及时关注学生的学习过程，促进学生核心素养的发展。

（撰稿人：王宇芳　魏真　李小敏　李莉　王松伟　王芳）

第二章
综合性：任务链中搭建进阶学习场

　　语文是一门高度综合性的课程。因此，语文学科实践致力于构建以学科问题和学科活动为核心的学习样态，即建构一个个多维知识表征、多方面情境交织的综合性和开放性的任务群。而各学习任务群不是简单的并列关系，而是相互交叉、相互渗透的，所以，任务群也应该是紧密连贯的。学生在结构化、脉络化的主动探索和问题解决实践中建构知识。在此过程中，通过驱动个体认知、促进思维发展、深化情感体验并建立价值观念的方式，发展学生未来学习和生活所需的核心素养。

博雅语文：
和学生一起海量阅读、成就雅致人生

郑州市管城回族区外国语学校是一所公办初级中学，是郑州外国语学校集团校之一，与郑州外国语学校资源共享、统一管理、同步发展。语文组现有专任教师20人，其中河南省骨干教师1人，郑州市骨干教师2人，学科带头人1人，管城区名师2人。教研组认真开展教研组活动和备课组活动，获得了诸多荣誉，教学质量在管城区一直名列前茅。依据学校培养"中西文化融合、智慧人格并重、本土情怀与国际视野兼备的高素质预备人才"的育人目标，全体语文教师群策群力，仔细研读教育部《关于深化课程改革落实立德树人根本任务的意见》，细心揣摩《义务教育语文课程标准（2022年版）》，不断推进学校语文课程群建设，取得了显著成效。

第一节　赋予高远情怀的教育理念

一、学科性质观

《义务教育语文课程标准（2022年版）》指出："语文课程是一门学习国家通用语言文字运用的综合性、实践性课程。工具性与人文性的统一，是语文课程的基本特点。语文课程应引导学生热爱国家通用语言文字，在真实的语言运用情境中，通过积极的语言实践，积累语言经验，体会语言文字的特点和运用规律，培养语言文字运用能力。同时，发展思维能力，提升思维品质，形成自觉的审美意识，培养高雅的审美情趣，积淀丰厚的文化底蕴，继承和弘扬中华优秀传统文化、革命文化、社会主义先进文化，增强对习近平新时代中国特色社会主义思想的理解和认识，全面提升核心素养。"[1]基于此，我校开展了"博雅语文"课程建设，致力于培养学生的语言文字运用能力，提升学生的综合素养，使学生继承和发扬优秀传统文化，增强民族文化认同感，增强民族凝聚力和创造力，形成正确的人生观、价值观，为学生的全面发展和终身发展打下基础。

二、学科课程理念

依据《义务教育语文课程标准（2022年版）》精神，结合我校育人目标和历史、文化、语文学科的实际情况，提出我校语文学科的核心概念——"博雅语文"。"博雅语文"就是使学生在精神层面上具备弘博的志向、广博的胸怀、高雅的情趣；在行为层面上具备广博的兴趣、文雅的谈吐、优雅的举止；在形象层面上具备渊博的知识、睿博的视野、儒雅的气质，使学生成为有持续发展能力的可塑之材，真正成为一个四博四雅的"博识之人、儒雅之士"。因此，语文教学应该跳出学科教学的窠臼，站在"博雅"的高位来展开教学，赋予学生长远眼光和高远情怀。"博雅语

---

[1] 中华人民共和国教育部.义务教育语文课程标准（2022年版）[S].北京：北京师范大学出版社，2022：1.

文"具体理念如下：

培养学生的理性精神。"博雅语文"教学旨在培养"完整的人"。这种人应具备四种能力：有效思考的能力、清晰沟通思想的能力、作出合适明确判断的能力和辨识普遍性价值的认知能力。培养学生的理性精神，包括培养学生崇尚真知、思维缜密、善于批判、敢于探索、勇于创新、求真务实、严谨认真等品格与精神。

培养学生的人文精神。"博雅"，一方面是指知识视野的广博，另一方面是指品格修养的高雅。这就需要理性精神与人文精神的共同支撑。因此要求语文教学既要重视理性思维能力的培养，同时也要加强人文知识的学习，以提高学生的人文素养与品格修养。高雅人文素养与艺术趣味，是一个高素质人才的必备要求。"博雅语文"就是要培养学生的自尊自律、诚信友善、孝亲敬长、敬业奉献、互助合作的人文情怀与精神境界。

培养学生的科学精神。科学文化教育与精神道德教育始终是紧密结合的。道德修养以及人的精神境界之高下与人的科学知识与科学精神是成正比的，也就是说人文精神的培养应以科学精神为依托。学生对文明与道德的自我反省能力，需要全面的科学教育作基础。只有学生具备科学思维、科学精神、科学态度，才能增强其客观的社会责任感与公正的道德意识，才能练就其视野开阔、知识渊博、谈吐高雅、言之成理的基本素养。

总之，"博雅语文"凝聚着对美好人生的无尽追求，折射着平淡生活中生命的本真，承载着对民族的担当、社会的关注、人生的思索，努力使学生成为一名真正有博雅视野的中学生。

第二节　树立多元融合的育人目标

《义务教育语文课程标准(2022年版)》指出:"语言文字是人类最重要的交际工具和信息载体,是人类文化的重要组成部分。语文课程应引导学生热爱国家通用语言文字,在真实的语言运用情境中,通过积极的语言实践,积累语言经验,体会语言文字的特点和运用规律,培养语言文字运用能力;同时,发展思维能力,提升思维品质,形成自觉的审美意识,培养高雅的审美情趣,积淀丰厚的文化底蕴,继承和弘扬中华优秀传统文化、革命文化、社会主义先进文化,增强对习近平新时代中国特色社会主义思想的理解和认识,全面提升核心素养。语文课程致力于全体学生核心素养的形成与发展,为学生学好其他课程打下基础;为学生形成正确的世界观、人生观、价值观,形成良好个性和健全人格打下基础;为培养学生求真创新的精神、实践能力和合作交流能力,促进德智体美劳全面发展及学生的终身发展打下基础。语文课程在推广普及国家通用语言文字、增强凝聚力、铸牢中华民族共同体意识,建立文化自信、培育时代新人,实现中华民族伟大复兴等方面具有不可替代的优势。语文课程的多重功能和奠基作用,决定了它在九年义务教育中的重要地位。"[1]

一、学科课程总体目标

从"全面提高学生的核心素养"这一基本理念出发,我校语文课程目标体系分为显性课程目标和隐性课程目标。语文课程显性课程目标分为四个部分:"识字与写字""阅读与鉴赏""表达与交流""梳理与探究"。语文课程的隐性目标也包括四个方面:"人文素养""思维品质""审美情趣""道德情操"。

---

[1] 中华人民共和国教育部.义务教育语文课程标准(2022年版)[S].北京:北京师范大学出版社,2022:1.

(一) 显性课程目标

1. 识字与写字

识字、写字是阅读和写作的基础,是贯穿整个义务教育阶段的重要教学内容。初中阶段要求学生能熟练地使用字典、词典独立识字,会用多种检字方法。累计认识常用汉字 3 500 个左右。在使用硬笔熟练地书写正楷字的基础上,学写规范、通行的行楷字,提高书写速度。临摹名家书法,体会书法的审美价值。写字姿势正确,有良好的书写习惯。

2. 阅读与鉴赏

阅读是运用语言文字获取信息、认识世界、发展思维、获得审美体验的重要途径。学生要能用普通话正确、流利、有感情地朗读。养成默读习惯,有一定的阅读速度,阅读一般的现代文每分钟不少于 500 字。能较熟练地运用略读和浏览的方法,扩大阅读范围。在通读课文的基础上,理清思路,理解、分析主要内容,体味和推敲重要词句在语言环境中的意义和作用。对课文的内容和表达有自己的心得,能提出自己的看法和疑问,并能运用合作的方式,共同探讨、分析、解决疑难问题。

在阅读中了解记叙、描写、说明、议论、抒情等表达方式。能够区分写实作品和虚构作品,了解诗歌、散文、小说、戏剧等文学样式。欣赏文学作品,能有自己的情感体验,初步领悟作品的内涵,从中获得对自然、社会、人生的有益启示。对作品中感人的情节和形象,能说出自己的体会;品味作品中富有表现力的语言。阅读简单的议论文,区分观点与材料(道理、事实、数据、图表等),发现观点与材料之间的联系,并通过自己的思考作出判断。阅读新闻和说明性文章,能把握文章的基本观点,获取主要信息。阅读科技作品,还应注意领会作品中所体现的科学精神和科学思想方法。阅读由多种材料组合的较为复杂的非连续性文本,能领会文本的意思,得出有意义的结论。诵读古代诗词,阅读浅易文言文,能借助注释和工具书理解基本内容。

注重积累、感悟和运用,提高自己的欣赏品味。随文学习基本的词汇、语法知识,用来帮助理解课文中的语言难点;了解常用的修辞方法,体会它们在课文中的表达效果。了解课文涉及的重要作家作品知识和文化常识。能利用图书馆、网络搜集自己需要的信息和资料,帮助阅读。学会制订自己的阅读计划,广泛阅读各种类型的读物,课外阅读总量不少于 260 万字,每学年阅读两三部名著。背诵优秀诗文80篇(段)。

3. 表达与交流

写作是运用语言文字进行表达和交流的重要方式,是认识世界、认识自我、创造性表述的过程。写作能力是语文素养的综合体现。要求学生写作要有真情实感,力求表达自己对自然、社会、人生的感受、体验和思考。多角度观察生活,发现生活的丰富多彩,能抓住事物特征,有自己的感受和认识,表达力求有创意。

注重写作过程中搜集素材、构思立意、列纲起草、修改加工等环节,提高独立写作能力。写作时考虑不同的目的和对象。根据表达的需要,围绕表达中心,选择恰当的表达方式。合理安排内容的先后和详略,条理清楚地表达自己的意思。运用联想和想象,丰富表达的内容。正确使用常用的标点符号。写记叙性文章,表达意图明确,内容具体充实;写简单的说明性文章,做到明白清楚;写简单的议论性文章,做到观点明确,有理有据;根据生活需要,写常见应用文。能从文章中提取主要信息,进行缩写;能根据文章的内在联系和自己的合理想象,进行扩写;能变换文章的文体或表达方式等,进行改写。根据表达的需要,借助语感和语文常识,修改自己的作文,做到文从字顺。能与他人交流写作心得,互相评改作文,以分享感受,沟通见解。作文每学年一般不少于14次,其他练笔不少于1万字;45分钟能完成不少于500字的习作。

表达与交流能力是现代公民的必备能力。应培养学生倾听、表达和对话的能力,使学生具有文明和谐地进行人际交流的素养。培养学生能注意对象和场合,文明得体地进行交流并且能耐心专注地倾听,能根据对方的话语、表情、手势等,理解对方的说话观点和意图。自信、负责地表达自己的观点,做到清楚、连贯、不偏离话题。注意表情和语气,能根据需要调整自己的表达内容和方式,不断提高应对能力,增强感染力和说服力。讲述见闻,内容具体、语言生动。复述转述,完整准确、突出要点。能就适当的话题作即席讲话和有准备的主题演讲,有自己的观点,有一定说服力。讨论问题,能积极发表自己的看法,有中心、有根据、有条理。能听出讨论的焦点,并有针对性地发表意见。

4. 梳理与探究

学生能自主组织文学活动,在办刊、演出、讨论等活动过程中,体验合作与成功的喜悦。能提出学习和生活中感兴趣的问题,共同讨论,选出研究主题,制定简单的研究计划。从书刊或其他媒体中获取有关资料,讨论分析问题,独立或合作写出简单的研究报告。关心学校、本地区和国内外大事,就共同关注的热点问题,搜集资料,调查访问,相互讨论,能用文字、图表、图画、照片等展示学习成果。掌握查找资料、引用资料的基本方法,分清原始资料与间接资料的主要差别,学会注明所援引资料的出处。

(二) 隐性课程目标

隐性课程目标包括"人文素养""思维品质""审美情趣""道德情操"四个方面内容。

1. 人文素养

人文性是语文课程的基本属性之一。没有人文情怀的语文是没有生命、没有精神的语文。"博雅语文"彰显学生的人文情怀,给孩子的内心种下人文素养的种子。

2. 思维品质

《义务教育语文课程标准(2022年版)》总目标中指出:"初步掌握比较、分析、概括、推理等思维方法,辩证地思考问题,有理有据、负责任地表达自己的观点,养成实事求是、崇尚真知的态度。"[①]语文教育的发展功能关键是思维品质的发展,而"博雅语文"提倡的"博",则是注重对学生思维品质进行培养和拓展,教师在语文课堂或者各类语文实践活动中,不但要注意提升学生的语言、思维,情感能力,更要着力于发展学生的思维品质。

3. 审美情趣

语文学习离不开"雅"的品味与鉴赏。从识字写字开始,即要求学生能够感受汉字的形体美。阅读中要求学生能够初步鉴赏文学作品,品味语言的优美,体会作品的情感。因此,审美情趣也是"博雅语文"课程目标中不可缺少的内容。此外,学生在鉴赏名家作品的过程中,思想得以陶冶,情感得以熏陶,有利于学生认识中华文化的博大精深,汲取民族文化智慧;学生能够关心当代文化生活,尊重多

[①] 中华人民共和国教育部.义务教育语文课程标准(2022年版)[S].北京:北京师范大学出版社,2022:6.

样文化,吸收人类优秀文化的营养,提高文化品位。

4. 道德情操

语文课程为学生形成正确的世界观、人生观、价值观,形成良好个性和健全人格打下基础,为学生的全面发展和终身发展打下基础。在学习语文的过程中,培养学生的爱国主义、集体主义情怀、社会主义思想道德和健康的审美情趣,发展个性,培养创新精神和合作精神,逐步形成积极的人生态度和正确的世界观、价值观。努力使学生拥有良好的个性和健全的人格,拥有良好的道德情操,这是我们所倡导的"博雅语文"教育的目标。

二、学科课程年级目标

依据《义务教育语文课程标准(2022年版)》总体目标和内容,并结合学科年段教材特点和实际阅读教学中存在的问题,"博雅语文"学科年段总体目标如下:能用普通话正确、流利、有感情地朗读,养成默读习惯,有一定的速度;能较熟练地运用略读和浏览的方法,扩大阅读范围。欣赏文学作品,有自己的情感体验,领悟作品的内涵,从中获得对自然、社会、人生的有益启示;能对作品中感人的情境和形象说出自己的体会,品味作品中富于表现力的语言。阅读简单的议论文,能区分观点与材料(道理、事实、数据、图表等),发现观点与材料之间的联系,并通过自己的思考,作出判断;阅读新闻和说明性文章,能把握文章的基本观点,获取主要信息;阅读科技作品,应注意领会作品中所体现的科学精神和科学思想方法;阅读由多种材料组合的较为复杂的非连续性文本,能领会文本的意思,得出有意义的结论;诵读古代诗词,阅读浅易文言文,能借助注释和工具书理解基本内容。注重积累、感悟和运用,提高自己的欣赏品位。写记叙性文章,表达意图明确,内容具体充实;写简单的说明性文章,做到明白清楚;写简单的议论性文章,做到观点明确、有理有据;能根据生活需要,写常见应用文;尝试诗歌、小小说的写作。注意对象和场合,学习文明得体地交流,自信、负责地表达自己的观点,做到清楚、连贯、不偏离话题。讲述见闻,内容具体、语言生动。吸收古今中外优秀文化,提升语文核心素养,促进自身精神成长。

在"博雅语文"课程总目标的基础上,根据各年级学生的不同特点,我们制定了分年级课程目标(详见表2-1)。

表 2-1:"博雅语文"分年级目标

年级	课程目标	
	上学期	下学期
七年级	**第一单元** **共同要求:** 1. 感受课文中丰富多彩的景物之美,激发学生对大自然、对人生的热爱。 2. 掌握朗读的要领,重点学习重音和停连,通过朗读深入体会诗文的思想感情。 **校本要求:** 揣摩课文语言,提高鉴赏能力,初步体会文学语言的表达手法。 **第二单元** **共同要求:** 1. 感受和理解各篇课文所表现的亲情,唤醒和丰富自己的亲情体验。同时深化理解,尝试读出亲情之外的情感内涵。 2. 继续学习朗读,把握全文的感情基调,注意语气、节奏的变化。 **校本要求:** 了解不同文章抒情的不同特点:有的显露直白,有的深沉含蓄。 **第三单元** **共同要求:** 1. 了解多姿多彩的学习生活,感受他人的学习智慧,获得人生启示。 2. 学习默读,在保证一定速度的前提下一气呵成地通读全文。 **校本要求:** 学会抓住标题、开头、结尾和关键语句,迅速了解文章大意。 **第四单元** **共同要求:** 1. 理解作者对生活的思考,体味不同的人生,学会思考人生、珍视生命。 2. 学习默读,学会圈点勾画。 **校本要求:** 学会在默读中理清作者思路。 **第五单元** **共同要求:** 1. 关爱动物,善待生命,学会与动物和谐相处。	**第一单元** **共同要求:** 1. 在通览全篇、了解大意的基础上,把握关键语句或段落。 2. 字斟句酌,揣摩品味其含义和表达的妙处。 **校本要求:** 1. 注意结合人物生平及其所处时代,透过细节描写,把握人物特征。 2. 理解人物的思想感情。 **第二单元** **共同要求:** 注重涵泳品味,尽量把自己"浸泡"在作品的氛围之中,调动起体验与想象。 **校本要求:** 把握课文的抒情方式,体会作品的情境,感受作者的情怀。 **第三单元** **共同要求:** 注意从标题、详略安排、角度选择等方面把握文章重点。 **校本要求:** 1. 从开头、结尾、文中的反复及特别之处发现关键语句。 2. 感受文章的意蕴。 **第四单元** **共同要求:** 运用略读的方法,理解文章内容,明确作者观点,理清文章脉络。 **校本要求:** 丰富学生的人文内涵,树立对自己、对他人、对社会的责任感。 **第五单元** **共同要求:** 体会如何运用生动形象的语言写景状物,寄寓自己的情思,抒发对社会人生的感悟。

续 表

年级	课 程 目 标	
	上学期	下学期
七年级	2. 继续学习默读,边读边画出重要语句,学会做摘录。 **校本要求：** 在理清思路的基础上,学会概括文章的中心思想。 **第六单元** **共同要求：** 1. 感受文学的奇思妙想,体验虚构与想象。 2. 学习快速阅读,通过寻找关键词语等方法提高阅读速度。 **校本要求：** 调动自己的体验,发挥联想和想象,深入理解课文。	**校本要求：** 运用比较的方法阅读,分析作品之间的异同,以拓展视野,加深理解。 **第六单元** **共同要求：** 浏览课文,完成任务单,理解作者通过设置悬念和伏笔吸引读者的方式。 **校本要求：** 能从阅读中了解到探险者的精神世界,激发出学生探索自然世界和科学领域的兴趣。
八年级	**第一单元** **共同要求：** 1. 要求学生了解新闻文体的特点,理清消息的结构组成。 2. 熟悉新闻采访的一般方法和步骤。 **校本要求：** 锻炼学生的动手实践能力,撰写新闻特写、通讯等。 **第二单元** **共同要求：** 1. 了解回忆性散文、传记的特点,比如内容真实、事件典型。 2. 了解细节描写。 **校本要求：** 从中学习刻画人物的方法,品味风格多样的语言,提高文学鉴赏能力。 **第三单元** **共同要求：** 1. 要借助注释和工具书,整体感知内容大意。 2. 反复诵读,感受山川风物之灵秀,体会作者寄寓其中的情感。 **校本要求：** 注意积累常见的文言实词、虚词。	**第一单元** **共同要求：** 1. 体会多种表达方式的综合运用。 2. 品味作品中富有表现力的语言。 **校本要求：** 理解民俗的价值和意义。 **第二单元** **共同要求：** 理清文章的说明顺序,筛选主要信息,读懂文章阐述的事理。 **校本要求：** 学习分析、推理的基本方法,敢于质疑问难,激发科学探究的兴趣。 **第三单元** **共同要求：** 1. 要先借助注释和工具书读懂课文大意。 2. 通过反复诵读,领会诗文的丰富内涵。 **校本要求：** 品味精美的语言,并积累一些常用的文言词语。

续 表

年级	课程目标	
	上学期	下学期
八年级	**第四单元** **共同要求：** 要反复品味、欣赏语言，体会、理解作者对生活的感受和思考。 **校本要求：** 了解不同类型散文的特点。 **第五单元** **共同要求：** 1. 要把握说明对象的特征。 2. 了解文章是如何使用恰当的方法来说明的。 **校本要求：** 体会说明文语言严谨、准确的特点，增强思维的条理性和严密性。 **第六单元** **共同要求：** 要借助注释和工具书，整体感知课文内容大意。 **校本要求：** 1. 多读熟读，积累常见文言词语和名言警句。 2. 不断提高自己的文言文阅读能力。	**第四单元** **共同要求：** 我们将跟随演讲者，走入演讲的现场，去感受他们不同的风格。 **校本要求：** 在此基础上，学习撰写演讲稿，举办演讲比赛。 **第五单元** **共同要求：** 要了解游记的特点，把握作者的游踪、写景的角度和方法。 **校本要求：** 揣摩和品味语言，欣赏、积累精彩语句。 **第六单元** **共同要求：** 在反复诵读的基础上，培养文言语感。 **校本要求：** 要学习古人论事说理的技巧，体会他们的人生感悟。
九年级	**第一单元** **共同要求：** 在朗读中把握诗歌的感情基调，读出感情，读出韵律。 **校本要求：** 1. 品味诗歌中的意象。 2. 把握诗歌意蕴。 **第二单元** **共同要求：** 1. 要了解议论性文章的特点，把握作者的观点。 2. 区分观点和材料，理清论证思路。 **校本要求：** 理清论证思路，学习论证方法。	**第一单元** **共同要求：** 1. 反复朗读。 2. 在感受诗歌韵律的基础上，把握诗歌的意象，体会诗人的情感。 **校本要求：** 理解诗歌中蕴含的哲理。 **第二单元** **共同要求：** 在梳理情节、分析人物形象的基础上，对作品的主题有自己的看法。 **校本要求：** 1. 理解小说的社会意义。 2. 欣赏小说语言，了解小说多样化的风格。

续 表

年级	课 程 目 标	
	上学期	下学期
九年级	**第三单元** **共同要求：** 1. 在理解课文内容的基础上，熟读成诵并积累。 2. 掌握课文中的文言实词和名言警句。 **校本要求：** 注意文言虚词在关联文意、传达语气等方面的作用。 **第四单元** **共同要求：** 1. 学会梳理小说情节。 2. 试着从不同角度分析人物形象。 **校本要求：** 结合自己的生活体验，理解小说的主题。 **第五单元** **共同要求：** 注意联系文章的时代背景，把握作者的观点。 **校本要求：** 掌握论证方法，并联系实际进行质疑探究，养成独立思考的习惯。 **第六单元** 1. 要抓住小说的主要线索，梳理故事情节。 2. 把握人物形象，探讨其性格形成的原因。 3. 结合具体描写，了解古代白话小说的艺术特点。	**第三单元** **共同要求：** 1. 要注意把握古诗文的意蕴，领悟作者的思想感情。 2. 能够运用历史眼光审视作品的当代意义。 **校本要求：** 积累常见文言词语。 **第四单元** **共同要求：** 注意了解作者观点，学习思辨方法。 **校本要求：** 1. 学习文中介绍的文艺欣赏方法。 2. 学会迁移运用到自己的欣赏实践中。 **第五单元** **共同要求：** 阅读中外优秀剧本选段。 **校本要求：** 在此基础上，自主选择合适的剧本，分配角色，合作排练，尝试戏剧演出，给初中生活留下美好的回忆。 **第六单元** **共同要求：** 注意回顾学过的文言文，积累常见的文言词语。 **校本要求：** 理解词语古今意义的差异。

总之，应根据各学段的教学目标，设置单元目标。依据单元目标，通过小组和班级交流、学习成果展示等多种方式，了解学生的阅读量和阅读面，进而考察其阅读的兴趣、习惯、品位、方法和能力。借助"博雅社团"创造性地开展各类活动，增强学生在各种场合学语文、用语文的意识，通过多种途径提高学生的语文素养。从而真正地让"博雅语文"渗透于日常教学过程中，提升学生的语文思维能力，启迪学生的智慧，丰富学生的阅读体验，拓宽学生的阅读空间。

第三节　探究融会贯通的特色内容

九年义务教育阶段的语文课程，必须面向全体学生，使学生获得基本的语文素养。根据《义务教育语文课程标准（2022年版）》的课程基本理念，我校语文学科组以提高学生的语文核心素养为目标，依托学校、社会、家庭资源，以丰富、优化、厚重的学科教学内容，开发、完善"博雅语文"课程群，为学生提供更多、更优质的学科课程体系，为学生的终身、可持续发展奠定基础。

一、学科课程结构

《义务教育语文课程标准（2022年版）》中明确界定："语文课程应引导学生热爱国家通用语言文字，在真实的语言运用情境中，通过积极的语言实践，积累语言经验，体会语言文字的特点和运用规律，培养语言文字运用能力；同时，发展思维能力，提升思维品质，形成自觉的审美意识，培养高雅的审美情趣，积淀丰厚的文化底蕴，继承和弘扬中华优秀传统文化、革命文化、社会主义先进文化，增强对习近平新时代中国特色社会主义思想的理解和认识，全面提升核心素养。"[1]

基于此，我们厘定了"博雅语文"五大学习领域：识字与写字、阅读、写作、口语交际、语言文字运用，完成了"博雅语文"课程群五个部分的自我建构：博雅识写、博雅阅读、博雅交际、博雅写作、博雅探究（详见图2-1）。

（一）博雅汉字识写

《义务教育语文课程标准（2022年版）》

图2-1："博雅语文"课程结构图

---

[1] 中华人民共和国教育部.义务教育语文课程标准（2022年版）[S].北京：北京师范大学出版社，2022：1.

中明确:"能熟练地使用字典、词典独立识字,会用多种检字方法。累计认识常用汉字 3 500 个左右。写字姿势正确,保持良好的书写习惯。在使用硬笔熟练地书写正楷字的基础上,学写规范、通行的行楷字,提高书写的速度。临摹欣赏名家书法。体会书法的审美价值。"①

(二)博雅海量阅读

《义务教育语文课程标准(2022 年版)》中明确:"学会运用多种阅读方法,具有独立阅读能力。能阅读日常的书报杂志,初步鉴赏文学作品,能借助工具书阅读浅易文言。"②博雅阅读重视培养学生广泛的阅读兴趣,扩大阅读面,增加阅读量,提高阅读品味。我校博雅阅读提倡少做题,多读书,好读书,读好书,读整本书。引导学生通过多种媒介进行阅读,鼓励学生学会自主选择优秀的阅读材料。加强对课外阅读的指导,开展各种课外阅读活动,创造展示与交流的机会,营造人人爱读书的良好氛围。

(三)博雅灵动交际

《义务教育语文课程标准(2022 年版)》要求:"学会倾听与表达,初步学会用口头语言文明地进行人际沟通和社会交往。"③我校博雅口语教学活动主要在具体的交际情境中进行,并且努力贴近生活,采用多种灵活的形式组织教学。除此之外,鼓励学生在各科教学活动以及日常生活中锻炼口语交际能力。

(四)博雅真实写作

《义务教育语文课程标准(2022 年版)》中提出:"能根据需要,用书面语言具体明确、文从字顺地表达自己的见闻、体验和想法。"④我校博雅习作核心在于积极引导学生关注现实,热爱生活,积极向上,表达真情实感,注重培养学生观察、思考、表达和创新的能力。要求学生写作要有真情实感,表达自己对自然、社会、人生的感受、体验和思考,力求有创意。

(五)博雅深度探究

《义务教育语文课程标准(2022 年版)》指出:"乐于探索,勤于思考,初步掌握

---

① 中华人民共和国教育部.义务教育语文课程标准(2022 年版)[S].北京:北京师范大学出版社,2022:14.
② 同上书,2022:6.
③ 同上。
④ 同上。

比较、分析、概括、推理等思维方法,辩证地思考问题,有理有据、负责任地表达自己的观点,养成实事求是、崇尚真知的态度。感受语言文字的美,感悟作品的思想内涵和艺术价值,能结合自己的生活经验去理解、鉴赏、初步评价语言文字作品,丰富自己的情感体验和精神世界。能借助不同媒介表达自己的见闻和感受,学习发现美、表现美和创造美,形成健康的审美情趣。"[①]

学生是学习的主体,语文课程必须根据学生身心发展和语文学习的特点,保护学生的好奇心、求知欲,关注个体差异和不同的学习需求,积极倡导自主、合作、探究的学习方式。博雅探究突出学生的主体性,重视培养学生的积极参与及团队合作精神。在学科实践探究活动中,由学生自行设计和组织活动,特别注重学生探索和研究的过程及在此过程中学生的感受,注重培养学生策划、组织、协调和实施的能力。

二、学科课程设置

"博雅语文"与语言文字知识联系紧密,是针对在校学生实际情况量身打造的课程。所有课程依据各年级学生学情,由易到难、由浅入深、由单一到综合、循序渐进实施。根据不同学段的知识储备和学习需求编制不同的内容,由各年级段的任课老师组织实施。具体课程设置如下(详见表2-2):

表2-2:语文学科"博雅课程"设置表

课程模块	开设学期	课 程 类 别
博雅阅读课堂	七上	1.《说文解字》析读导读:把汉字的起源烙印在学生的脑海。 2.《成语故事》析读导读:把大浪淘沙后汉语言的精华展示给学生,帮助学生记诵海量成语。 3.《朝花夕拾》析读导读:打破鲁迅作品晦涩难懂的印象,帮助学生理解先生温馨的回忆和合理的批判,帮助学生稳步迈向阅读经典名著的殿堂。 4.《论语》精华篇章析读导读:从初中伊始就把最经典的诸子百家的翘楚介绍给学生,学《论语》,为学生的修身、齐家、治国、平天下开创一个良好的开端,鼓励学生大量背诵。

---

① 中华人民共和国教育部.义务教育语文课程标准(2022年版)[S].北京:北京师范大学出版社,2022:6.

续 表

课程模块	开设学期	课 程 类 别
博雅阅读课堂	七下	1.《西游记》析读导读：师生共读一本书，先厘清西游记的脉络，分析小说中主要的人物形象；然后推断小说艺术特色和主旨；最后帮助学生关注小说细节，比如小说中诗词的赏析和作用、章回设置的精妙之处，等等。 2.《孟子》重点篇章析读导读：通读正音，细读识意，精读悟情。和学生一起背诵《孟子》名篇，感受孟子的雄辩和理性、强大的逻辑和动人的情感。 3.《海底两万里》和《西游记》比较阅读：比较中国浪漫主义神魔小说与西方科幻小说在语言和情节设置以及主旨上的异同，获得有益的人生启示。
	八上	1.《傅雷家书》析读导读：八年级学生经过一年初中生活的洗礼，对人生和社会有了更为广阔的认知，适时引入深沉而富有理性的名人书信集正恰逢其时，傅雷对艺术的认知、语言的解析以及拳拳的赤子之心，都值得我们去品读和体会。 2.《红岩》析读导读：一面旗帜，一种信念，一幅群像，一段历史，罗广斌和杨益言给了我们生动的描述。可与歌剧《江姐》互相配合阅读。 3.《林海雪原》简读导读：了解传奇战争小说；补充阅读《铁道游击队》，感受写法比较接近的同类小说。 4.《古文观止》重点篇章导读析读：大浪淘沙，留下的都是精品，《古文观止》汇聚了太多的优秀散文，选取其中文意充沛、情操高尚的文章。让学生背诵，明文意，识结构，悟情感。
	八下	1.《钢铁是怎样炼成的》中"不因碌碌无为而羞耻……"这段话闻名遐迩，把这部小说移至八下，是想让学生有了成熟的阅读体验之后，再接触这部人生的教科书。熟练掌握小说的故事情节，真正理解保尔·柯察金的动人之处。可以补充阅读《青春之歌》和《恰同学少年》。 2.《诗经》导读析读：作为我国诗歌的起源，《诗经》具有特殊地位，选取各种类别的诗篇，比如爱国篇、爱情篇、爱景篇等，师生共同背诵，写出阅读体验。 3.《简爱》导读析读：《简爱》不仅是爱情宣言，更是女性的赞歌和对忠贞、自由、自尊、自爱的讴歌，引入电影版《简爱》，和沈从文的《边城》比较阅读。
	九上	1.《艾青诗选》导读析读：学生认为读诗没有立竿见影的效果，中考作文考查也总说"诗歌除外，文体不限"，但是，作为一种重要的文学样式，诗歌对学生文学素养的提升有着积极作用，不可或缺。把《艾青诗选》分为两个部分进行阅读：第一部分是国家形势和艾青其人，把作家放在中国厚重的历史中，我们就能意识到"歌诗合为时而作"的精髓；第二部分重在分析艾青的诗歌语言，火一般的激情，水一般的结构，土一般的情怀，木一般的冷凝，金一般的心志。可与《海涅诗选》《雪莱诗选》《普希金诗选》《泰戈尔诗选》作比较阅读，领略古今中外诗人的不同情感。

续 表

课程模块	开设学期	课 程 类 别
博雅阅读课堂	九上	2.《水浒传》导读析读：中考最爱考查的小说，也是男生非常喜欢的小说之一。这部小说的情节一环套一环，链式结构非常清晰。但由于120章的超长篇幅，学生阅读起来比较困难，我们尝试用人物群像的方式来阅读。关注林冲、武松、鲁智深、宋江等人物的性格，师生在阅读过程中随时写出人物形象分析和细节解读。注意全面分析人物形象的复杂性和多面性，也要注意小说的历史局限性。 3.《史记》《资治通鉴》导读析读：文言文批量进入语文课堂，因此我们的阅读量要跟上。这两部史书不论是语言还是情感都是个中翘楚，非常值得师生共读。每一部都可以选出优秀篇章精讲细读。可与《荷马史诗》作比较阅读，领悟诗人胸中激荡的情感和火热的爱憎。
	九下	1.《儒林外史》导读析读：谴责小说的高峰，可与《围城》《巴黎圣母院》和《傲慢与偏见》作比较阅读，领略优秀小说的不同风貌。 2.《把栏杆拍遍》导读析读：九下重点阅读篇目，梁衡作品中有难得的崇高和激情，他笔下的周恩来、瞿秋白、林则徐、辛弃疾的形象非常立体，能引起学生极大的共鸣，对我们写文章大有裨益。余秋雨的《中国文脉》和王开岭的《做精神明亮的人》共读，比较两位作家的异同，这是一个极有意思的课题。
博雅写作课堂	七上	简单记叙文写作课程——写出生动的事件
	七下	复杂记叙文写作——写出传神的人物
	八上	日常应用文写作——掌握各式各样的应用文写作格式
	八下	满分作文的奥妙——中考优秀作品赏析
	九上	简单议论文写作——并列式和递进式
	九下	任务驱动型等中考作文思维拓展
博雅活动课堂	七上	博雅话剧社：打通大语文壁垒，融入历史、思政、音乐、美术、心理、英语甚至理科课程，导演出课本剧、名家经典片段剧、青春校园剧、小小心理剧。
	七下	经典之声"博雅诵读"社团：唐之韵——唐诗背诵、默写大会
	八上	经典之声"博雅诵读"社团：宋之韵——宋词背诵、默写大会
	八下	经典之声"博雅诵读"社团：先秦雅韵——《诗经》背诵、默写大会

续 表

课程模块	开设学期	课 程 类 别
博雅活动课堂	九上	经典之声"博雅影剧"社团：经典影片赏析、经典影视歌曲欣赏、经典里的中国文史结合讲座。
	九下	经典之声"博雅诵读"社团：诗歌诵读、演讲比赛、红歌赏析、名家欣赏、名人佳句经典素材、感动中国。
博雅实践课堂	七上	1. 汉字听写大赛低阶版：主要是小学六年和七年级上下册所含词语。试题库中的词语均由师生共同选定。 2. 追溯二七塔的前世今生；商都古城墙，历史在诉说。关注管城回族区厚重历史，了解身边的时代变迁。紫荆山公园建筑探究；康百万庄园楹联赏析。
	七下	1. 成语听写大赛低阶版：主要是小学六年级和七年级上下册所含成语，试题库中的成语均由师生共同选定。 2. 贾平凹、乔叶、魏巍作家作品研修——以作家散文为例。
	八上	1. 汉字听写大赛高阶版：主要是小学六年和初中三年六册所含词语，试题库中的词语均由师生共同选定。 2. 河南中考十年作家作品研读。 3. 豫剧名家唱词研读。
	八下	1. 成语听写大赛高阶版：主要是小学六年和初中三年六册所含成语，试题库中的词语均由师生共同选定。 2. 平凡的世界，不平凡的人生，路遥作家作品研读——以《平凡的世界》和《人生》为例。
	九上	多体裁作文擂台赛：时间稍宽泛。每周固定时间提供两种体裁，学生可以任意选择，下笔成文。
	九下	任务驱动型作文擂台赛：限定时间。顺应阶段性要求与中考直接接轨，按照中考要求设置题目，帮助学生在较短的时间内写出较高水平的文章。

阅读和写作是语文课程永恒的主题，我们学科建设框架便是在这样的前提下构建成型的。我们以部编教材为基础，将课本内的名著阅读写作教学融会贯通，适时补充大量新鲜活泼的材料和实践活动，使学生尽可能广泛地吸收古今中外优秀的文化成果。

第四节　激活探索体验的动力源泉

语文学科通过落实"博雅语文课堂",打牢语文学习基础;通过打造"博雅语文社团",发展儿童语文学习兴趣;通过举办"博雅语文活动节",创设浓郁语文学习氛围;通过建设"博雅语文校园",激活语文隐性学习空间;通过设计"博雅语文之旅",做好语文研学活动。依据学情,由浅入深,分年级、分学期实施"博雅语文"的课堂教学与评价策略,真正落实"博雅语文"所体现的人文精神和理性精神的文化内涵。

一、落实"博雅语文课堂",筑牢语文学习根基

"博雅语文课堂"是人文艺术课程和自然科学课程的融合,旨在提升学生的审美鉴赏能力,激发思维的创造力和想象力,为形成高雅的气质和人格奠定基础。构建"博雅语文课堂",使语文课堂由重讲授、重练习、重结果向重活动、重生活、重能力转变,从而提升语文学科的课程品质,而这些改变需要多方面的努力与实施。

(一)"博雅语文课堂"的实施方案

"博雅语文课堂"以课程标准为根本,依据部编版初中语文教科书的单元导读,针对不同文本、不同年级的学情设置教学目标,研发符合学生学科发展要求的校本教材和语文特色课程参考资料,培养知识渊博、品格高雅的高素质人才。

1. 研发校本教材,拓宽学生视野

学习语文首先是教科书学习,但教科书受篇幅的限制,所选文章数量不可能太多,难以满足大量阅读的需要。据此情况,教师研发编写校本教材,立足于课内,在每课或者每单元结束后选取或体裁相同,或题材相近,或是同一作家的不同作品,力求与教科书形成呼应,沟通课内外学习,使二者相得益彰。这样可以让学生把课堂上获得的知识和能力,举一反三,用到课外阅读之中,便于同学们接触人类智慧的结晶,培养文化尊严感,提高阅读鉴赏和审美能力。

2. 整理特色课程,完善参考资料

首先,经过我校各年级语文教师的多次探究式教学实践,语文组按照分散与

集中相结合的原则展开"群文阅读"的阅读课教学。所谓分散,是指根据学生的心理发展特点,将各个主题分散到相应的年级教学任务中,更加科学地培养学生的综合能力。所谓集中,则是将主题相同的课文按照一定的侧重点进行整合,并将语文诵读、欣赏、探究等实践活动和语文课文教学、单元训练相联系,使学生的学习目标更加突出。通过这种教学形式,将研究和实际教学有机结合,通过整合课内阅读、联系课内外阅读、拓展课外群文阅读的方式开展教学教研活动,推进我校语文教学结构改革进程。

3. 注重潜移默化,引领价值观导向

语文课堂具有人文性及知识性,让学生树立起良好的道德情操,最终形成积极正确的人生态度及价值观,是语文课堂至关重要的内容。"博雅课堂"根据语文学科的特点,注重熏陶感染、潜移默化,把与课堂相关的道德内容渗透于日常的教学过程之中,并与现实相结合,让学生在学习语言知识及提高语文能力的同时不断受到感染,培养正确的价值观。

(二)"博雅语文课堂"的评价方式

根据"博雅课堂"的内涵特点,学校从教学目标、教学内容、教学过程、教学方法及人文情怀方面,制定"博雅课堂"评价标准,促进教师专业发展,引领课堂发展方向(详见表2-3)。

表2-3:"博雅语文课堂"评价量表

评价项目	评 价 内 容	得分
目标切实 (20分)	1. 学习目标基于学科素养和课程标准,适合校情学情,具体明确,操作性强,突出活动性和实践性。 2. 在学习目标的基础上形成清晰的任务单。	
内容广阔 (20分)	1. 学习内容注重情境化、生活化、活动化,引导学生创造性地使用教材。 2. 通过整合相关学科知识,帮助学生对学习内容进行精深加工,会构建知识框架,会联系生活实际。	
过程灵动 (20分)	1. 突出学生的主体地位,引导学生大胆实践、积极交流、勇于展示个性化观点。 2. 通过变式拓展,鼓励不同层次的学生进行个性展示,发展求异思维,引导学生广泛参与课堂讨论。	

续 表

评价项目	评 价 内 容	得分
方法多样 （20分）	1. 能根据学习内容，帮助学生选择恰当的学习方式，并体现学习方式的灵活性、多样化。 2. 从关注"教"走向关注"学"，注重学法和策略指导。能适时有效地介入课堂，精讲点拨，变式拓展。鼓励不同层次的学生进行个性展示，发展求异思维。	
人文情怀 （20分）	1. 通过语言文字的学习，体会中华文化的博大精深，增强文化自信，理解、认同、热爱中华文化，继承并弘扬优秀传统文化。 2. 通过文学作品赏析，吸收人类文化的精华。提升自己的文化自觉，树立积极向上的人生理想，增强社会责任感和使命感。	
综合评价		

二、打造"博雅语文"社团，发展学生语文学习兴趣

"博雅语文"社团以学生为中心，倡导课堂民主化，推崇有互动的学习，鼓励学生积极参与。教师指导学生发现并解决问题，表达自己的观点，评价学生的表现。社团活动日益蓬勃，功能日渐彰显，已成为构建校园文化的主力和解读校园文化的向导。参加社团活动，不仅会让学生的个性得以发展，激发他们的创造能力，还会使学生的人生态度更加积极向上，更是学校德育工作的有力抓手。为此，我校语文学科尝试以开展社团为途径，为学生提供一个绽放自我风采的平台，使其发展兴趣，展现魅力，逐渐发展为一个有博雅品质的中学生。

（一）"博雅语文"社团的实施方案

"广博""典雅"品质是我们开展社团追求的方向和目标，以语文学科为依托，充分发挥传统文化的导向作用、辐射作用和凝聚作用，培养学生的"博雅情怀"。经过学科组的商讨，创办了"怀瑾握瑜"通讯社、"城墙根儿"话剧社、"华风汉韵"社、"寸心"文学社等语文社团，以提升学生的语文核心素养，激发学生对传统文化的兴趣，增强同学们对民族文化的认同感。

"博雅"话剧社（七上）：通过编排经典的文学篇目，创设情境，让学生走进人物，感悟经典，提升文化情怀。实现跨学科融合，融入历史、思政、音乐、美术、心

理、英语甚至理科课程,演绎课本剧、名家经典片段剧、青春校园剧、小小心理剧。

经典之声"博雅诵读"社团唐之韵(七下):唐诗背诵、默写大会。

经典之声"博雅诵读"社团宋之韵(八上):宋词背诵、默写大会。

经典之声"博雅诵读"社团先秦雅韵(八下):《诗经》背诵、默写大会。

经典之声"博雅影剧"社团(九上):经典影片赏析、经典影视歌曲欣赏、经典里的中国文史结合讲座。

经典之声"博雅诵读"社团(九下):诗歌诵读、演讲比赛、红歌赏析、名家欣赏、名人佳句、感动中国经典素材。

(二)"博雅语文"社团的评价方式

为了保证社团的稳定发展,我校社团制定了相应的活动评价标准,主要从出勤情况、活动过程、活动成效等维度进行评价。具体评价标准如表2-4:

表2-4:"博雅语文"社团活动评价量表

评价项目	分值	评 价 标 准	指导教师评分
出勤情况	20	以小组为单位实行签到制度,每次活动要携带与本次活动主题相契合的书目。	
活动目标	20	目标要体现"博雅语文"内在的逻辑思维、知识底蕴、涵养性情、领悟人生的能力要求。	
活动过程	30	过程中要展示小组成员良好的思维习惯和应变能力,有团结协作、创新精神,能在活动中提升自己。	
活动成效	30	能有条理地表达自己的意见,解决问题的过程清楚,彰显"博雅语文"高雅的人文情怀和理性态度。	

三、举办"博雅语文"艺术节,营造语文学习氛围

"博雅语文"艺术节旨在通过推行形式各样的语文活动,引导学生与书为伴,与经典为友,开拓视野,丰富校园文化生活,挖掘学生潜能,促进学生个性发展,培养学生的语文素养和人文精神。它是实现"博雅课堂"的重要途径,也是丰富语文课程内容的外在表现。我校每年举办丰富多彩的读书活动、汉字听写大赛等,营造出有利于学生阅读的学习氛围。

(一)"博雅语文"艺术节的实践方案

阅读是获取知识的重要渠道,更是提高能力、丰盈精神的有效途径。图书馆阅读指导课的开设有利于拓展学生的知识广度和思维深度,更能提高学生的学习能力,丰富学生的精神内涵和情感体验。基于我校学生有阅读数量而阅读质量不高、有阅读要求而无阅读方法指引、有阅读行为而无阅读效果的现状,特制定以下实施方案:

1. 举行好书分享会

我校七、八年级每年的五月和十月都会举行读书分享会。以班级为单位进行读书经验交流和心得分享,并选拔出代表,参加全校的读书分享会,评选出一、二、三等奖。通过为期两周的交流和展示,初步培养了学生良好的阅读习惯,提升了学生的综合修养。

2. 进行"群文阅读"专题活动

我校八年级积极开展群文阅读活动,每周设置1—2节课进行交流分享。学生在不同文本的对比阅读中自主探究、自主学习,大大提高了阅读热情和学习效率。教师则在引导中指导学生总结阅读的心得和经验,整个课堂学生参与热情高涨。课后,学生将阅读心得以读书笔记的形式记录下来,其中部分优秀作品被选登在校报上。

3. 开展"整本书"阅读活动

在学生积累了一定的阅读经验后,教师逐步引导学生以情节或人物形象为线索进行整本书阅读,每月设置1—2节课进行汇报展示。这种高屋建瓴的阅读和交流方式培养了学生独立思考和归纳的能力,让学生对整部作品的思想内涵和情感主旨有了更深刻的把握。七年级下学期侧重于以作家散文为例,对贾平凹、乔叶、魏巍等作家作品开展研修;八上侧重于对河南中考十年作家作品研读;八下侧重于对作家路遥的作品研读,以《平凡的世界》和《人生》为例。

4. 举办汉字听写大赛、成语听写大赛、作文擂台赛

这些比赛以学生语文基础字词积累训练为主,根据不同年级学生的现有水平进行设计。七、八年级上学期分别举办"汉字听写"大赛的低阶版和高阶版活动,七年级下学期、八年级下学期分别举办"成语听写"大赛的低阶版和高阶版活动。考虑到九年级学生积累写作能力已经达到一定水平,九年级上学期举行体裁多样的作文擂台赛,下学期举行任务驱动型作文擂台赛。三种不同类型的比赛,比赛

内容不同,训练重点各有侧重。

(二)"博雅语文"艺术节的评价方式

"博雅语文"艺术节以提高学生阅读兴趣、培养学生人文素养、发展学生人文情怀为目的,坚持评价标准多元化,定时、定量对阅读成果进行自我评价和教师评价。教师评价要做到定性与定量评价相结合,在定性评价中,教师分析学生的阅读情况与能力,客观地描述学生阅读中的进步与不足,并提出建议(详见表2-5)。

表2-5:"博雅语文"艺术节活动评价量表

评价项目	评价内容	评价标准	自评	师评	平均分
阅读态度 (30分)	阅读兴趣 (10分)	具有浓厚的阅读兴趣,并能坚持每日阅读。			
	阅读量 (10分)	每日课外阅读量多于500字。			
	参与情况 (10分)	每学期参加阅读活动多于3次,至少有1次获得优秀评定。			
阅读方法 (40分)	阅读指向性 (20分)	阅读目的明确,指向性强,能根据老师推荐的书目自主选择书籍进行阅读,自主阅读意识较强。			
	阅读方法运用 (20分)	能够运用教师指导的阅读方法对某本书籍进行阅读,并能根据不同书籍、不同内容选择不同的阅读方法,会写相关批注、阅读心得等。			
阅读成果展示 (30分)	阅读过程性资料 (20分)	一学期撰写不少于15篇阅读心得,能在心得中体现对作品中感人情景、形象及内涵的理解,能表达出自己的情感体验及获得的有益于成长的启示。阅读批注、摘抄等不少于150段,并能写出阅读感受,在批注中能体现理解力与表达力。			
	阅读活动参与度及测试成绩 (10分)	按时参加各项阅读活动及测试,测试成绩优异。			

四、创建"博雅语文"校园,激活隐性学习空间

语文学科是创建"博雅语文"校园的基础因素,创建"博雅语文"校园是语文学科的拓展延伸。二者之间互相依存、相辅相成。"博雅语文"校园着眼于学生综合素质的提升,它不仅包括学生的认知能力和思维能力,更强调视野的开阔性和气质的高雅性。我校结合实际情况,利用有利条件开展"博雅"实践课堂,通过丰富多彩的校园资源,激发学生学习语文的兴趣,潜移默化地提升学生的语文素养。

(一)创建"博雅语文"校园的实施方案

语文教师应高度重视语文课程资源的开发与利用,创造性地开展各类活动,增强学生在各种场合学语文、用语文的意识,多方面提高学生的语文能力。基于我校现有的资源,特制定以下实施方案。

1. 发挥图书馆资源库的作用

学校图书馆收藏着大量的图书,是语文课程教学极为重要的资源库。语文教师可教授阅读方法,引导学生定期到学校图书馆借阅图书,通过各种途径引导学生进行语言文字的学习。为了激发学生读书的兴趣,图书室开展"每周新书推介"活动,向全体师生介绍推荐新进的图书,通过教师阅读带动学生阅读,培养学生的阅读兴趣。同时,每个班都设立了"图书角",开辟了"学习园地",成立了"读书会",有效激发了学生的阅读热情。

2. 利用丰富多彩的校园文化资源

校园文化是语文课程资源的重要组成部分,碧绿的草坪、盛开的鲜花、教室门口张贴的优秀人物挂像以及其他设备设施,都可以成为学生潜移默化、人文熏陶的好资源,也是学生进行文学创作的好素材。我校依据语文教学的需要,有计划、有步骤地安排学生对学校环境进行观察,观察花草树木在一年四季的变化、标志性建筑的结构、学校雕像所蕴含的意义,布置学生进行写作。让这些校园文化资源成为学生写作的对象,在过程中培养学生的写作能力,提高学生的语文素养。同时也培养学生对学校的热爱之情,感受校园文化资源的独特魅力。

3. 举办《管外人》校报征稿活动,编撰校本教材

首先,我校结合传统文化和学校的德育工作,开展"传承红色基因·扣好人生

第一粒扣子""学习雷锋精神""新时代好少年""我为建设美好校园建言献策""安全在我心中"等主题征文活动,给学生搭建展示自我的平台,促使广大学生参与到写作当中,培养学生积极的人生态度、健康的心理情感、高尚的道德品质。其次,学生写作过程中涌现出的优秀作文,可以成为语文课程学习的重要资源。教师根据教学的需要,有计划、有步骤、有针对性地组织学生编辑《中学生优秀习作选》,装订成册,共享资源。

4. 开设艺术欣赏课

以豫剧欣赏课为例,教师根据不同年级学生的知识结构、心理特点,向学生推荐不同类型的豫剧名家唱词素材,使艺术欣赏活动与课堂教学有机结合起来,每两周开设一节。教师需要引导学生对鉴赏内容进行整理,做鉴赏笔记,启发学生在鉴赏中思考,学会归纳学习心得,提高自主学习的能力。同时也为学生提供展示艺术才华的机会,引导学生领略戏曲文化的博大精深。

(二)"博雅语文"校园活动的评价方式

"博雅语文"校园活动旨在陶冶学生高尚情操、提高学生文化品位、培养学生审美情趣,目标高远、形式多样。评价方式是自我评价、教师评价和社会人士评价相结合,定性与定量评价相结合,日常观察与成果展示相结合。在定性评价中,教师要对学生的情况与能力进行分析,客观地描述学生的阶段性进步与不足,并提出建议。教师应关注学生的日常学习态度,将日常观察与成果展示相结合。把结果评价与过程评价相结合,搜集能反映学生在鉴赏过程中学习情况的资料。

总评价采用等级制,标准分为 A(优秀,得分 90—100 之间)、B(良好,得分 75—89 之间)、C(合格,得分 60—74 之间)、D(有待努力,得分 60 以下)四个等级,先打分,总评折合为 A/B/C/D 四个等级,具体评价标准如下(详见表 2-6):

表 2-6:"博雅语文"校园活动评价量表

评价项目	评价内容	评 价 标 准	自评	师评	社会人士评价
态度评定 (30分)	兴趣评定 (10分)	具有浓厚的兴趣,并能坚持每周进行。			

续表

评价项目	评价内容	评价标准	自评	师评	社会人士评价
态度评定（30分）	活动参与情况(20分)	每学期参与学校和班级的语文活动不少于3次,至少有2次获得优秀评定。			
方法运用（40分）	活动指向性（20分）	积极参与活动,目的明确,能根据老师推荐内容自主选择进行学习。			
	方法运用（20分）	能够运用教师指导的方法和素材,语文写作能力得到提升等。			
活动成果展示（30分）	过程性资料（20分）	一学期撰写不少于5篇心得,能表达出自己的情感体验及获得的有益于成长的启示。			
	活动参与度及测试成绩(10分)	按时参加各项活动及测试,测试成绩优异。			

五、设计"博雅语文"之旅，开展语文研学活动

"博雅语文"教学注重建构体验式学习情景，以提高学生语文核心素养为目标，打破了较为僵化的班级授课制，从"教师讲——学生听"的单向教学模式，转化为"我要学——我要做"的互动教学模式，设计"博雅语文"之旅，开展有效的语文研学活动。

（一）"博雅语文"之旅实施方案

1. 自我与问题的对话

学生在研学旅行过程中，问题是学生与现场之间建构对话的重要因素，问题设计的广度、深度在一定程度上决定了学生积累的广度、现场参与的积极性以及思考的深度。研学旅行的问题设计不同于一般课堂问题，要避免提出封闭性的、仅停留在知识层面的问题，使问题成为学生观察、感受、比较、探究的起点(详见表2-7)。

表 2-7：研学活动设计之河南省博物馆研学之旅

主 题	活 动	设 计 意 图
爵	1. 比较爵不同的外形特征，猜测外形变化和功能之间的关系。 2. 思考作为礼器的爵与"礻"（示字旁）之间的关系。	以爵为切入口，引出青铜器象征着中国礼乐文化。
饕餮纹	观察青铜器上的饕餮纹，猜测饕餮纹背后的文化意义。	将青铜器的外形、功能和纹饰联系在一起，帮助学生建立观察青铜器的方法。
乐 器	这些乐器有什么象征？	"八音之中，以钟为首。"帮助学生明确钟是地位象征。

通过这些问题，调动学生观察爵、鼎等古代文化意味深远的青铜器的积极性，在认真比较、鉴赏后，思考青铜器对于中国古代礼乐文化的意义。

2. 自我与情境的对话

研学旅行不同于校内学习，现场情境的创设会触发学生的心灵感悟。例如，《苏州园林》中叶圣陶说，"我觉得苏州园林是我国各地园林的标本，各地园林或多或少都受到苏州园林的影响"，学生根据这一说法，探究紫荆山公园的园林设计艺术。如若学生发现，紫荆山公园和叶圣陶笔下苏州园林的设计有诸多相似之处，便可以强化学生对《苏州园林》一文的理解，做到"研"与"学"的相互印证。在此基础上，学生可以进一步设计研学任务，探究二者具有诸多相似性的原因。为了更好地完成研学旅行"学中研，研中学"的目标，设计研学旅行探究主题时需与研学地点的特征相结合，同时也需和国家义务教育初中语文课程的相关内容进行联系，在两者之间找到一个相互联结的桥梁，使学生能把课堂中的问题带到现实中进行探究（详见表 2-8）。

表 2-8：《苏州园林》一文与紫荆山公园设计对照探究

主题：《苏州园林》一文与紫荆山公园设计对照探究
成员：组长 E，成员 A、成员 B、成员 C、成员 D
地点：紫荆山公园

续 表

组长E	任务分配
成员A	观察紫荆山公园的走廊和花墙的设计
成员B	总体探究紫荆山公园的对称感,思考有无对称感
成员C	探究紫荆山公园的假山
成员D	观察紫荆山公园门和窗的设计
组长E	整体协调工作
备注:要求每个成员在对照之时,对所观察的内容进行语言文字的描述,并上交给组长。		
组长:将组员所递交的材料进行分析整理,并形成报告,以印证叶圣陶在文中的判断。		

学生依照计划表,以《苏州园林》里的判断作为"问题",对其他园林进行探究,便会是一次成功的"以具体的实践来印证课文中的判断"的探究活动。学生既考察了一个活生生的现场,又强化了对课文的理解和印象,还能引发学生思考得出结论的过程,即为何"苏州园林与豫园有如此多的相似点"等,甚至还可以进一步引发学生产生新的追问和思考:其他地区的园林是否也能印证叶圣陶在课文中的判断呢?可见,一个好的研究主题不仅能启发学生的不断追问,也能引发一系列未来可能开展的研学主题,从而将探究进一步深化。

3. 自我与历史的对话

不论是对书籍的阅读、对现场情境的观察,还是对自然、人文景观知识的了解,研学旅行都能很好地帮助学生触摸历史、了解历史、理解历史,建构起学生与历史之间的对话,而对于历史的认识和理解,又能更好地帮助学生思考当下的社会环境,并指引学生未来的生活(详见表2-9)。

表2-9:研学之旅——康百万庄园之楹联探究

调查对象	楹联
调查目的地	康百万庄园
调查目的	了解我国楹联来历、特点、名联赏析

续　表

对联种类	
调查结果分析	
佳作分享	
研究感悟	

（二）"博雅语文"之旅的评价

"博雅语文"之旅的评价"主要以学生在各类探究活动中的表现，以及活动过程中完成的方案、海报、调研报告、视频资料等学习成果为依据展开。教师可以针对主要学习环节和内容制定评价量表，邀请相关学科教师、家长、社会人士参与评价。评价要关注学生综合运用多学科知识思考问题、解决问题的态度和能力。评价以鼓励为主，既充分肯定学生的发现和创造，又引导学生自我反思提升，不断提高跨学科学习的质量"[①]。（详见表2-10）

表2-10：初中语文研学评价量表

评价指标	评价等级			评价主体		
	☆	☆☆	☆☆☆	自我评价	相关学科教师评价	社会人士评价
信息搜集	提前收集整合信息，信息收集详尽。	通过各种途径收集信息，信息收集详尽，并能适当分类。	能围绕汇报主题，通过各种途径收集信息，信息收集详尽，并能适当分类。			
问题解决	能明确任务要求和目标，完成任务。	能明确任务要求和目标，并高效完成任务。	能明确任务要求和目标，并高效、有质量地完成任务。			

---

① 中华人民共和国教育部.义务教育语文课程标准(2022年版)[S].北京：北京师范大学出版社,2022：36.

续　表

评价指标	评价等级			评价主体		
	☆	☆☆	☆☆☆	自我评价	相关学科教师评价	社会人士评价
协作能力	活动过程中明确分工。	活动过程中明确分工,并能完成自己的任务。	活动过程中明确分工,不仅能完成自己的任务,还能为其他组员提供帮助。			
原创性	作品呈现能在借鉴他人经验的基础上有所表达。	作品能表达出自己独特的想法。	作品能表达出自己独特的想法,并通过作品完整呈现。			
口语表述	吐字清晰,声音洪亮。	吐字清晰,声音洪亮,内容详尽。	吐字清晰,声音洪亮,内容详尽,层次清晰。			
书面表达	内容明确、充实。	内容明确充实、排版整洁、结构清晰。	内容明确、充实、排版整洁、结构清晰、语言规范优美、整体设计有创意。			
自我评价(100字以内)						

"博雅"的内涵是广博高雅,注重引导学生学习和掌握广博的科学文化知识,促进其智能与品格的提升。我们从语文学科的性质出发,在"博雅语文"教育中增强学生认知的广度和深度,把知识转化为学生的内在修养和精神气质,这是实现学科素养提升的必经之路。学校作为传递知识、传承文明的场所,有责任、有义务担当起时代赋予我们的重任,将建设"博雅语文"这项活动深入而长久地开展下去。

"博雅语文"课程品质的提升需要全体师生的共同付出,需要学校长期的努力。我们要紧紧抓住"书香校园"创建活动的契机,在校园内营造出浓郁的"博雅"阅读氛围,让学生们在书籍的世界里,和教师们一同去阅读经典、领略思想、感受文化、体悟精神。通过阅读,让教师和学生与知识为友,与大师为友,与真理为友,净化心灵,享受"博雅"阅读的乐趣。

(撰稿人:刘冬英　王亚杰　李佩珊　崔慧丹)

第三章
具身性：让身体参与学习的过程

  身体是最完美的学习工具，语文学习的过程需要多种感官相互作用。学科实践是理论与实践相统一的学习方式。因此更强调学生的身体参与和亲身经历，把认知与行动、理论与实践、学科知识与日常生活有机地融为一体，对真实而恰当的问题进行分析、探究和解决，促进学生与知识的真正相遇，获得真实的生命体验，让每一个生命个体都充盈成长。

真知语文：
让语文学习回归本真

  郑州市管城回族区阳光实验小学语文组现有专任教师41人，其中省级农村骨干教师1人，市级骨干教师2人，区级名师1人，教师队伍年轻，工作热情高。近年来，在学校"阳光四维合作教学工作法"的指导下，语文教研组扎实开展常态备课、教研，积极参与学校的"五四教学大比武"和"冬日暖阳教研节"两大品牌活动，教师的专业化水平得到了提升，多名教师在市区级优质课评比中获得优异成绩。依据教育部《关于深化课程改革，落实立德树人根本任务的意见》《义务教育语文课程标准（2022年版）》等文件精神，我校推进了语文学科课程群建设，取得了显著成效。

第一节　共绘求真求实的学习图景

一、学科价值观

《义务教育语文课程标准(2022年版)》指出:"语文课程应引导学生热爱国家通用语言文字,在真实的语言运用情境中,通过积极的语言实践,积累语言经验,体会语言文字的特点和运用规律,培养语言文字运用能力;同时,发展思维能力,提升思维品质,形成自觉的审美意识,培养高雅的审美情趣,积淀丰厚的文化底蕴,继承和弘扬中华优秀传统文化、革命文化、社会主义先进文化,增强对习近平新时代中国特色社会主义思想的理解和认识,全面提升核心素养。"[①]基于此,我们认为:语文课程的核心价值是学生在真实的语言实践中发展思维,培养语言文字的综合实践能力,树立追求真善美的态度。

二、学科课程理念

丰富的语文课程内容,对学生精神领域的影响是深广的,能培养学生独特的语感。因此,重视语文的熏陶感染,注意教学内容的价值取向,应首先尊重学生在学习过程中真实的体验。我们依据《义务教育语文课程标准(2022年版)》的要求,立足学科特点,结合学校现状,提出"真知语文"的课程理念,树立"真善美"的价值观,崇尚"真教"的学科氛围。

"真知语文"是成"人"成"才"的语文。通过"真知语文"的学习,学生学会做人,学会做事,成为"才";通过"真知语文"的学习,提升学生热爱祖国语言文字的情感,增强语文学习的自信心,体会到语文学习的快乐;通过"真知语文"的学习,学生学会倾听、表达和交流,体会语言中的冷暖之情愫,树立正确的人生观和价值观。

"真知语文"是"学与练"的融合。教师的教学方法是实现教学目标的桥梁,要

---

① 中华人民共和国教育部.义务教育语文课程标准(2022年版)[S].北京:北京师范大学出版社,2022:1.

切合学生的实际。课堂教学应围绕本体教学内容展开,不再以教师分析课文为主,而是转变为以学生的实践练习为主要活动。

"真知语文"是真实评价的课堂。对于学生的学习行为,老师能真实地发现并予以评价和引导。此外,老师还能帮助学生掌握语文学习的基本方法,关注学生独特的思想,引导学生的思维得到发展和提升,使学生语言文字的综合实践能力得到切实提升。

综上所述,我们把"真知语文"的理念确定为"让语文学习回归本真"。语文教学模式要"真知、真教、真学"。教师要重视平时的知识积累,保证课堂教学行为的有效性,让学生养成良好的学习习惯。教师更应细心筛选内容,回归语文的本真。教师在实践中教,学生也在实践中学,以活的教促进活的学,回归"真实"的教学,学生需要在自主探究中体验"再创造",在实践中体验"做"语文,在联系生活中体验"用"语文,拥抱"真情"的课堂,最终实现"教学做"的整合。

第二节　创设温润明朗的课程目标

《义务教育语文课程标准(2022年版)》指出:"语文课程致力于全体学生核心素养的形成与发展,为学生学好其他课程打下基础;为学生形成正确的世界观、人生观、价值观,形成良好个性和健全人格打下基础;为培养学生求真创新的精神、实践能力和合作交流能力,促进德智体美劳全面发展及学生的终身发展打下基础。"①

一、语文学科课程总目标

基于《义务教育语文课程标准(2022年版)》课程标准的认识,着眼于学生语文核心素养的整体提高,我校"真知语文"课程体系围绕文化自信、语言运用、思维能力、审美创造四个方面,以识字与写字、阅读与鉴赏、表达与交流、梳理与探究四个方面为抓手,结合我校实际情况制定了以下目标:

识字与写字目标:喜欢学习汉字,有主动识字、写字的愿望,逐步养成独立识字能力。写字姿势正确,有良好的书写习惯。掌握汉字的基本笔画和常用的偏旁部首,能感知汉字形、音、义的联系和构字组词特点,感受汉字的文化内涵和蕴含的智慧。

阅读与鉴赏目标:熟练地用普通话正确、流利、有感情地朗读课文。学习默读,默读有一定的速度。学会运用多种阅读方法,具有独立阅读能力。能阅读日常的书报杂志,初步鉴赏文学作品,能借助工具书阅读浅易文言文。能联系上下文和自己的积累理解词句的意思,在理解课文的过程中体会标点符号的用法。能体会作者的思想感情,逐步学会领悟文章的表达方法。阅读整本书,逐步学会把握文章主要内容,分享阅读感受。背诵优秀诗文,扩展阅读面。

表达与交流目标:学会倾听与表达,逐步学会用口头语言有条理地进行人际

---

① 中华人民共和国教育部.义务教育语文课程标准(2022年版)[S].北京:北京师范大学出版社,2022:1.

沟通和社会交往。乐于表达，与人交流时能尊重和理解对方。注意语言美，抵制不文明的语言。养成留心观察周围事物的习惯，积累写作素材，能根据需要，用书面语言具体明确、文从字顺地表达自己的见闻、体验和想法。学会修改习作中有错误的词句。

梳理与探究目标：能逐步学会分类整理学过的字词，发现所学汉字形、音、义和书写的特点，发展独立识字和写字能力。初步了解查找资料、运用资料的基本方法。初步掌握运用多种方法整理和呈现信息的方法。能通过调查访问、讨论演讲等方式，开展专题探究活动。

二、学科课程年级目标

基于《义务教育语文课程标准（2022年版）》和教材特点，结合各年龄段学生学情，特制定出年级目标如下（见表3-1）：

表3-1：郑州市管城回族区阳光实验小学"真知语文"分年级目标

	课　程　目　标	
	上学期	下学期
一年级	**我上学了：** 1. 知道中国是我们的祖国，初步了解我国是一个多民族国家，感受作为中国人的自豪。 2. 感受成为小学生的喜悦，体会小学生活与家庭生活、幼儿园生活的不同，初步树立小学生的角色意识。 3. 了解语文学习的基本内容和意义；初步体会正确的读书、写字姿势和执笔方法。 4. 通过听故事、讲故事，感受语文学习的快乐。 **第一单元：** 1. 认识40个生字，会写17个生字。 2. 认识"横、竖、横折、撇、弯钩、捺、点、提、撇折、竖折"十种笔画。 3. 会按笔顺在田字格中正确书写。 4. 结合具体语境、情境，感受汉字与实际生活的联系，体会学习汉字的乐趣。	**第一单元：** 1. 会认51个生字，会写28个生字。 2. 正确流利、有感情地朗读识字韵文，并能背诵部分韵文。 3. 知道可以通过多种途径识字，激发识字的兴趣。 4. 收集有关春天的词语，用自己喜欢的方式来表达春天。 5. 能按要求搜集词语。 **第二单元：** 1. 会认58个生字，会写27个生字。 2. 正确流利、有感情地朗读课文，并能背诵部分课文。 3. 会背《汉语拼音字母表》，知道可以通过多种途径识字学词。 4. 会读会背古诗，养成诵读经典古诗词的习惯。

续 表

课 程 目 标	
上学期	下学期
第二单元： 1. 正确认读 a、o 等 6 个单韵母，b、p 等 23 个声母，yi、wu 等 10 个整体认读音节；掌握两拼音节和三拼音节的拼读方法，正确拼读由声母和单韵母组成的音节。 2. 认识四线格并正确书写 6 个单韵母、23 个声母。 3. 认识"爸、妈"等 16 个生字，会拼读"bà ba、mā ma"等 13 个音节词。借助拼音和教师的示范，朗读《轻轻跳》等 5 首儿歌。 4. 借助课程表，认识"文、数"等 5 个生字。 5. 能借助拼音自主朗读儿歌。 **第三单元：** 1. 正确认读 ai、ei 等 9 个复韵母，an、en 等 5 个前鼻韵母，ang、eng 等 4 个后鼻韵母，ye、yue 等 6 个整体认读音节，掌握两拼音节和三拼音节的拼读方法，正确拼读由声母和复韵母组成的音节。 2. 在四线格中正确书写 5 个音节词。 3. 认识"妹、奶"等 16 个生字，会拼读"mèi mei、nǎi nai"等 15 个音节词。 4. 借助拼音和教师的示范，朗读《小白兔》等 5 首儿歌。 5. 通过比较，读准音近的音节，能区分形近复韵母，读准音节词，能用拼读的方法读准有关物品的音节词，能记字母表，能区分声母、韵母、整体认读音节。 6. 能借助拼音阅读课外的小故事。 **第四单元：** 1. 认识 44 个生字、9 个偏旁和 1 个多音字，会写 16 个字和 6 个笔画。 2. 正确朗读课文，读准字音。感受四季之美，激发对大自然的喜爱之情。 3. 背诵《小小的船》《江南》《四季》。 4. 能向他人做自我介绍，并能引起话题。知道与人交谈时，"看着对方的眼睛"是一种基本的交际原则和交际礼仪。 5. 初步建立反义词的概念。 6. 能背诵课外两首简单的古诗。	**第三单元：** 1. 会认 37 个生字，会写 20 个生字。 2. 正确流利、有感情地朗读课文，并能背诵部分课文。 3. 学会用音序查字法查字典，激发识字的兴趣。 4. 通过课文的学习和课外朗读，激发阅读兴趣，懂得学会为他人付出是一种快乐。 **第四单元：** 1. 会认 54 个生字，会写 28 个生字。 2. 正确流利、有感情地朗读课文，并能背诵部分课文。 3. 通过"识字加油站"和"读好轻声"的词语，激发识字的兴趣。 4. 会读会背古诗，养成诵读经典古诗词的习惯。 5. 通过课内和课外朗读，感受语言文字的魅力。 6. 养成诵读经典古诗词的习惯。 **第五单元：** 1. 会认 57 个生字，会写 28 个生字。 2. 正确流利、有感情地朗读课文，并能背诵部分课文。 3. 通过"识字加油站"认识同偏旁的字，激发识字的兴趣。 4. 会读会背古诗，养成诵读经典古诗词的习惯。 5. 通过课文的学习和课外朗读，感受语言文字的魅力。 6. 学习如何打电话，懂得怎样和别人交流，学会做一个懂文明、有礼貌的好孩子。 7. 通过课外朗读和分享，初步感受语言文字的美。 **第六单元：** 1. 会认 45 个生字，会写 21 个生字。 2. 正确流利、有感情地朗读课文，并能背诵部分课文。

(一年级)

续 表

	课 程 目 标	
	上学期	下学期
一年级	**第五单元:** 1. 认识65个生字和10个偏旁,会写23个字和2个笔画。 2. 能利用已有的生活经验,借助会意字识字、归类识字、反义词识字等多种方法识字。进一步了解汉字的文化内涵,喜欢学习汉字。 3. 正确朗读课文。背诵《画》《大小多少》《升国旗》。 4. 归类认识一些表示时间的词语,发现草字头和木字旁所代表的意思,了解汉字偏旁表义的构字规律。 5. 辨析易混淆的音节,读准平舌音、翘舌音、鼻音和舌尖音。 6. 了解汉字"从左到右""先撇后捺"的笔顺规则,在田字格中正确书写。课下查找其他汉字的笔顺规则。 **第六单元:** 1. 认识43个生字、10个偏旁和2个多音字,会写17个字和3个笔画。 2. 学习分角色朗读课文,读好人物说话的语气。认识逗号和句号,根据标点符号读好停顿,初步建立句子的概念。 3. 学会用"前、后、左、右"4个方位词说话,积累一问一答的语言表达,积累由生字拓展的新词。 4. 背诵《比尾巴》和《古朗月行》(节选)。 5. 根据场合,用合适的音量与他人交流。 6. 知道汉字有"上下结构"和"左右结构",学习把字按结构进行归类的方法。 7. 交流在生活中自主识字的成果。 8. 养成自主识字的习惯。 **第七单元:** 1. 认识38个生字和5个偏旁,会写11个字;学习表示亲属称谓的词语。 2. 正确、流利地朗读课文;初步尝试在课文中找出一些明显的信息;联系生活实际,理解课文内容,感受儿童丰富多彩的内心世界。 3. 学习"的"字词语的合理搭配。	3. 通过"识字加油站"和"字词句的运用",激发识字学词、积累经典语句的兴趣。 4. 会读会背有关天气的谚语。 5. 通过课文的学习和课外朗读,感受夏天的美和快乐。 6. 能积累课外一两句经典语句。 **第七单元:** 1. 会认59个生字,会写27个字。 2. 正确流利、有感情地朗读课文,并能背诵部分课文。 3. 通过"识字加油站"和"字词句运用",激发识字的兴趣。 4. 会读会背名言警句,养成积累好句的习惯。 5. 通过课文的学习和课外朗读,懂得如何明理做人。 6. 每周会积累三句好句,抄写下来。 **第八单元:** 1. 会认45个生字,会写21个字。 2. 正确流利、有感情地朗读课文,并能背诵部分课文。 3. 通过"识字加油站"和"我的发现",激发识字学词的兴趣。 4. 会读会背古诗,养成诵读经典古诗词的习惯。 5. 通过课文的学习和课外朗读,对科学产生浓厚的兴趣,产生探索、发现的欲望。 6. 能借助拼音自主阅读课外关于科学方面的小故事。

续 表

	课 程 目 标	
	上学期	下学期
一年级	4. 发现日字旁和女字旁所代表的意思,了解汉字偏旁表义的构字规律。 5. 能区分形状相近的笔画,并正确书写。 6. 看图写词语,能根据图意说一两句话。 7. 朗读、背诵成语,了解成语蕴含的道理。 8. 和大人一起分角色朗读《猴子捞月亮》。 9. 能借助拼音自主朗读故事,感受故事的趣味。 **第八单元:** 1. 认识 44 个生字和 2 个偏旁,会写 18 个字和 1 个笔画。 2. 正确、流利地朗读课文,能找出课文中明显的信息,认识自然段。 3. 借助图画,自主阅读不全文注音的课文。 4. 通过学习课文,了解一些自然常识,激发学生观察自然、观察生活的兴趣。 5. 背诵《雪地里的小画家》《风》。 6. 与人交流,能大胆说出自己的想法。 7. 拓展积累由熟字构成的 12 个新词,学习写新年贺卡。 8. 了解汉字"先中间后两边""先外后内"的笔顺规则,正确书写。 9. 把《春节童谣》读给大人听。 10. 与他人分享过年的乐趣。	
二年级	**第一单元:** 1. 认识"塘、晒"等 55 个生字,读准"教、没"等 4 个多音字,会写"两、变"等 30 个生字。 2. 积累并运用表示动作的词语、经典诗文,能用"有时候……有时候……""在……在……在……在……"等句式说句子。 3. 能正确、流利地朗读课文,分角色朗读课文,借助图片、表示动作的词了解课文内容、讲述故事,背诵《植物妈妈有办法》。 4. 能讲清楚一种动物的特点,能就不清楚的问题有礼貌地提问。	**第一单元:** 1. 认识 54 个生字,会写 34 个字。 2. 正确流利、有感情地朗读课文并背诵《古诗二首》。 3. 通过品读课文,进入文本所描绘的情境,感受春天的美景以及课文所蕴含的主旨。 4. 初步感知课文语言的优美,能积极参与找春天的实践活动,激发热爱大自然的感情。 5. 积累描写春天的词句。 **第二单元:** 1. 认识 55 个生字,会写 27 个字。

第三章 具身性:让身体参与学习的过程 85

续表

课程目标	
上学期	下学期
5. 激发学生阅读童话的兴趣,学习从书的封面上了解书本的基本信息;树立爱护图书的意识。 6. 能自主阅读四篇童话故事。 **第二单元:** 1. 认识本单元"艘、滩"等62个生字和"场、了"两个多音字;结合插图识字学文,了解形声字形旁表义、声旁表音的特点;能用部件归类法等多种方法识字。 2. 会写"园、孔"等40个字,继续学习各种结构字的书写要领,具有良好的书写习惯,感受汉字的神奇和美好。 3. 了解数量词的不同用法,能在生活情境中恰当运用数量词。 4. 感受童谣和诗歌的音韵美,通过熟读成诵培养语感。 5. 初步了解不同树木的基本特点和四季农事,懂得动物是人类的朋友,感受农民的辛勤劳作和丰收的喜悦,体会大自然的丰富美妙,激发对大自然的热爱之情。 6. 能独立完成一篇以动物为主题的作业"读写绘"。 **第三单元:** 1. 认识"曹、玲"等66个生字,读准"朝、重"等4个多音字,会写"称、柱"等38个字,会写"别人、一同"等29个词语。能正确辨识"圆、园"等同音字。 2. 积累并运用带有"的"字的词组、动词+名词的词组、经典诗文,会用"一边……一边……""……才……"等词语说句子。 3. 正确、流利地朗读课文。能借助关键词、句理解课文内容,读好课文和讲故事。培养阅读的习惯和兴趣。 4. 学习写在方格中、段落首空两格、每个标点符号占一格的写作格式,能简单介绍自己喜欢的物品。 5. 能按照一定的顺序简单介绍一件喜欢的手工作品,认真倾听别人的介绍,能一边听一边记住主要信息。	2. 正确流利、有感情地朗读课文。 3. 理解课文意思,体会课文表达的情感。 4. 明白道理,联系自己的体验谈感受。 5. 能自主阅读课外简短文章,写出自己的感受。 **第三单元:** 1. 认识71个字,会写36个字。 2. 正确流利、有感情地朗读课文,背诵《传统节日》。 3. 通过品读课文,理解课文内容,体会课文感情。 4. 能用自己的语言讲出自己想要表达的意思。 5. 搜集我国传统节日资料。 **第四单元:** 1. 会认50个生字,会写34个字;提高自主识字的能力,培养认真书写的习惯。 2. 正确流利、有感情地朗读课文。积累课文中的词汇。 3. 能在阅读中想象故事内容,拓展思维;通过本单元课文的学习,感悟童话故事的美好,并联系生活,学会做一个快乐的人。 4. 能把自己读过的童话故事完整地讲给同学听。 **第五单元:** 1. 认识43个生字,会写25个字,正确读写"窟窿、焦急、筋疲力尽、和颜悦色、磨坊"等词语。 2. 通过查字典和联系课文理解关键词语,能根据课文内容展开合理的想象。 3. 理解课文内容,懂得故事中的道理。 4. 抄写和背诵含义深刻的句子。 5. 积累喜欢的词句,完成亲子阅读。 **第六单元:** 1. 认识49个生字,会写35个字。重点引导学生把握认字识字规律。

(二年级)

续 表

	课 程 目 标	
	上学期	下学期
二年级	6. 学会用正确格式写一段话。 **第四单元：** 1. 认识本单元"闻、景"等57个生字，读准"好、干、分"3个多音字，写好"黄、层"等38个字，会写"群山环绕、名胜古迹"等33个词语。 2. 积累"……好像……""……像……"等句式，初步认识比喻句，并通过仿写尝试运用。 3. 能通过联系上下文、想象画面等理解课文内容，积累经典语言。 4. 正确、流利地朗读课文和背诵古诗，初步感受大自然的壮丽与神奇，激发认识家乡、赞美家乡的情感。 5. 学习写留言条，明白留言条的基本格式，并能根据实际情况写留言条。 6. 能夸一夸自己的家乡，试着写一段话。 **第五单元：** 1. 运用形旁表义等识字方法认识"沿、答"等44个生字，读准"哪、号、当"3个多音字，会写"井、观"等24个字，会写"坐井观天、井沿"等词语。 2. 分角色朗读课文，读好对话；读出不同句子的语气。 3. 感受和体会语言表达的多样性，学习表达。 4. 联系生活实际，初步体会课文讲述的道理。 5. 和别人商量事情，要用商量的语气，并把自己的想法说清楚。 6. 积累带"言、语"的词语，背诵古诗《江雪》。 7. 会按要求搜集词语，并摘抄积累。 **第六单元：** 1. 认识"灾、难"等47个生字，读准"铺、盛"等多音字，会写"难、道"等24个字，会写"经常、同志"等40个词语。 2. 能积累并运用动宾式短语及描写人物外貌的句子。	2. 正确、流利地朗读课文，在反复诵读中理解内容，品味美感。 3. 形成自主读书和自主识字能力，养成认真书写的习惯。 4. 通过优美句段的品读感悟，具备热爱大自然的情感，用心观察，发现自然的奥秘，激发兴趣，陶冶情操。 5. 观察大自然，试着把自己的发现表达出来。 **第七单元：** 1. 认识55个生字，会写33个字。 2. 正确流利、有感情地朗读课文，分角色朗读。 3. 懂得从童话故事中获得深刻的感悟，积累人生哲理。 4. 能独立讲童话故事给别人听，并能说出自己的感悟。 **第八单元：** 1. 认识所学生字，运用多种方式识记生字。 2. 正确流利、有感情地朗读课文。 3. 理解文章的大概内容，能展开想象。 4. 能根据图画展开想象，并写一段话。

续 表

	课　程　目　标	
	上学期	下学期
二年级	3. 学习借助词句了解故事内容,感受伟人心系百姓的高贵品质,练习讲述故事。 4. 能按顺序讲清楚图意,认真倾听,知道别人讲述的画面内容。 5. 通过自主阅读,继续学习读整本书的方法,培养阅读的兴趣和习惯。 6. 能自主完整地讲述故事。 第七单元: 1. 认识"宿、寺、危"等47个生字,读准1个多音字"呀",会写24个生字和26个词语;学习、积累与天气有关的四字词语;学习用部首查字法中查首笔的方法查独体字。 2. 正确流利、有感情地朗读课文,了解自然现象;背诵积累《夜宿山寺》《敕勒歌》《数九歌》和主题图书中的古诗。 3. 学习默读,试着做到不出声,并能用这种方法阅读主题图书中的文章。 4. 通过句子的对比朗读,学习一定的句式,感受语言表达的具体、生动、有趣;能用"无论……还……都……"等句式进行说话练习。 5. 展开想象,获得初步的情感体验。 6. 能发挥想象续编故事,并试着写一写。 第八单元: 1. 会认"假、威"等62个生字,读准"转、闷"2个多音字,会写"食、猪"等36个生字,会写31个词语。 2. 利用形声字的特点猜读拟声词,积累含有动物名称的四字成语。 3. 分角色朗读课文,根据提示,复述课文。 4. 继续练习默读,在阅读过程中感悟故事中的人和事,引导学生大胆交流自己的想法。 5. 领悟故事蕴含的道理,明辨是非美丑,懂得该怎么做事情以及怎样与人友好相处。 6. 通过午读分享活动,培养学生主动读故事的兴趣。	

续 表

	课 程 目 标	
	上学期	下学期
三年级	**第一单元：** 1. 认识 25 个生字，读准 3 个多音字，会写 26 个字，会写 29 个词语。 2. 正确、流利地朗读课文，能边读边想象画面；朗读、背诵《所见》。 3. 能关注有新鲜感的词句并与同学交流，借鉴课文的表达仿说或仿写；能交流在课内外阅读中遇到的有新鲜感的词句，知道要主动积累这样的词句。 4. 能选择自己暑假生活中的新鲜事，把自己的经历讲清楚；能选择别人感兴趣的内容讲述，讲的时候能借助图片或实物。 5. 能选择一两点印象深刻的地方，写几句或一段话介绍自己的同学；能注意开头空两格。 6. 能根据语义表达的需要，读出恰当的重音。 **第二单元：** 1. 认识 35 个生字，读准 1 个多音字，会写 39 个字，会写 27 个词语。 2. 能有感情地朗诵课文，背诵课文段落时能用多种方法理解难懂的词语，了解课文的主要内容；能借助注释理解诗句的意思，背诵 3 首古诗，默写《山行》。 3. 能借助例文并结合生活经验，了解写日记的好处，能用日记记录自己的生活。 4. 能留心观察生活，写出自己看到的景色。 5. 培养学生养成写日记的习惯。 **第三单元：** 1. 认识 44 个生字，读准 9 个多音字，会写 26 个字，会写 34 个词语。 2. 默读课文，能了解故事的主要内容，能对文中人物作出简单的评价，能发挥想象，编写童话故事。 3. 能尝试运用改正、增补、删除的修改符号自主修改习作，并在修改自己习作时尝试使用。	**第一单元：** 1. 认识 40 个生字，会写 36 个字，积累优美的词语。 2. 正确流利、有感情地朗读课文，品味优美的语句段。 3. 初步把握课文主要内容，了解观察方法，体会关键词句在表情达意方面的作用。 4. 具有观察美、欣赏美的情操，热爱语言，领悟作者所描绘的意境。 5. 结合课文的学习，能划出一篇文章中的关键词句。 **第二单元：** 1. 认识 31 个生字，学会 32 个字，积累好词好句。 2. 正确流利、有感情地朗读课文，了解课文的主要内容，明白故事蕴含的道理。 3. 分角色朗读课文，体会作者的表达方式。 4. 学习编创寓言故事。 5. 能自主搜集三篇寓言故事，读给同学听；并试着撰写一个寓言故事。 **第三单元：** 1. 认识 49 个生字，会写 37 个字，正确读写"造纸术、伟大、石匠、设计、创举"等词语。 2. 通过查字典和联系上下文的方法理解词语，学会运用词语。 3. 理解、背诵古诗，了解中国传统节日的风俗习惯。 4. 收集中国传统的发明、建筑、绘画等方面的图片资料，产生热爱祖国传统文化之情。 5. 收集中国传统的发明、建筑、绘画等方面的图片资料，能把图片内容讲给同学听。

续 表

课 程 目 标	
上学期	下学期

<table>
<tr><td rowspan="2">三年级</td><td>4. 能边读边想象,感受童话的奇妙。
5. 能自主编写一个故事情节完整的童话故事。
第四单元:
1. 认识30个生字,读准5个多音字,会写13个字,会写13个词语。
2. 能一边读一边预测,知道预测有不同的角度,预测的内容跟实际内容可能一样,也可能不一样。能预测故事的发展和结局。
3. 能根据插图和提示续写故事,把故事写完整。
4. 能用改正、增补、删除的修改符号修改有明显错误的内容。
5. 能用修改符号初步学会修改自己或他人的习作。
第五单元:
1. 认识10个生字,读准1个多音字,会写26个字,会写26个词语。
2. 能结合课文内容,体会作者观察的细致,梳理总结留心观察的好处。
3. 能和同学交流自己观察到的动物、植物或场景及其变化情况,把观察所得写下来。
4. 结合课文内容学会一些观察的方法,每周写一篇观察日记。
第六单元:
1. 认识42个生字,读准6个多音字,会写51个字,会写46个词语。
2. 能结合注释,想象古诗中描绘的景色,用自己的话说出诗句的意思;背诵3首古诗,默写《望天门山》。
3. 能用自己的话介绍文中的景物或场景;能借助关键语句理解一段话的意思。
4. 能自己观察一处景物,围绕一个意思用一段话写下来。
5. 能联系生活围绕一个意思写一段话,并能按照标准评价他人写的内容。</td><td>第四单元:
1. 认识26个生字,会写25个生字,积累文中的生词。
2. 正确流利、有感情地朗读课文,背诵《花钟》第1自然段。
3. 读懂课文内容,积累好词佳句。
4. 了解作者的观察、表达方法,学习作者的观察发现和探索精神。
5. 培养留心观察周围事物的习惯,激发探索大自然奥秘的兴趣。
6. 搜集描写大自然奥秘的文章并读一读,同时完成读书笔记。
第五单元:
1. 认识16个生字,会写25个生字,正确读写"麻烦、悠闲、形状、继续、卖力、难受、入神、担心、失望、秘密"等词语。
2. 正确流利、有感情地朗读课文,了解课文的主要内容。
3. 理解重点词语和句子。
4. 感受课文里奇特的想象,发挥自己的想象续编故事或仿写故事。
5. 发挥想象续编故事或仿写故事。
6. 分享自己编写的故事,并能按照标准评价他人编写的故事。
第六单元:
1. 认识本单元的35个生字,会写35个生字,正确读写"水墨画、葫芦、透明"等词语。
2. 正确流利、有感情地朗读课文,抓住人物的表情、动作和心理活动感受人物的形象,感受童年生活的丰富多彩。
3. 能在阅读中拓展想象,提升阅读能力,养成良好的阅读习惯。
4. 试着在课文或课外阅读中拓展想象,并能说出想象的内容。</td></tr>
</table>

续 表

课　程　目　标	
上学期	下学期

	上学期	下学期
三 年 级	**第七单元：** 1. 认识22个生字，读准2个多音字，会写38个字，会写49个词语。 2. 正确、流利地朗读课文；背诵《大自然的声音》第二、三自然段。 3. 借助图表理解课文的大致内容，能复述"刺猬偷枣"的过程。 4. 能简单讲述身边令人感到温暖或不文明的行为，并清楚表达自己的看法；能清楚写下生活中的某些现象及对此的看法。 5. 能体会课文生动的语言，摘抄自己喜欢的句子；能找出课外阅读中生动的语言，并摘抄下来。 **第八单元：** 1. 认识42个生字，读准4个多音字，会写31个字，会写28个词语。 2. 正确、流利地朗读课文，能借助注释理解《司马光》的课文大意，能用自己的话讲故事，背诵《司马光》。 3. 能尝试通过人物的动作、语言等揣摩人物的心理活动，能转换人称复述故事片段。 4. 能带着问题默读课文，理解课文内容，体会人物心情的变化。 5. 能简单地写一次玩的过程，表达出当时快乐的心情，正确使用标点符号。 6. 能带着问题默读课外书，并理解书中内容。	**第七单元：** 1. 认识25个生字，会写35个字，正确读写"呈现、变幻、宁静、迅速、威武"等词语。 2. 正确流利、有感情地朗读课文，品味语言，从字里行间感受大自然的美。积累文中的精彩语段，背诵《火烧云》第3—6自然段。 3. 利用多媒体真实、直观地了解课文内容，学习作者从几个方面分别描述而把内容表述清楚的写作方法。 4. 收集有关自然奇观的其他资料，积累语文学习素材，丰富见闻，进一步感受大自然的美好与神奇，培养热爱大自然的思想感情。 5. 收集有关自然奇观的其他资料，在班里分组汇报。 **第八单元：** 1. 认识47个生字，会写25个字，正确读写词语。 2. 正确流利、有感情地朗读课文，了解课文的主要内容。 3. 能复述故事，了解民间故事，关心故事中人物的命运和喜怒哀乐。 4. 能在老师的指导下，组织有趣味的语文活动，在活动中学习语文，学会合作。 5. 能搜集民间故事读一读，并积累好词好句。
四 年 级	**第一单元：** 1. 认识29个生字，会写30个字，会写28个词语。 2. 能有感情地朗读课文，背诵指定段落。 3. 能一边读一边想象画面，并说出印象深刻的画面。 4. 初步了解课文的描写顺序。 5. 能从课文中找出优美生动的句子，并抄写下来。	**第一单元：** 1. 认识20个生字，读准2个多音字，会写40个字，会写26个词语。 2. 能抓住关键语句，初步体会课文表达的思想感情。 3. 积累本单元课文中生动形象的句子，通过想象，体会句中描绘的画面和情境。

第三章　具身性：让身体参与学习的过程　　91

续 表

课程目标	
上学期	下学期

<table>
<tr><td rowspan="2">四年级</td><td>
6. 能仿照课文中的相关段落,写自己经历过的某个月下的情景。
7. 能围绕话题发表看法,不跑题,能判断别人的发言是否与话题相关。
8. 能把推荐的某个地方介绍清楚,把推荐的理由写充分。
9. 能结合自己的阅读体验,梳理总结边读边想象画面的方法。
10. 能和同学交流根据词语想象到的画面。
11. 能用一两个表示时间短暂的词语描绘所选事物并写下来。
12. 整行书写时能做到把字的中心写在横格的中线上,保持水平,注意字距均匀,养成提笔就练字的良好习惯。
13. 朗读、背诵古诗《鹿柴》。
14. 能仿照课文中的相关段落,进行仿写。
第二单元:
1. 认识 49 个生字,读准 2 个多音字,会写 41 个字,会写 46 个词语。
2. 阅读时学习从不同角度提出问题。
3. 能筛选出对理解课文有帮助的问题。
4. 能自主运用提问策略进行阅读,尝试解决提出的问题,养成积极思考的习惯。
5. 能抓住家人与动物的相似之处,写出家人的特点。
6. 能主动与同学和家人分享习作,修改不通顺的语句,体验表达的乐趣。
7. 能结合阅读体验书里学到的提问策略,以及运用提问策略进行阅读的好处,知道在阅读中要自觉运用提问策略。
8. 能借助形声字的特点认识 12 个生字。
9. 能体会每组两个句子在表达上的不同效果。
10. 能体会自问自答的表达效果。
11. 朗读背诵有关提问的名句。
12. 能在课外阅读中运用提问策略,并在班里汇报。
第三单元:
1. 认识 22 个生字,读准两个多音字,会写 40 个字,会写 32 个词语。
</td><td>
4. 能读懂书面通知要求,根据对象进行转述。
5. 回忆自己的生活乐园,借助表格提示写清楚乐园的样子和在乐园中的活动,表达自己快乐的感受。
6. 了解抓住关键语句,初步体会课文表达的思想感情的方法。
7. 联系语境,展开联想,选择词语,说一说乡村或城市生活。
8. 看图选择风景,仿照例句写一写。
9. 朗读并积累毛泽东的《卜算子·咏梅》。
10. 结合课文内容进行小练笔,课下搜集并阅读毛泽东的诗词。
第二单元:
1. 认识 43 个生字,读准 2 个多音字,会写 45 个字和 45 个词语。
2. 能提出问题,并尝试通过不同的方式解决问题。
3. 能理解并说出课文的主要内容。
4. 能把新闻说得清楚连贯,并发表自己的看法。
5. 发挥想象,写出想要发明的事物。
6. 梳理总结遇到不懂的问题时解决问题的方法。
7. 理解一些词汇的新含义,并能积累一些具有新含义的词汇。
8. 能够运用作比较的说明方法介绍一种事物。
9. 产生阅读科普作品的兴趣,能提出不懂的问题,并运用多种方法解决。
第三单元:
1. 认识本单元的生字,会写本单元的生字和新词。
2. 能通过朗读体会诗歌的韵味。
3. 能借助关键词句体会诗人的情感和诗歌的韵味。
4. 能初步体会现代诗的一些特点。
5. 能对自己收集的诗歌进行整理。
</td></tr>
</table>

续 表

课 程 目 标	
上学期	下学期
2. 能有感情地朗读课文,背诵三首古诗,默写《题西林壁》。 3. 能借助注释和插图理解诗句的意思,用自己的话说出想象到的景象。 4. 能通过文章准确生动的表达,感受作者连续细致的观察。 5. 留心周围事物,养成连续细致观察的习惯做好观察记录。 6. 能抄写表达准确形象的句子。 7. 能在小组讨论时注意音量适当,不重复别人说过的话,想法接近时先认同再补充。 8. 能进行连续观察,用观察日记记录观察对象的变化,能在小组内分享观察日记并进行评价补充。 9. 能结合阅读体验,交流连续细致观察的好处,逐步养成留心观察的习惯。 10. 能正确搭配动物和它的家,知道动物的家有不同的说法,通过比较句子体会表达的准确性,并积累与秋天有关的气象谚语。 11. 积累背诵课外古诗。 **第四单元:** 1. 认识41个生字,读准两个多音字,会写32个字,会写27个词语。 2. 能正确、流利地朗读课文,背诵《精卫填海》。 3. 能了解故事的起因、经过、结果,把握文章的主要内容。 4. 能感受神话中神奇的想象和鲜明的人物形象。 5. 选择一个自己喜欢的神话或童话人物,写一个故事,能根据同学的意见修改习作,并誊写清楚。 6. 能结合自己的阅读体验,交流对神话的认识;学习与花有关的8个词语,认识10个生字,积累8个词语,能联想到相关的人物和故事;读句子感受神奇的想象,并说出其他神话故事中神奇的地方;朗读、背诵古诗《嫦娥》。	6. 能与同学交流自己收集或创作的小诗,合作编写小诗集。 7. 能结合自己的阅读体验,梳理总结现代诗歌的特点。 8. 正确认读古代诗人的名字,认识十个生字。 9. 能积累描写颜色的句子。 10. 能仿照示例写短诗;能积累关于诗歌的名言,并在积累的过程中加深对诗歌的认识。 **第四单元:** 1. 认识27个生字,读准4个多音字,会写45个字,写36个词语。 2. 体会作家是如何表达对动物的感情的,感受语言的趣味。 3. 认真观察自己熟悉的动物,能发现它们各方面的特点。 4. 能根据需要写出动物的特点。 5. 揣摩明贬实褒的表达方式,尝试在说话和写作文时用这种方式表达对某种事物的喜爱之情。 6. 了解形声字的形旁与汉字字义的联系,用换偏旁的方式,识记12个生字。 7. 学习用动物比喻某一类人。 8. 体会冒号的用法,试着仿写一段话。 9. 通过比较感受语气词的表达效果。 **第五单元:** 1. 认识9个生字,读准1个多音字,会写24个字,会写24个词语。 2. 能结合课文内容,梳理交流按照游览的顺序和景物变化的顺序描写景物的方法。 3. 能按照顺序说出游览路线,能按照顺序介绍一处景物并写下来。 4. 了解习作例文中景物描写的顺序,并按游览顺序写一个地方,能把印象深刻的景物作为重点,写出特点。 5. 能与同伴交换批改习作,并写出评价语。

(四年级)

续 表

课 程 目 标	
上学期	下学期
四年级 7.能产生阅读中国神话和世界经典神话的兴趣,了解故事内容;能边读边想象,感受神话的神奇;能感受阅读神话故事的快乐,乐于与大家分享课外阅读的成果。 **第五单元:** 1.认识11个生字,读准1个多音字,会写23个字,会写31个词语。 2.知道要按一定的顺序把事情写清楚。 3.知道可以把看到的、听到的、想到的写下来,清楚展现事情发展过程中的重要内容。 4.能结合自己的阅读体验,梳理总结把事情写清楚的方法,能发挥想象,把图片的内容说清楚,能用上表示动作的词语,把做家务的过程写清楚。 5.进一步体会按一定顺序写,把事情发展过程中的重要内容写清楚,能按照一定的顺序把一件事写清楚。 6.结合课文学习进行小练笔。 **第六单元:** 1.认识35个生字,读准7个多音字,会写41个字,会写46个词语。 2.能用批注的方法阅读。 3.能通过人物的动作、语言、神态体会人物心情,能理解关键句的意思。 4.能设身处地地体会被安慰者的心情,选择合适的方法进行安慰,能借助语调手势等恰当地表达自己的情感。 5.能按顺序把游戏写清楚,写出想法和感受,能自己修改习作,并把习作誊写清楚。 6.能梳理总结批注的方法和意义,能借助生活中常见的蔬菜认识"韭、芥"等八个生字;能正确理解并知道在什么情况下使用"打头阵、挑大梁"等惯用语;能仿照例子,用动作描写来表现人物的心情;积累6个八字成语。 7.在课外阅读中能根据需要进行批注。	**第六单元:** 1.认识33个生字,读准5个多音字,会写15个字,会写13个词语。 2.用较快的速度默读课文,把握长文章的主要内容,感受人物的美好品质。 3.能根据讨论的目的记录重要的信息,能分类整理小组的意见,做到有条理地汇报。 4.能按学习的顺序写出学习过程中遇到的困难或有趣的经历,把心情变化写下来。 5.了解本单元长文章的特点,交流把握长文章主要内容的方法。 6.能用学过的修改符号修改一段话。 7.感受不同比喻句表达出的不同感情色彩,并仿写。 8.能用学到的把握长文章主要内容的方法,试着说一说一本书的主要内容。 **第七单元:** 1.认识28个生字,读准2个多音字,会写32个字,会写10个词语。 2.能借助注释理解诗句和文言文的意思。 3.能从人物的语言、动作等描写中感受人物的品质。 4.学会自我介绍,能根据对象和目的的不同调整自我介绍的内容。 5.能从外貌、主要性格、最大的爱好和特长等方面写出自己的特点,并能用具体的事例说明。 6.能根据文章中的语言和动作描写,了解人物的特点,感受人物的品质。 7.积累表现人物品质和心情的词语。 8.积累六个成语,能选两三个讲出成语里的故事和含义。 9.能仿照例句,用几个表示连续动作的词写话。

续 表

课 程 目 标	
上学期	下学期
四年级	第七单元： 1. 认识30个生字,读准3个多音字,会写23个字,会写16个词语。 2. 能正确流利、有感情地朗读课文,背诵三首古诗。 3. 能关注主要人物和事件,把握住文章的主要内容。 4. 能查找资料,联系时代背景理解课文内容,感受人物的情怀,写自己读书的目的,做到理由清楚。 5. 能用正确的格式写信,做到内容清楚,能正确书写信封。 6. 能总结、交流把握文章主要内容的方法,正确认读形容人物品质高尚的词语,并能举例说说符合这些词语形容的人物。 7. 能体会陈述句和反问句的不同语气,并在具体的情境中运用,朗读并背诵古诗《别董大》。 8. 学会根据课文内容查找相关资料,并运用资料学习。 第八单元： 1. 认识33个生字,读准1个多音字,会写20个字,会写12个词语。 2. 能正确、流利地朗读文言文,用自己的话讲故事,并能背诵。 3. 能了解故事情节,简要复述课文。 4. 能通过描写人物言行的句子感受人物形象。 5. 能选取一件感受强烈的事,写清楚事情的经过,回忆当时的感受,能自己修改习作并誊写清楚。 6. 能交流总结简要复述的方法；能借助熟字加偏旁的方法认识12个生字；能正确抄写一些写错的词语,并和同学交流汉字中的易错字。 7. 能感受写具体和写简略的不同表达效果,能在横格里正确、工整地抄写文段,提高书写的速度。 8. 能积累并摘抄描写人物精神风貌的四字词语,试着在习作中运用。	10. 积累表现人物品质的名言警句。 第八单元： 1. 认识28个生字,读准1个多音字,会写26个字,会写20个词语。 2. 能把握课文的主要内容,感受童话的奇妙,体会人物真善美的形象。 3. 能根据课文内容展开想象创编故事。 4. 能借助熟悉的故事展开丰富的想象,创编新故事。 5. 能联系课文,回顾交流童话的特点,在读童话时注意体会奇妙的想象,感受人物的形象。 6. 能说出意思相近的词语,并比较在具体语言环境中不同的表达效果。 7. 能体会不同的表达方法,学习从不同的角度描写某个季节。 8. 学习在书签上书写自己喜欢的格言,了解书写的规则。 9. 积累有关勤学的名言。 10. 能给自己的习作配图,并与同学分享故事。

续 表

课 程 目 标	
上学期	下学期
第一单元： 1. 认识 24 个生字，读准 2 个多音字，会写 29 个字，会写 26 个词语。 2. 有感情地朗读课文；背诵《白鹭》；把握课文主要内容，体会作者表达的情感。 3. 初步了解课文借助具体事物抒发感情的方法。 4. 体会、积累蕴含作者感情的句子。 5. 学会合理控制发言时间；能尊重不同见解，梳理总结大家的意见，制定出切实可行的班级公约。 6. 能把自己心爱之物的样子、来历写清楚，表达自己的喜爱之情。 7. 乐于分享习作。 8. 总结交流本单元借助具体事物抒发感情的方法。 9. 结合具体语境，了解对比的手法在描写事物中发挥的作用。 10. 比较同一词语在不同语境中的意思，并能恰当运用。 11. 能仿照课文，写出由某一种事物想到的人。	**第一单元：** 1. 认识 41 个生字，读准 3 个多音字，会写 18 个字，会写 10 个词语。 2. 能运用学过的方法，体会课文表达的思想感情。 3. 能想象并说出诗句描绘的情景，体会其中的童真童趣。 4. 能认真倾听别人对自己提问的回答，交流时能边听边记录，能根据整理的记录有条理地表达。 5. 能从自己的成长经历中选择一件印象最深的事，把事情的经过写清楚，把感到长大的"那一刻"的情形写具体，记录真实感受。 6. 能交流总结"体会课文表达的思想感情"的阅读经验。 7. 能想象句子描写的情景，并能照样子口头描述一种情景。 8. 结合课文内容找训练点，进行小练笔；能把本单元学到的阅读经验用到课外阅读中。
第二单元： 1. 认识 30 个生字，读准 6 个多音字，42 个字，会写 57 个词语。 2. 学习"集中注意力""不要回读""连词成句读""抓住关键词句""带着问题读"等提高阅读速度的方法和习惯，用较快的速度默读课文。 3. 能够概括课文的主要内容。 4. 通过印象深刻的画面或具体的事例感受人物的特点和品质。 5. 抓住人物的主要特点，用一两件具体的事例来描写自己的老师。 6. 能够评价、修改同学和自己的习作。 7. 总结、归纳提高阅读速度的方法。 8. 能用简要的语句概括几句话或者一段话的意思。 9. 能用具体情境表现成语的意思。 10. 背诵关于"惜时"的名句。	**第二单元：** 1. 认识 51 个生字，读准 5 个多音字，会写 26 个字，会写 17 个词语。 2. 能初步了解阅读古典名著的方法，把握课文的主要内容，感受主要人物的特点。 3. 能主持关于怎么表演课本剧的讨论，引导每个人积极参与讨论，发表意见，并通过协商形成一致的看法。 4. 能选择读过的一篇文章或一本书写读后感。 5. 能交流总结阅读古典名著的基本方法。 6. 能说出古典名著中常用事物名称的大致意思。 7. 能回顾总结猜测古典名著中语句意思的方法。 8. 能根据古典名著中的外貌描写猜测所写的人物，并能说出理由。

(五年级)

续 表

	课 程 目 标	
	上学期	下学期
五年级	11. 用本单元学到的阅读方法进行课外阅读,并组织一次汇报。 **第三单元:** 1. 认识24个生字,读准1个多音字,会写25个字,会写32个词语。 2. 能用较快的速度默读课文,把握课文的主要内容。 3. 能以故事中人物的口吻讲故事;能丰富情节,配上相应的动作和表情,把简略的地方讲具体。 4. 学习缩写故事的一般方法。 5. 体会意思相近的俗语和成语的不同表达效果。 6. 能产生阅读中国民间故事以及欧洲民间故事的兴趣。 7. 初步了解民间故事的特点。 8. 阅读、搜集民间故事,选择其中一个故事练习讲述。 9. 能提取故事的主要信息,用摘录、删减、改写、概括等方式缩写故事,能做到事件完整、情节连贯。 10. 根据需要简要介绍故事,能用多种方式推荐自己喜欢的故事。 **第四单元:** 1. 认识32个生字,读准1个多音字,写24个词语。 2. 背诵《古诗三首》和《少年中国说(节选)》,默写《示儿》。 3. 能借助题目、注释和相关资料,了解诗句的大意,体会诗人表达的情感。 4. 结合相关资料,了解课文的大意,体会课文表达的思想感情。 5. 领悟课文的表达特点,能结合相关资料,理解句子的含义。 6. 能结合资料,了解为实现强国梦想而作出卓越贡献的人物故事,并制作手抄报。 7. 能结合相关资料,体会《七子之歌》《和平宣言》与《圆明园的毁灭》表达的情感的相似之处。	9. 能产生阅读中国古典名著的兴趣,了解故事内容,乐于与大家分享课外阅读的成果。 10. 能用学到的阅读古典名著的基本方法阅读一本古典名著,可以试着写一写收获。 **第三单元:** 1. 感受汉字的趣味,产生对汉字的热爱之情。 2. 了解搜集资料的基本方法。 3. 能搜集字谜,开展一次猜字谜活动;能搜集体现汉字趣味的资料,办一次趣味汉字交流会。 4. 能了解一些关于汉字历史和现状的知识,增强对汉字的自豪感,树立规范使用国家通用语言文字的意识。 5. 能围绕汉字历史、汉字书法或其他感兴趣的与汉字有关的内容搜集资料,或者调查学校或社会中用字不规范的情况,写简单的研究报告。 6. 能把自己搜集的汉字和同学分享,并把汉字资料进行整理。 **第四单元:** 1. 认识28个生字,读准2个多音字,会写35个字,会写29个词语。 2. 能把握课文的主要内容,通过课文中动作、语言、神态的描写,体会人物的内心,能感受革命先辈的崇高精神。 3. 能从多个角度把人物当时的表现写具体,反映出人物的内心。 4. 能交流总结"通过课文中动作、语言、神态的描写,体会人物的内心"的阅读方法。 5. 了解文章书写的格式要求,书写时能做到标题和作者位置醒目,段落分明。 6. 朗读背诵《凉州词》《黄鹤楼送孟浩然之广陵》。

续 表

课 程 目 标	
上学期	下学期
五年级 8. 能以《小岛》中将军的口吻讲述故事。 9. 根据习作要求大胆想象。 10. 能列习作提纲，在习作中分段叙述，把重点部分写具体。 11. 能根据同学的建议修改习作。 12. 能总结使用资料对理解内容和体会情感方面的作用。 13. 能围绕"如何通过朗读表达课文的情感"展开交流。 14. 辨别词语的感情色彩，并能恰当运用。 15. 体会顿号的用法，并能正确使用。 16. 了解古诗硬笔书写的两种行款，并能正确书写。 17. 背诵与国家兴衰有关的成语。 18. 能根据要求修改自己或同学的习作，平时做作业要按行款要求。 **第五单元：** 1. 认识 12 个生字，会写 20 个字，会写 22 个词语。 2. 默读课文，把握文章主要内容，能分条记录获取的信息。 3. 初步了解列数字、作比较、举例子等基本的说明方法，能结合具体语句体会运用说明方法的好处。 4. 能初步体会说明性文章不同的语言风格。 5. 交流、总结说明性文章的特点，体会恰当使用说明方法的好处。 6. 能尝试运用多种说明方法，写清楚一种事物的特征。 7. 试着将散文《白鹭》的部分段落改写成说明性文章。 **第六单元：** 1. 认识 31 个生字，读准 1 个多音字，会写 26 个字，会写 37 个词语。 2. 默读课文，能通过课文描写的场景、细节，体会其中蕴含的情感，感受父母和子女之间的爱。 3. 理解题目和句子的含义，体会文中反复出现的词语的表达效果。	7. 能把学到的"通过课文中动作、语言、神态的描写，体会人物的内心"的阅读方法用到课外阅读中，并能在阅读课中分享。结合课文内容找训练点进行小练笔。 **第五单元：** 1. 认识 8 个生字，读准 1 个多音字，会写 30 个字，会写 28 个词语。 2. 能结合课文描写人物的相关语句，说出人物的特点。 3. 了解可以通过描写人物的语言、动作、外貌、神态、心理等表现人物特点的方法以及通过描写他人的反应表现主要人物特点的方法，能体会这些方法的表达效果。 4. 能试着用学过的方法描写一个同学；能列出表现家人特点的典型事例。 5. 能结合例文和批注，进一步感知描写人物的基本方法。 6. 能选择典型事例，通过描写语言、动作、外貌、神态、心理等具体地表现人物的特点。 7. 能在课外阅读中找出表现人物特点的句段，摘抄下来，做好积累。 **第六单元：** 1. 认识 11 个生字，读准 1 个多音字，会写 23 个字，会写 20 个词语。 2. 能根据故事的起因、经过和结果，用自己的话讲述故事内容。 3. 能说出课文中人物的思维过程。 4. 能借助提示，按事情发展的顺序写一个探险故事，展开丰富的想象，把遇到的困境求生的方法写具体。 5. 能交流总结本单元课文中人物的思维过程，懂得要根据实际情况选择合适的解决问题的方法。 6. 了解文言文中的一些单音节词与现代汉语中的一些双音节词相对应的语言现象。

续 表

	课　程　目　标	
	上学期	下学期
五年级	4. 能联系生活实际，写出令自己"鼻子一酸"的经历。 5. 了解巴德父母对同一首诗不同评价的原因，能联系生活实际，说出对两种表达爱的方式的看法。 6. 能选择恰当的材料支持自己的观点。 7. 能尊重别人的观点，对别人的发言给予积极回应。 8. 通过交流，总结"体会作者表达感情"的方法。 9. 能联系课文，体会不同结尾的特点。 10. 想象画面，能体会场景描写在课文中的作用。 11. 能写出自己成长中新的认识和感受。 12. 背诵有关勤俭节约的名句。 13. 试着给一篇课文编写出不同结尾，试着在习作中根据需要运用场景描写。 **第七单元：** 1. 认识17个生字，读准3个多音字，会写25个字，会写22个词语。 2. 有感情地朗读课文，背诵《古诗词三首》《四季之美》，默写《枫桥夜泊》。 3. 借助注释，联系上下文，想象课文中所描绘的景象，初步体会课文中的静态描写和动态描写。 4. 品味、积累课文中的静态描写和动态描写的语句。 5. 观察某种自然现象或某处自然景观，重点观察景物的变化，写下观察所得，并把题目补充完整。 6. 能按照一定的顺序描写景物，写出景物的动态变化。 7. 能交流在课内外阅读中遇到的动态描写和静态描写的语句，初步体会这样表达的好处，并能主动积累。 8. 为元旦联欢会设计一张海报。 9. 仿照例句，体会静态描写和动态描写的作用，学习把画面写具体。 10. 积累摘抄课内外阅读中的动态描写和静态描写的语句。	7. 能仿照例句，写出自己关于时间很慢或时间很快的内心体验。 8. 能说出叶圣陶先生修改文章的方法。 9. 初步了解古代对不同年龄段的称呼。 10. 能用"叶圣陶先生修改文章的方法"修改自己的习作。 11. 课外搜集并阅读探险类的文章，分享给同学。 **第七单元：** 1. 认识26个生字，读准1个多音字，会写30个字，会写28个词语。 2. 能体会课文中静态描写和动态描写的表达效果。 3. 初步了解非连续性文本的特点，并能从中获取所需的信息。 4. 能列出讲解的提纲，并按照一定的顺序讲述；能根据听众的反应对讲解的内容作调整。 5. 能搜集资料，清楚地介绍出自己感兴趣的中国的世界文化遗产。 6. 能交流总结对静态描写和动态描写表达效果的体会。 7. 能仿照例句选择一个情景写句子，表现出景物的动静之美。 8. 能说出两组句子描写的情景，体会集中强调一种颜色的表达方法。 9. 朗读并背诵古诗《乡村四月》。 10. 能结合具体情境使用静态描写和动态描写写一段话。 11. 能根据同学的介绍记录感兴趣的中国的世界文化遗产。 **第八单元：** 1. 认识25个生字，读准1个多音字，会写18个字，会写9个词语。 2. 能体会课文中语言的风趣，并结合生活实际说出自己的阅读感受。 3. 能摘抄课文中风趣的语句。 4. 能仿照《手指》一文的表达特点，从人的五官中选一个写一段话。

续 表

	课 程 目 标	
	上学期	下学期
五年级	**第八单元：** 1. 认识30个生字，读准6个多音字，会写23个字，会写13个词语。 2. 能借助注释，理解课文大意。 3. 能结合自己的读书体会，说出课文内容带来的启发。 4. 能梳理出作者的读书经历，说出作者对"好书"的看法，体会作者从读书、写作中悟出的道理。 5. 能分条讲述，把介绍人物形象的理由说清楚；听人说话能抓住要点。 6. 介绍一本书，能分段表述推荐理由；能把重要的理由写具体。 7. 能梳理总结如何找书读的方法。 8. 借助比喻句表达自己对书的看法。 9. 能把句子排成一段意思连贯的话，并抄写下来。 10. 初步了解欧阳询书法的用笔、结构等特点，欣赏欧阳询的楷书艺术风格和表现形态，感受汉字和书法的魅力。 11. 能说一说或写一写简要的读书心得。	5. 能讲述两三个收集到的笑话，避免不良的口语习惯；能用心倾听别人讲笑话，做一个好的听众。 6. 能写清楚漫画的内容和可笑之处，借助标题或提示语，联系生活写清楚从漫画中获得的启示。 7. 能交流总结本单元课文内容有意思、语言风趣的特点。 8. 能体会例句把事物比作人，把人比作事物来描写情景的表达特点，并能选择情景进行仿说。 9. 能体会先概括后举例的段落表达方法，并能照样子写一段话。 10. 朗读并背诵关于"为人"的五条名言。 11. 能结合具体情境在小练笔中运用本单元积累的风趣的语句或创造风趣的语句。 12. 搜集并积累两条"为人"的名言。
六年级	**第一单元：** 1. 会写22个字，会写37个词语。 2. 能想象课文所描述的景色，体会表达的情感，读出自己的感受。 3. 联系生活经验，理解课文中含义深刻的句子，并说出自己由此所想到的人和获得的人生思考等；感受文中丰富的想象，领悟作者表达的特点。 4. 根据习作要求和提示，联系生活经验，展开丰富的想象，续写变形后的经历生活，把重点部分写详细，能根据老师和同学的建议，运用修改符号修改自己的习作。 5. 以《草原》和《丁香结》为例，交流由文章内容想开去的方法。 6. 了解排比句的表达效果，体会分号的用法；初步了解地名和人名拼音的拼写规则。	**第一单元：** 1. 会写34个字，会写38个词语。 2. 能分清课文内容的主次，了解课文的详略安排及其效果，体会详写主要内容的好处。 3. 体会课文不同的语言风格，感受丰富的民俗文化。 4. 能介绍一种风俗或写出自己参加一次风俗活动的经历；能根据表达的需要，抓住重点来写。 5. 总结交流分清课文主次的意义以及如何根据表达的需要安排详略。 6. 了解不同习俗的寓意。 7. 认识并临摹行书，逐渐提高自己的书写速度。 8. 朗读并背诵《长歌行》。

续 表

课 程 目 标	
上学期	下学期
六年级	7. 正确朗读并背诵《过故人庄》,大致理解这首诗的意思。 8. 注重习作的讲评,会用修改符号修改自己和同学习作。 **第二单元:** 1. 会写32个字,会写40个词语。 2. 概括课文主要内容,结合相关背景资料和课文重点语句,感受革命先烈热爱祖国、英勇无畏的英雄气概。 3. 体会课文用点面结合描写场面的方法。 4. 结合"阅读链接",开展专题阅读活动,把握内容,体会情感;能理解什么是演讲,并围绕话题拟定演讲题目,根据要求写好演讲稿,用适当的语气语调进行演讲,态度大方。 5. 写清活动过程,将重点部分写具体,用点面结合的方法写场面,既要关注整个场景,又要注意人物的动作、语言、神态等细节描写,写出活动中的体会,表达自己的真实情感。 6. 回顾本单元学过的课文,在交流中进一步体会描写场面时是如何做到点面结合的,体会重复用语的妙处,学习用多种形式代替"说"这一单一描述。 7. 欣赏作品;能做到规范书写,养成自我检视的习惯;朗读并背诵关于热爱祖国、为国献身的名人名言。 **第三单元:** 1. 会写28个字,会写39个词语。 2. 了解什么是有目的的阅读。 3. 学习根据不同的阅读目的,选择合适的阅读材料,运用适当的阅读方法完成阅读任务。 4. 选择让自己生活更美好的一件事情、一样事物或一种品质写下来,写清楚它是怎样影响自己的生活的。把它让生活变美好的原因写具体,分享习作心得和体会。	9. 搜集祖国传统文化,并将其特点整理记录下来。 **第二单元:** 1. 会写15个字,会写20个词语。 2. 能借助作品梗概了解名著的主要内容。 3. 能就印象深刻的人物和情节交流感受,对人物作出简单的评价。 4. 能引用原文说明观点,使观点更有说服力;能分辨别人的观点是否有道理,理由是否充分。 5. 选择自己读过的一本书写作品梗概。 6. 读名著,能围绕如何对人物进行评价发表自己的看法。 7. 能体会夸张手法的表达效果,并发挥想象仿写句子。 8. 感受不同译者对相同内容的不同表达,增强译本意识。 9. 能背诵一组出自《增广贤文》的格言和谚语。 10. 能产生阅读世界名著的兴趣,自主规划阅读名著,了解名著内容。 11. 结合《鲁滨逊漂流记》中的好坏表,联系自己生活实际列一个好坏表。 12. 能用学到的评价人物的方法,对自己读过的一本名著中的人物进行评价,并列一个评价表。 **第三单元:** 1. 会写19个字,会写29个词语。 2. 了解课文内容,体会作者表达的情感。 3. 能联系课文内容,感悟作者表达情感的方法。 4. 能结合课文内容交流表达真情实感的方法,选择一两个情境,运用把情感融入景物之中的方法写几句话。 5. 能选择合适的内容,把内容写具体,能真实自然地表达自己的情感。

续 表

	课 程 目 标	
	上学期	下学期
六年级	5. 整理开展有目的阅读的方法，培养良好的阅读习惯，通过人物神态描写表现人物的特点，学习有条理地表达自己的观点。 6. 能把学到的阅读方法运用到具体的文段练习中。 **第四单元：** 1. 通过小说精彩片段体会人物形象，感受情节对塑造人物形象所起的作用。 2. 试着写出自己忐忑不安或犹豫不决时的心理活动。 3. 朗读并背诵古诗《回乡偶书》，说出古诗大意。 4. 培养阅读小说的兴趣，自主阅读《童年》等三部小说。 5. 读长篇小说，学会理清人物关系，通过生动的故事情节感受人物形象，与同学交流阅读的收获。 6. 回顾理解小说人物形象的方法，并能运用方法去阅读小说。 **第五单元：** 1. 会写22个字，会写24个词语。 2. 学习课文，能把握文章的中心思想。 3. 能联系课文内容，体会文章是怎样围绕中心意思来写的；结合课文，交流围绕中心意思选择材料的方法；能围绕中心意思，从不同方面或选择不同的事例作为材料；能了解作者围绕中心选择了哪些材料，是怎样把重点部分写具体的。 4. 能围绕一个意思选择不同的事例或从不同的方面写，围绕一个意思表达时，能将重要的部分写详细、写具体。 5. 与同伴交换习作，能针对是否写出中心意思作出评价。 6. 搜集课外围绕一个意思选择不同的事例或从不同的方面写的文章，撰写习作前与同学交流。 **第六单元：** 1. 会写14个字，会写20个词语。	6. 结合课文内容进行小练笔，在习作中能运用表达情感的方法。 **第四单元：** 1. 会写28个字，会写37个词语。 2. 把握课文的主要内容，能关注人物的外貌、神态、言行，体会人物的品质，受到革命文化教育。 3. 能借助相关资料加深对课文的理解。 4. 能根据场合、对象等稍做准备，做即兴发言。 5. 能选择适合的材料与方式表达自己的心愿。 6. 能围绕文章的开头和结尾展开交流，体会这样写的好处。 7. 能联系读过的古诗，了解哪些事物被赋予了人的品格和志向。 8. 体会外貌和神态描写对塑造人物形象的作用。 9. 背诵一组有劝勉意义的俗语。 10. 能分享自己写过的或读过的文章中好的开头和结尾；能把学到的富有创意的开头和结尾用到自己的习作中。 **第五单元：** 1. 会写24个字，会写37个词语。 2. 能概括文中事例，体会课文用具体事例说明观点的方法。 3. 能根据相关语句体会人物形象，感受探索精神。 4. 能仿照课文的写法，用具体事例说明一个观点。 5. 能围绕辩题搜集整理材料，清晰地表达自己的观点，能抓住对方讲话中的漏洞进行反驳，用语文明。 6. 能展开想象，写出奇特而又令人信服的科幻故事。 7. 能借助文言文里学过的字的意思，推想词语的意思。

续 表

课 程 目 标	
上学期	下学期
六年级	2. 有感情地朗读课文,背诵古诗,默写《浪淘沙》(其一)。 3. 能借助注释,通过想象画面理解诗词大意,感受诗词之美。 4. 能抓住关键句,把握课文的主要观点。 5. 感受珍惜资源、保护环境的重要意义。 6. 和别人协商事情,要准确把握别人的观点,不歪曲,不断章取义;尊重不同意见,讨论问题时,态度要平和,以理服人;表达观点时,要简洁明了、有理有据。 7. 能掌握倡议书的基本格式,就关心的问题写一份表述清晰且言辞恰当的倡议书;能根据倡议的对象,将倡议书发布在合适的地方。 8. 能借助注释,想象画面,并结合传统文化常识理解诗词大意,体会诗之美;了解、积累传统文化常识,感受中国文化。 9. 能抓住关键句把握段落表达的观点。 10. 能阅读非连续性文本,提取有价值的信息。 **第七单元:** 1. 会写15个字,会写12个词语。 2. 正确、流利地朗读课文,背诵《伯牙鼓琴》。 3. 借助注释、课文插图等理解文言文,能用自己的话讲文言文故事。 4. 借助语言文字展开想象,体会音乐之美。 5. 把握课文大意,说出自己对京剧的了解。 6. 结合图片、实物,让自己的讲述更加生动;采用分点说明等方法,有条理地表达出自己的感受、看法。 7. 写自己的拿手好戏,把重点部分写具体;学习列习作提纲,修改自己的习作,做到语句通顺、重点清楚。 8. 了解课堂笔记的基本内容,学习记录方法。 9. 了解日常生活中与戏曲有关的词语,并选择一两个加以运用。 10. 学习修改说明书,使说明书更清楚明白。	8. 能体会引用的好处,并在习作中尝试运用。 9. 欣赏赵孟𫖯的代表作,了解赵孟𫖯及其楷书的特点。 10. 背诵关于发展和创新的名言。 11. 能搜集阅读几篇科幻故事或观看科幻影视,并分享给别人;能用本单元课文中学到的表达方法进行练笔。 **第六单元:** 1. 围绕单元及板块主题,与同学交流、协商,制定阶段活动计划。 2. 根据活动主题,收集和筛选反映小学生活的资料,填写时间轴,与同学分享难忘的回忆。 3. 参考活动建议和阅读材料,自主整理成长资料,设计制作成长纪念册。 4. 策划毕业联欢会,写出策划书,做到主题鲜明,分工职责明确,活动流程清楚。 5. 与人合作,筹备并举办毕业联欢会,表达对师友、对母校的惜别之情。 6. 用书信等形式表达情感,与人交流。 7. 能用自己方式表达对母校的感恩之情;能自主学习阅读材料,回忆自己六年小学生活中印象深刻的事情,并写下来。

续　表

课　程　目　标	
上学期	下学期
六年级 11. 积累并了解与艺术有关的成语。能用学到的或自己积累的艺术词语写一段话。 **第八单元：** 1. 会写25个字，会写29个词语。 2. 能用较快的速度默读课文，有感情地朗读课文，背诵相关段落。 3. 能接触相关资料，理解课文主要内容，能借助课文和资料，初步感受鲁迅的形象。 4. 能选择一个人，用第二人称叙事，表达自己对这个人的情感；能通过印象深刻的场景描写，把事情写具体。 5. 能总结和交流把握文章主要内容的方法。 6. 学习给文章拟题的方法，并能修改自己习作的题目。 7. 能根据词语展开想象，写一段话。 8. 欣赏柳公权的书法作品《玄秘塔碑》，了解其楷书的特点。 9. 积累鲁迅的名言，感受其精神品质。 10. 课外阅读鲁迅的文章。	

以上目标的确立，是我校语文教研组在深度解析"真知"含义的基础上，以《义务教育语文课程标准（2022年版）》为指导，并结合我校实际情况而制定的，它使我校的语文教学有了明确的方向，为我们的教学任务是否完成提供了测量和评价的标准。有了以上教学目标的指引，我校语文的各项教学活动扎实有效地开展。

第三节 渗透有根有味的文化积淀

课程结构是课程体系的骨架,是课程实施活动顺利开展的依据。"真知语文"注重学生的真实体验,关注学生独特的思想,满足学生个性化的学习需求,鉴于此,我校建构了语文学科课程群框架。

一、学科课程结构

我校的"真知语文"课程围绕"识字与写字""阅读与鉴赏""表达与交流""梳理与探究"四方面的学段要求,建构了"趣识字、品阅读、巧运用、善交际、乐写作"五大板块的内容。课程结构具体表述如下(见图3-1):

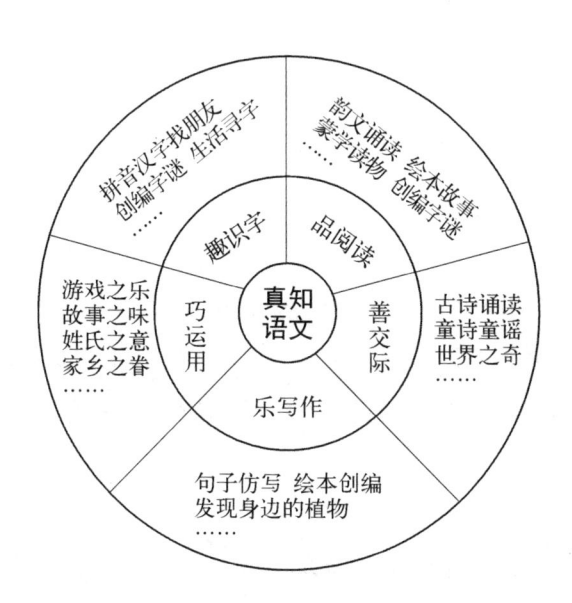

图3-1:郑州市管城回族区阳光实验小学
"真知语文"课程群结构图

1. 趣识字

内容是落实小学1—6年级要掌握的识字、写字任务。这一课程内容以注重学生识字的兴趣、提高学生识字量为标准，引导学生规范、端正、整洁地书写汉字，正确运用汉字。

2. 品阅读

该课程为学生提供丰富的针对不同年级学生阅读的绘本故事、经典作品、文学名著等，引导学生通过阅读语言文字获取信息、积累语言、丰富想象、增广见闻，并且能把握大意梗概、想象情境，受到优秀作品的感染和激励，向往和追求美好的理想。

3. 善交际

该课程以教材练习中的口语交际为依托，选择贴近学生生活的话题为主要内容。通过师生、生生之间的活动组织教学，培养学生运用文明语言进行人际沟通和社会交往的能力。通过创设真实情境，进行潜移默化的语言训练，让学生懂得倾听、善于表达、自信交流。

4. 乐写作

该课程内容为小学阶段各类文体的写作活动。以书面写作为主要内容，通过开展丰富多彩、主题鲜明的写作活动，让学生写自己真实观察所得、真实体验、真实情感，注重学生真实表达。

5. 巧运用

该课程设置内容贴近学生现实生活，以语文学习为依托，开展丰富多样、贴近生活的语文实践活动。该课程为学生设计校内外语文实践活动，与其他课程沟通、与生活实践紧密结合，让学生将语文知识和能力融会贯通。

二、学科课程设置

依据《义务教育语文课程标准（2022年版）》文件精神，立足儿童身心发育特点，结合"趣识字、品阅读、善交际、乐写作、巧运用"五大课程板块，我们在每个年级都设置了相关的课程内容，让学生的语文核心素养在六年时间里以螺旋上升的形式不断得到培养（详见表3-2）。

表3-2：郑州市管城回族区阳光实验小学"真知语文"课程设置

课程类别		趣识字	品阅读	善交际	乐写作	巧运用
一年级	上学期	拼音汉字找朋友	绘本故事	古诗诵读	句子仿写	游戏之乐
	下学期	创编字谜	图文童谣	童诗童谣	绘本创编	故事之味
二年级	上学期	生活寻字	梦幻王国	言说梦幻	发现身边的植物	姓氏之意
	下学期	结构之美	神奇的世界	世界之奇	四季校园	家乡之眷
三年级	上学期	书法初展	童话故事	魅力童话	我眼中的缤纷世界	传统之美
	下学期	汉字医院	寓言明理	意趣寓言	我想象中的奇妙世界	课余之趣
四年级	上学期	查字典比赛	神话故事	讲历史故事	生活万花筒	搜集资料
	下学期	硬笔书法	科普读物	说说新闻	游记	诗歌之门
五年级	上学期	诗歌书写	民间故事	父母之爱	介绍一种事物	活动计划
	下学期	段落书写	古典名著	讲笑话	形形色色的人	汉字王国
六年级	上学期	硬笔书写展	成长故事	演讲比赛	围绕中心意思写	研究报告
	下学期	毛笔书法	外国名著	同读一本书	让真情自然流露	小学生活

该课程框架设置的课程内容立足于学生身心发展规律，依据课标精神，结合学校实情，力求在课程的学习中让学生的语文学科的核心素养得以不断提升。

第四节　发展统整体验的课程脉络

语言文字是人类社会最重要的交际工具和信息载体,是人类文化的重要组成部分。语言文字的运用,包括生活、工作和学习中的听说读写活动以及文学活动,存在于人类社会的各个领域。语文素养是一种内化于心的技巧和能力。"真知语文","教"的是知识,"育"的是文化,"学"的是方法,"习"的是经历。我们落实"真知课堂",打造"真知课程",丰富"真知节日",开启"真知之旅",繁荣"真知社团",践行"让语文学习回归本真"的课程理念。

一、"真知课堂"的要素与操作

"真知语文"的课堂,让我们不断审问语文的本来面貌。在设定教学目标时,在选定教学内容时,在确定教学环节时,在制定教学方法时,在拟定教学语言时,都应去伪存真,引导学生扎实地体会纯朴的语文,自然地感受真实的语文,从容地思考纯朴的自己,自由地表达真实的自己。所以"明朗""自然""从容""自由"就是"真知语文"的关键词。

(一)"真知课堂"的要素

1. 明朗的课堂目标

"真知课堂"拥有明朗的课堂目标。课堂目标既是教师教的目标,也是学生学的目标,课堂的预设和完成度主导着一节课的方向和走向。从课堂过程看,目标是一课之灵魂,明朗的目标尽显本色而不浮夸,体现了"真知语文"的理念;从课堂效果看,目标是一课之准绳,明朗的目标简明而不繁复,体现了"真知课堂"的特点。

2. 自然的学习过程

"真知课堂"体现自然的学习过程。课堂学习过程也是教师的教学环节、学生的学习环节,自然的学习过程犹如一幅优美的山水画,一气呵成,极富生命力。自然的学习过程和谐有效,让教学扎实落地;环环相扣的学习环节让课堂紧凑严密;

饱含深度的学习内容让师生回味无穷。

3. 从容的文化氛围

"真知课堂"充满着从容的文化氛围。课堂文化充盈于课堂之内,渗透于师生之间,是课堂的重要养分。从容的文化氛围是一种润物无声的教育智慧,充满了对生命的点化、润泽与关怀;从容的文化氛围是一份恰如其分的课堂和谐,体现了对教育的尊重、理解与情怀。

4. 自由的教学方法

"真知课堂"体现了自由的教与学的方法。教学有法,教无定法,贵在得法。教学是教师创造性的传递,不能用一种方法限制其完善;学习是学生个性化的体验,不能用一种思维僵化其发展。"真知课堂"自由的教与学的方法不仅体现了教师教学的智慧和创造,而且体现了学生学习的探索和创新。

(二)"真知课堂"的实践策略

1. 开展集体备课,推进集体教研

学科组长带领学科教师定期进行集体备课活动,集合众长,推进学校教研。在课堂教学中,充分利用各方面资源,始终以"真知课堂"为核心,开展不同形式、不同主题、不同目的的语文拓展课,在不断实践、反思中提升课堂品质。

2. 创新课堂形式,领悟生活本真

语文学习不仅满足人的心理、情感、精神、审美等多方面价值的需要,还应有自己独特的理解和感悟。在不断的教学实践中,教师始终以"真知课堂"为核心,创新多种课堂形式,如"翻转课堂""主体式课堂""探究式课堂""合作式课堂""问题式课堂"等。此外,"真知课堂"充分发挥学生的主体性、创造性,创设时政播报、小组辩论赛、读书卡片、趣味改编等活动,通过专题学习等方式,沟通听说读写,增加学生语文实践的机会。这些新课堂形式,充分结合校情、学情和社区资源,有力地推进了"真知课堂"的发展,全面提升学生的语文素养,让学生在新颖有趣的课堂活动中,对语文与生活的联系有更深刻的理解。

3. 沟通课内外,拓宽学生视野

学习语文首先是教科书学习,但教科书受篇幅的限制,所选文章数量不可能太多,难以满足大量阅读的需要。据此情况,教师立足于课内,在每课或者每单元结束后选取或体裁相同或题材相近,或是同一作家的不同作品,力求与教科书形成呼应,沟通课内外学习,使二者相得益彰。让学生把在课堂上获得的知识和能力,举一反三,用到课外阅读之中,便于同学们接触人类智慧的结晶,培养文化尊严感,提高阅读品味和审美能力。

4. 注重潜移默化,引领价值观导向

让学生树立起良好的道德情操,最终形成积极正确的人生态度及价值观,这是语文课堂至关重要的目标。"真知课堂"根据语文学科的特点,注重熏陶感染、潜移默化,把与课堂相关的道德内容渗透于日常的教学过程之中,并与现实相结合,让学生在学习语言知识及提高语文能力的同时不断受到感染,培养正确的价值观。

(三)"真知课堂"的评价要求

"真知课堂","真"是在学生在真实的自主合作探究中,自然地与作者展开情感交流;"知"是发展学生的知识能力和思维能力。因此,在课程目标的总体要求下,结合"真知课堂"的具体要求,我校通过设计评价量表,记录并评价教师对"真知课堂"的落实情况,再进行集体教研,由教研组或备课组内交流、研讨这节课的可取与需要改进之处,进而促进"真知课堂"的落实,促进教师的专业成长。"真知课堂"的评价要求详细如下(见表3-3):

表3-3:郑州市管城回族区阳光实验小学"真知课堂"评价细目表

类别	指标	标 准 解 读	分值	得分
课堂目标	明朗	1. 学习目标紧扣课标和年级要求,体现文体特点,切合学情,简单、明了地体现"大语文观"。	10分	
		2. 学习目标表述有机渗透融合,具体、明确、可操作、可检测,直指语文工具性和人文性的统一。	10分	
思路环节	自然	1. 主线清晰,重难点突出;结构合理,循序渐进。	10分	
		2. 能够根据内容分配时间,单位时间效率高。	5分	
		3. 课堂立足语文学科素养,教学内容丰富。	5分	
交流气氛	从容	1. 将课堂自主权还给学生,倡导个性化、多样化学习,合理运用自主自学、合作探究、多元互动、和谐共生等多种学习方式。	5分	

续 表

类别	指标	标 准 解 读	分值	得分
交流气氛	从容	2. 教师努力营造探究学习的条件,激发学生探究的欲望,设计发散性和探究性的问题,留足探究问题的空间,给学生足够的自主学习时间和互动交流时间。	5分	
		3. 教师善于引导、鼓励学生质疑,培养学生的质疑能力。学生在课堂中敢于质疑,并表现出一定的质疑能力。	5分	
		4. 学习目标问题化,以明确的学习任务作为启动和组织学生学习活动的操作把手,激发学生探究新知的热情。	5分	
教学方法	自由	1. 最大限度地了解学生在学习中遇到的问题,并对问题进行梳理归纳,聚焦问题,用问题引领、指导学生探究,学生自主探究时间充分。	10分	
		2. 教师参与学生的探究活动,能兼顾到各个层面的学生。	10分	
		3. 学生参与展示交流时,态度积极,参与面广,参与度深。	10分	
		4. 学生在自学和展示的过程中,体现合作、探究实践、质疑等学习方式;学生能够恰当评价;教师进行适时引导,关注有效生成,使问题得到解决。	10分	
本课的亮点:		独特感受:		

二、开发"真知课程",完善课程体系

"真知课程"以"1+X"的模式建设,它是在基础类课程之上,根据学情、师情、校情创造性研发的多个拓展类课程。"1+X"课程模式是国家课程校本化的实施,它丰富了"真知语文"课程群的内容。课程的丰富性是课程群发展的基础,但课程群的质量取决于课程的精致性。我们要建设高质量的"真知课程"。

(一)"真知课程"的基本要求

"真知课程"的创建直指语文学科核心素养,使其成为人生中重要的标志,"真

知课程"以学生发展需求为出发点,体现其内在逻辑,相互呼应,环环相扣。

"真知课程"立足目标,整合基础课程。小学语文教材的编写以单篇呈现,而以往教师逐篇讲解,缺乏结构性,"真知课程"以整合的方式对丰富的课程资源进行再选择、再组合、再创造,改变"教教材"的老旧模式,形成"用教材教"的"大语文"理念。有统一的目标、相同的主题,因时而教、因地制宜,采用一篇带多篇、问题驱动、共同写法等形式进行主题式学习、群文阅读。

"真知课程"借助活动,发展嵌入课程。嵌入课程具有形式多样、时间灵活等特点。我们采取"短平快"的实施模式,在晨读、午读、课前5分钟等时间开展活动,嵌入实施短小课程;利用"周活动"的实施模式,在周三下午和周末举办活动,嵌入实施深度课程。我们以学生活动为主要课程形式,体现了"教、学、做"的统一。

"真知课程"倡导自主选择,促进选修课程的开展。走班式的自主选择课程充分体现了学生学习的主体性,以兴趣为导向,将选择权交给学生。"真知语文"以丰富的课程门类、优良的课程品质吸引学生,努力适应每个学生的全面发展,提升每一位教师的专业素养。每周四下午的两节课的设置为走班的学生提供了时间和空间上的保证。

(二)"真知课程"的实施策略

1. 以阅读教学为基点,拓展延伸课本内容

入选小学语文教科书的文章,有许多与学生的平时学习生活密切相关。在进行这样的课文教学时,我们以课文内容的拓展延伸来选择确定某个真知课程的主题,然后由此确定符合学生、学校实际的课程内容,进行系列化的语文学习和实践,从而拓宽学生的信息渠道,扩大学生的知识面。这种延伸包括向课外知识延伸和向生活实践延伸。

(1)向课外知识延伸。由课文的内容向相关语文课外知识延伸,扩大学生的知识面。中点辐射型:以课文内容为中点,向四面八方辐射。如学习"冰心"这一单元,我们以"走进冰心"为主题,让学生做一期手抄报;讲一讲冰心的故事;读一读冰心的作品;写一写想对冰心说的话。起点延续型:以课文的内容为起点,确定主题纵向延伸。如学习《草船借箭》后,以"我对课文人物的了解"为主题,指导学生读《三国演义》的相关章节,组织学生对人物进行讨论,认识一个个丰满的人物。

（2）向生活实践延伸。选择与学生生活密切相关的课文内容，通过学习将课文内容拓展延伸到学生的生活实际中去。联系学生生活：找准课文内容与学生生活的相似内容，激发学生回忆生活、记录生活、描绘生活的兴趣。如学习《京剧》后，以"家乡的戏曲"为主题，让学生了解家乡的戏曲种类；开展以介绍家乡戏曲为中心的主题班会。开展实践活动：根据课文的内容，组织学生进行语文综合实践活动。如学习《走进大自然》后，以"我眼中的春天"为主题，带学生去野外找春天，在大自然中认识各种野菜，用手中的画笔描绘春天，写写对春天的赞美等。

2. 以地方特点为素材，全面开发乡土资源

每个地方都有自己的特点和开发真知课程的优势，让学生走进家乡，充分地了解家乡，感受家乡的一切。选择的内容要富有乡土气息，根植于学生生活，存在于学生周围，是学生平时能够接触和感受到的。通过梳理将这些内容确定为一个个主题，然后围绕主题进行课程编排和实施。下面就是部分主题的课程内容确定。

主题一：家乡的古迹。读一读描写家乡名胜古迹的美文；游一游家乡的名山秀水；当个小导游，介绍家乡的景点；用笔描绘家乡的美景；憧憬家乡未来的蓝图等。

主题二：家乡的名人。读一读家乡名人小传；调查家乡名人的工作情况；给家乡的名人写一封信；采访家乡的名人或者名人的亲人；追寻名人童年的足迹；为家乡的名人写传记。

主题三：家乡的各种农具。查一查从远古走来的农具；设计标签，给家乡的农具贴上标签；给家乡的农具配上使用说明书；展示家乡的农具；用一用家乡的有关农具；谈一谈农具的变化；说一说你想要发明的农具；对家乡农具上的文字进行考证。

主题四：家乡的传说故事。读一读家乡传说、故事；听长辈讲家乡的传说、故事；记录家乡的传说、故事；把听来的故事讲给同学听；考证故事的原发生地。

还有"家乡的工厂""家乡的交通""家乡的特产"等主题，这些主题乡土气息很浓，当学生通过自身积极主动的实践操作浸润其中时，不但提高了实践运用语言的能力，而且成了他们情感陶冶、品行养成、知识获得、个性发展所不可缺少的中介。

3. 以校园环境为依托,充分利用每个角落

校园是学生最为熟悉的地方,在校园里只要我们留意,时时处处都有学习语文的机会。花坛里写着如诗的公益广告语,文化墙上有内容丰富的墙报,广播室传来琅琅的播音,公开栏里贴着种类繁多的应用文,学习园地里"盛"着同学们一份份语言文字的"自助餐"。这些都可以成为语文课程的内容。低年级可以带学生认字、学拼音,组织学生按时收听校园广播,学习普通话。高年级可以带学生给校园里的花木贴上生物学标签;为学校的花坛、阅览室设计广告语;参与应用文的写作等。

4. 以时事信息为焦点,动态补充"真知课程"

"真知课程"不应该是一成不变的,而是随着时间的发展而不断变化、不断充实的过程,是一个动态的过程。在我们的周围,天天都发生着一些学生认为新奇的、重大的、有意义的事情,这些事情的发生给我们的真知课程提供了丰富的内容,使学生既学到了语文知识,同时智力得到了训练,感情得到了陶冶,人格得到了塑造。这样的事小到一场拔河比赛、一次运动会;大到"我的梦中国梦""神舟十号成功上天"……都可以成为真知课程的内容。抓住报纸、电视等有效的载体,进行读、查、做、想、练的活动,从而使真知课程内容丰富而富有活力。

(三)"真知课程"的评价要求

首先,"真知课程"需要具有目标意识,能够将零散的语文学习材料进行统整;其次,"真知课程"重视活动体验,能够高效实施课程;同时,"真知课程"提倡自主发展,体现课程独特的魅力。依据以上三点要求,我校设计出"真知课程"评价细目(详见表3-4)。

表3-4:郑州市管城回族区阳光实验小学"真知课程"评价细目表项目

项目	评价内容	评价形式	评价等级(优良中)
理念	能开发、挖掘有意义的课程内容,满足学生兴趣发展的需求,促进学生互助、共进、交往,内容有可学性、迁移性等,并能及时修正。	看活动方案、学期活动小结等。	
设计	制定以活动为主要实施方法的课程纲要,并根据课程纲要制定一份课程实施计划。	看活动记载本中的课程纲要。	

续　表

项目	评价内容	评价形式	评价等级（优良中）
实施	能根据教学计划，精心准备，坚持因材施教、认真指导。课程实施能满足学生的兴趣发展需求，重视发展个性特长，能开发出适合学生特点和利于学生发展的语文课程，重视培养学生的实践能力和创造能力，受到学生的喜爱。	看活动记录、学生问卷调查、随机采访、学生活动感受记录。	
评价	按照课程要求制定出个性化的学生评价方案，组织好对学生的发展评价，认真做好评价工作。	看评价方案、学生成果展示。	
反思	能够根据课程纲要的设计、课程实施和课程评价中的各个环节进行思考，形成有效经验和建议，并积极完善课程。	个别访谈、查看反思。	

三、举办"真知语文节"，乐享语文之趣

在教学中提高学生的学习兴趣尤为重要，我们开展多种多样的语文活动，让学生参与其中，在乐中学，在乐中思，学生的学习兴趣自然而然地提高了，人文情怀也稳固地培养起来了。

（一）"真知语文节"课程的设立与实施

我校结合学生的实际情况，开展了"诵读比赛""书法艺术""课本剧表演""创作寓言故事绘本""好书我推荐演讲比赛"等语文课程活动。多种多样的活动不仅巩固了学生的知识和能力，而且发展了学生的思维，促进了学生的全面发展。具体课程的设立与实施如下（见表3-5）：

表3-5：郑州市管城回族区阳光实验小学"真知语文节"设置与实施

课程名称	课程内容	组织实施
诵读比赛	以中外古诗歌为主要内容。	每周开设一次诵读课，以学生报名为主，以老师推荐为辅，统一时间和地点进行比赛。
书法艺术	以"积前人之学，浴墨林之风"为主题开展书法比赛。	纸张由学校统一筹备，钢笔作品统一用A4纸书写，各班推选出两名同学的作品进行校内展示。

续 表

课程名称	课程内容	组织实施
课本剧表演	以课文为主要内容,由学生自导自演,老师适时给出建议。	教师挖掘教学资源,选定课文,然后组织学生踊跃参加,并选出适合的演员,利用2—3周的时间进行演练,最后进行展示。
创作寓言故事绘本	以自己平时的阅读经验为基础,大胆创作自己的寓言故事。	寓言故事的内容不限,只要反映简单的道理就可以,可以创设情景并画插图,年级统一进行评价和展览。
好书我推荐演讲比赛	以指导学生推荐优秀书目为主要内容。	各班级利用特定时间组织学生开展演讲,每班推荐三名学生参加年级演讲比赛。

(二)"真知语文节"评价要求

好的课程实施,必须有系统的评价方案与之相配合。"真知节日"的评价维度分为五大类别:活动开展、内容丰富、学生表现、活动效果和人文情怀。具体评价办法如下表(见表3-6):

表3-6:郑州市管城回族区阳光实验小学"真知语文节"活动评价量表

评价项目	评价内容	得分
活动开展（20分）	1. 活动内容生动有趣,体现人文性,能激发学生参与的热情。2. 活动贴近生活,具有创新性。活动具有针对性,能切实提高学生的能力。	
内容丰富（20分）	1. 内容符合新课程标准的要求。2. 知识有一定的拓展性,在学生积极参与活动的同时,也能拓展和丰富自己的知识。	
学生表现（20分）	1. 在活动中,学生充分发挥自己的主观能动性。2. 能根据活动的要求,学生在获得知识的同时,也得到情感上的滋养。	
活动效果（20分）	1. 整个活动开展流畅,各个环节衔接紧密。2. 不仅学生通过活动得到能力的提升,而且老师也能从活动中有一定的收获。	
人文情怀（20分）	1. 通过活动的开展,体会中华文化的博大精深,增强民族自信心和自豪感。2. 通过活动的开展,帮助学生树立正确的人生观、世界观和价值观,从而更好地弘扬我们的传统优秀文化。	
综合评价		

四、打造"真知社团",展露个性风采

社团活动的开展,作为学校课堂教育的外延,发挥着重要的作用。不仅能充分展现学生的个性风采,还有利于塑造学生的完善人格。基于此,我校语文学科以创办社团为途径,满足学生个人发展需求,表现其个性,展露其风采,培养有真知灼见的学生。

(一)"真知社团"的创建与实施

提升"真知社团"的品质一直是我们追求的方向,在学科组成员的共同商议之下,一改过去的兴趣型社团的形式,向特长型、专业型发展,逐渐培养学生的高远情怀。特创办阳光文学社、重温国风、牵手经典等语文社团,涵盖写作、阅读名著、汉字、课本剧、社区活动、古诗文等领域。语文社团的数量、人数、类别呈现出百花齐放、生机勃勃的繁荣景象,组织形式和活动方式也各有特色。

1. 真知社团的创建

创建阳光文学社。阳光文学社,主要是举行知识讲座、竞赛、采风、参观访问、社会实践、经验交流等系列活动。如举行"传统节日会被洋节取代吗"辩论赛,加强学生对传统节日的认识,培养家国情怀;开展"外国诗歌欣赏"活动,拓展学生的视野,提高鉴赏水平,提升人文情怀;举办"让文章摇曳生姿——插叙"的知识讲座,提高知识技能,激发写作兴趣。

重温国风社团。重温国风社团,以了解我国传统节日的发展及其文化意蕴,弘扬中国传统文化,感受其博大情怀。如举行"国学阅读分享""国学知识知多少"等活动,提升学生对我国经典国学的认识与思考,从而增强学生的人文素养。

牵手经典社团。牵手经典社团,以名著为载体,通过表演的方式,创设情境,让学生走进经典、感悟经典,提升文化情怀。

2. 真知社团的实施

小社团由兴趣爱好相同的学生自发组成。有鲜明的社团章程,如有名称、有标志、有团训,同时有完整的年度活动计划、活动记录、活动总结,有固定的活动时间、活动地点。在每一次的活动中注意积累各种原始材料(方案、计划、总结、活动图片),为日后的展示活动提供充分的保障。

(二)"真知社团"活动评价要求

"真知社团"的评价主要围绕课程内容的开发、评价办法、教学目标等方面进行制定,具体内容如下(见表3-7):

表3-7:郑州市管城回族区阳光实验小学"真知社团"评价量表

评价维度	评价内容	生评	校评
活动目标(25分)	确定适合学生特点与课程特点的教学目标,目标明确、具体、切实可行,符合学生实际。		
活动内容(25分)	重视从学生的兴趣及需求出发,挖掘有意义的社团活动内容,设计适切的社团活动方案。		
活动评价(25分)	同时按照课程要求制定出个性化的学生评价方案,针对学生的发展认真做好评价工作。		
社团展示(25分)	能通过多种形式展示社团活动成果,体现学生发展。		

五、推行"真知之旅",践行知行合一

(一)经典诗词之旅

"经典诗词之旅"是为了激发学生对优秀传统文化的热爱,培养学生的人文情怀的活动。

1. 活动实施

提前发放一百首经典诗词题目,学生以班级为单位课下组成五个六人小组,合作学习诗词内容,适当进行任务分工。以小组为单位进行诗词比赛,五组成员分别进行诗词接龙和诗词连连看两个环节,其余同学分成评委、监督人员、秩序维护人员和计分人员。比赛结束,得分最多的小组获得冠军,并进行奖励。

2. 评价方式

活动坚持评价维度的多样化,从认识和理解方面进行评价,实施过程中采取自评和师评相结合的评价方式,将结果性评价与过程性评价结合起来,全面客观地考查学生的诗词阅读量和理解能力(详见表3-8)。

表3-8：郑州市管城回族区阳光实验小学"经典诗词之旅"活动评价量表

评价维度	评价内容	自评	师评	平均分
诗词熟练度的评定（20分）	能准确、快速地进行诗词接龙。			
诗词准确度的评定（25分）	能准确进行诗句匹配。			
诗词理解度的评定（25分）	能准确对应作者和诗篇，能理解诗词内容。			
诗词书写的评定（30分）	能正确、规范书写相应诗句。			

（二）经典故事之旅

以传统美德为载体，以故事为核心的"经典故事之旅"活动，旨在弘扬中华民族传统美德，增强学生的民族认同感，同时训练学生的语言表达能力。

1. 活动实施

提前给出中华传统美德的五个主题：诚信、和谐、爱国、忠孝、自强。学生以班级为单位课下组成五个六人小组，搜集与主题相关的经典故事和名言警句。以小组为单位举行故事会，五组成员竞相讲述，故事最为精彩、喝彩声最多的获得奖励。故事汇结束，将每组最精彩的故事编辑成册。

2. 评价方式

"经典故事之旅"活动注重学生能力的培养和文化素养的提升，故而采用多维评价方式，将组评和师评相结合，全面客观地考查学生搜集故事及语言表述的能力（详见表3-9）。

表3-9：郑州市管城回族区阳光实验小学"经典故事之旅"活动评价量表

评价维度	评价内容	组评	师评	平均分
故事类别的评定（20分）	能准确地将美德故事按照五个主题进行归类。			

续 表

评价维度	评价内容	组评	师评	平均分
故事内容的评定（25分）	能搜集与传统美德有关的故事，且内容与主题相符。			
故事生动性的评定（25分）	能清晰生动地讲述故事。			
故事讲述者的评定（30分）	能准确概述故事内容，有感情地讲述故事。			

（三）身边的错别字之旅

"真知语文"注重培养学生对语文学习的兴趣和开拓学生的思维，让学生善于从生活中发现语文，感受语文的趣味性。基于此我们开展了"身边的错别字之旅"综合实践活动。

1. 活动实施

学生搜集街上招牌、广告词、对联等，并用图片或手抄报的形式进行整合。各班以小组为单位分别呈现所搜集的内容，学生合作交流其用意，谈谈收获，并为自己未来的店铺设计一块创意招牌。最后将自己的创意招牌制作出来张贴在自己的学习天地。

2. 评价方式

"身边的语文"综合实践活动坚持多维的评价方式，让学生从生活中发现语文，在语文中创新生活。活动采用小组评价和教师评价相结合的评价方式，考查学生的生活观察力和创造力（见表3-10）。

表3-10：郑州市管城回族区阳光实验小学"身边的错别字之旅"活动评价量表

评价维度	评价内容	组评	师评	平均分
搜集内容有效性的评定(20分)	能搜集真实的招牌、广告词、对联等。			
搜集内容操作性的评定(25分)	能从招牌中发现语文，并联系所学知识进行解读。			

续 表

评价维度	评价内容	组评	师评	平均分
自制招牌的合理性评定(25分)	能创造与主题相关的招牌。			
自制招牌创意性评定(30分)	能创造有新意的招牌。			

(四)网络语言之旅

互联网时代下学生的学习方式发生了巨大转变,为顺应时代潮流,帮助学生正确辨别网络信息,我校开展了"网络语言之旅"活动。这一综合性学习活动让学生在搜集网络语言的过程中辨别是非,并能够得出正确的结论和认识。

1. 活动实施

各班把学生分成三个小组,分别搜集整理一些常见的网络语言,将搜集整理的材料进行分类梳理。以小组为单位开展"网络语言大家谈"活动,并分成五个小组,在同学、老师、家长、亲友中做调查问卷。每组将调查问卷进行汇总整理,最后写出自己的调查结果,在此基础上得出自己的结论或建议。

2. 评价方式

"网络语言之旅"有助于学生在活动中感悟启发,在实践中提高认知。因此活动采用小组评价和教师评价相结合的评价方式,让学生从感兴趣的方面入手实践,从而考查学生的信息分类和整合的能力(详见表3-11)。

表3-11:郑州市管城回族区阳光实验小学"网络语言之旅"活动评价量表

评价维度	评价内容	组评	师评	平均分
网络语言类别的评定(20分)	能搜集常见的网络语言,并进行分类;能清晰流利地表达自己的观点。			
调查问卷的合理性评定(25分)	能掌握制作调查问卷的要点,并正确地制作调查问卷。			

续 表

评价维度	评价内容	组评	师评	平均分
调查问卷的可操作性评定(25分)	能制作调查问卷，可实际操作和调查。			
调查问卷的结果展示评定(30分)	能有效地进行资料汇总和整合，并将结果清晰地展示。			

"真知语文"课程实施方案与评价体系践行"让语文学习回归本真"的课程理念，成为国家课程的有益补充和延伸，学生在真实的语文学习实践中发展思维，培养语言文字的综合运用能力，树立追求真善美的态度，获得"真知""真能"，最终成长为具有真知灼见的有为少年。

(撰稿人：孟娇　孙蒙蒙　侯淑云　郭鹏飞　毛梦娴　燕芳)

第四章
建构性：持续建构知识的结构和意义

　　学科实践不仅是知识学习的认知实践，更是指向自我建构的教育实践。学生置身于丰富多样的真实情境与多向交往中，不断地获得体验、表达、操作、设计、创作的机会，并随着时间和具体情境的改变，不断调整、深化知识结构。在此过程中，学生也需要有充分的沟通、协作和支持，因此教师要引导学生在实践活动过程中发挥自身的主动性和创造性，并对所有的学习者都报以希望，给予鼓励，通过知识的沟通、情感的交融和思想的交流，引导学生进行高阶思考，持续建构知识的结构与意义。

美慧语文：
美文慧语润童年

  郑州市管城回族区工人第二新村小学语文组，现有教师35人。其中，中小学高级教师2人，中小学一级教师11人，省级骨干2人，区级骨干1人，是一支科研能力强、业务水平高、勇于创新与改革的优秀教师队伍。郑州市工人第二新村小学语文教研组，以教研组为单位开展教学研究，开展听课、评课、磨课活动，定期组织教师进行基本功展评，语文组的老师基本形成了一定的教学风格。现依据《教育部关于深化课程改革落实立德树人根本任务的意见》《义务教育语文课程标准（2022年版）》等文件精神，推进语文学科课程群建设，取得了良好的效果。

第一节　浸润粹美慧智的人文情愫

学科课程哲学引领学科发展方向。基于《义务教育语文课程标准(2022年版)》,我校语文学科教研组基于语文学科实际,经过深入研讨,凝练出我校语文学科课程哲学。

一、学科性质和价值观

《义务教育语文课程标准(2022年版)》中指出:"语文课程是一门学习国家通用语言文字运用的综合性、实践性课程。工具性与人文性的统一,是语文课程的基本特点。语文课程应引导学生热爱国家通用语言文字,在真实的语言运用情境中,通过积极的语言实践,积累语言经验,体会语言文字的特点和运用规律,培养语言文字运用能力;同时,发展思维能力,提升思维品质,形成自觉的审美意识,培养高雅的审美情趣,积淀丰厚的文化底蕴,继承和弘扬中华优秀传统文化、革命文化、社会主义先进文化,增强对习近平新时代中国特色社会主义思想的理解和认识,全面提升核心素养。"[1]

语文素养,是指学生在语文方面表现出的比较稳定的、最基本的、适应时代发展要求的学识、能力、技艺和情感态度价值观,主要包括了"语言的建构和运用""思维的发展和提升""审美的鉴赏和创造"以及"文化的理解和传承"四个方面。我国近代著名思想家、教育家蔡元培先生于1930年为《教育大辞书》中"美育"词条所写的定义是:"美育者,应用美学之理论于教育,以陶养感情为目的者也。"[2]我们可以这样来认识:陶养人的感情是美育的直接目的,而净化人的心灵,培养人的高尚兴趣、道德情感、积极进取的人生态度,养成高尚纯洁之人格,给人追求高尚行为以动力,则是美育的根本目的。因而,我们觉得语文课程的核

---

[1] 中华人民共和国教育部.义务教育语文课程标准(2022年版)[S].北京:北京师范大学出版社,2022:1.

[2] 唐钺、朱经农、高觉敷,教育大辞书[M].北京:商务印书馆,1930.

心价值就是培养学生创造美和智慧的能力,是以美育活动为载体、促进和提升语文素质的教育。

二、学科课程理念

根据《义务教育语文课程标准(2022年版)》,结合我校语文学科教学实际情况,我们提出以"美文、慧语"为核心的语文学科理念。我们希望培养出由外到内关心民俗文化,受益于民俗文化,欣赏民俗文化,植入"中国芯"的民俗儿童。

(一)"美慧语文"——阅美赏美创美文

"美慧语文"注重让学生学会感受、欣赏、创造语言文字的美。语文教学以"审美鉴赏与创造"为核心素养,其宗旨在于满足人性的需求,让学生体验到文字带给人的愉悦、情趣,唤醒学生对文学的渴望与热爱,在审美鉴赏的过程中培养个性创造力。"审美鉴赏与创造"包含体验与感悟、欣赏与评价和表现与创新三个层次。语文课程应考虑学生思维的特点,循序渐进地推进学生思维能力的发展,进而实现美的创造。低年级的语文教学应着重使学生感受汉语汉字的独特美,激发学生热爱祖国语言文字的感情,即具有感受美的能力;到了中高年级,有了一定的汉字基础后,要提升学生感受和体验语言文字作品所表现的形象美和情感美,即具有欣赏美的能力;并利用已有的知识积累,表现和创造自己心中的美好形象,即具有创造美的能力。

(二)"美慧语文"——慧教慧学解慧语

"美慧语文"的"智慧"既包括教育者的"慧教",也包括受教育者的"慧学"。就"教育者"而言,首先要以学生身心发展规律为前提。教育不是硬碰硬的雷霆,而是滋养生命的雨露,教学需要有智慧和巧劲,去努力提高教育实效。所以,各年级要根据学生身心发展特点,设计开展不同形式的语文教学活动。"慧教"还需教师树立启发式教学思想。苏格拉底的"助产术"以及孔子的"不愤不启,不悱不发"为我们提供了强有力的理论基础。语文教学中要重视问题的创设,善于抓住启发的时机,挖掘学生的"慧根",营造良好的课堂教学气氛。另外,对于"受教育者"来说,"慧学"不仅使学生有广博见闻、睿智丰满的学识,更会让学生有善学好思、践行慧思的意识,因而学习获取知识的方法、开启智慧源泉对于小学阶段的语文教学有着重要意义。

（三）"美慧语文"——慧倾慧聆听慧话

语文即生活。在生活中,倾听和表达的能力尤为重要。会倾听,会表达,对于学生的身心发展都是有益的。培养学生的语言表达能力和口语交际能力,让学生学会倾听的同时,也要学会真诚地、带有艺术美感地表达,让倾听的人享受交流的过程,让表达的人和风细雨化春风。在有意识的培养过程中,使学生不仅提高口语交际和语言表达的能力,还能培养情商、厚植情怀,做一个愿听静听、爱说会说,说话有方式、思维有方法、心胸开阔、关心他人、大气灵动的孩子。

（四）"美慧语文"——美陶美冶践美行

语文是集人文性和工具性于一体的学科,它所培养的听说读写能力对于学生有潜移默化的影响。学习的过程是一个由外到内的、由接受到模仿、由模仿到理解、由理解到内化的一个漫长且无形的过程。在这个过程中,学校所强化与提倡的内容,对于认知学段的学生是有标杆定位与陶冶作用。"美慧语文"希望能够通过对博大精深的传统文化的学习,结合听说读写等基本语文能力的培养,以传统美德为行为标准,让学生有健康的审美和对自身行为准则的要求,做一个心灵美、行为美的少年。

我们认为,"美文、慧语"的终极目标就是"美"。"美"是语文课程教学的追求,"慧"则是追求"美"的方法。在语文教学中,要让学生受到高尚情操和趣味的熏陶,提高自身的文化品位和审美情趣,养成实事求是、崇尚真理的科学态度。"美文、慧语"就是以教育三要素为本,将"慧"贯穿其中,从而实现"美"的目标。以"美"为灯,以"慧"为行,传承和发扬我国优秀传统文化,做有品质的语文教育。

第二节　张扬热烈自由的生命活性

《义务教育语文课程标准(2022年版)》指出:"义务教育语文课程围绕立德树人的根本任务,充分发挥其独特的育人功能和奠基作用,以促进学生核心素养发展为目的,以识字与写字、阅读与鉴赏、表达与交流、梳理与探究等语文实践活动为主线,综合构建素养型课程目标体系;面向全体学生,突出基础性,使学生初步学会运用国家通用语言文字进行交流沟通,吸收古今中外优秀文化成果,提升思想文化修养,建立文化自信,德智体美劳得到全面发展。"[1]我们从"美慧语文"的学科课程理念出发,以《义务教育语文课程标准(2022年版)》的课程理念为依据,梳理出了我校语文学科课程总体目标和年级目标。

一、学科课程总体目标

《义务教育语文课程标准(2022年版)》指出:"语文课程致力于全体学生核心素养的形成与发展,为学生学好其他课程打下基础;为学生形成正确的世界观、人生观、价值观,形成良好个性和健全人格打下基础;为培养学生求真创新的精神、实践能力和合作交流能力,促进德智体美劳全面发展及学生的终身发展打下基础。语文课程在推广普及国家通用语言文字、增强凝聚力、铸牢中华民族共同体意识,建立文化自信、培育时代新人,实现中华民族伟大复兴等方面具有不可替代的优势。"[2]依据语文学科的课程性质和基本特点,确立我校语文学科课程的总体目标。

(一)识字与写字

1. 共同要求

喜欢学习汉字,有主动识字、写字的愿望,逐步养成独立识字能力。写字姿势

---

[1] 中华人民共和国教育部.义务教育语文课程标准(2022年版)[S].北京:北京师范大学出版社,2022:2.
[2] 同上书,2022:1.

正确,有良好的书写习惯。掌握汉字的基本笔画和常用的偏旁部首,能感知汉字形、音、义的联系和构字组词特点,感受汉字的文化内涵和蕴含的智慧。

2. 校本要求

"美慧语文"中的识字与写字教学结合学生的年龄特征,从学生感兴趣的诗歌、游戏着手,运用多种教学方法和直观教具,激发其识字写字的热情。在教学过程中引导学生将目光转移至身边,在日常生活中养成留心观察、主动识字的习惯,进而保持识字热情;了解汉字的起源与发展,发现汉字的组合和书写规律,感受汉字的魅力。小学阶段要养成良好的写字习惯,坐姿、执笔姿势正确,掌握一定的书写技能。

(二)阅读与鉴赏

1. 共同要求

用普通话正确、流利、有感情地朗读课文。学习默读,默读有一定的速度。学会运用多种阅读方法,具有独立阅读能力。能阅读日常的书报杂志,初步鉴赏文学作品,能借助工具书阅读浅易文言文。能联系上下文和自己的积累理解词句的意思,在理解课文的过程中学会使用标点符号的用法。能体会作者的思想感情,逐步学会领悟文章的表达方法。阅读整本书,逐步学会把握文章主要内容,分享阅读感受。背诵优秀诗文,扩展阅读面。

2. 校本要求

阅读是与人类崇高精神的对话,可以跨越时间与空间的距离。阅读的过程是学生思想升华的过程,要引导学生在阅读的过程中获得独特的情感体验。在完成"快乐读书吧"阅读的基础之上,鼓励学生选择优秀的阅读书目进行自主阅读,进而扩大学生的阅读面。阅读之前制定完整的阅读计划,采用集中阅读和自由阅读相结合的方式组织学生阅读整本书,通过交流分享使学生阅读走向深处。

(三)表达与交流

1. 共同要求

学会倾听与表达,逐步学会用口头语言有条理地进行人际沟通和社会交往。乐于表达,与人交流时能尊重和理解对方。注意语言美,抵制不文明的语言。养成留心观察周围事物的习惯,积累写作素材,能根据需要,用书面语言具体明确、文从字顺地表达自己的见闻、体验和想法,并学会修改习作中有错误的词句。

2. 校本要求

口头语言是表达人类情感最直接的方式之一，开展表达类的活动，学生们能够在一次次表达中逐渐大胆起来。"美慧语文"口语交际教学力争从学生出发，针对学生身边的话题展开讨论，引导学生关注现实生活，采用多种形式的教学方式进行教学，激发学生的表达热情。写作是自我表达和与他人交流的一种方式，是认识世界、认识自我、创造性表述的过程。"美慧语文"的习作教学从学生生活切入，话题来源于生活，引导学生留心观察日常生活，积累写作素材，让学生做到有话可说，进而激发写作兴趣。鼓励学生讲真话、写真事，明确作文内容不是凭空想象而是真情实感的表达。加强平时习作指导，学生之间互相评价修改习作，增强学生之间的情感交流。

（四）梳理与探究

1. 共同要求

能逐步学会分类整理学过的字词，发现所学汉字形、音、义和书写的特点，发展独立识字和写字能力。初步了解查找资料、运用资料的基本方法。初步掌握如何运用多种方法整理和呈现信息。能通过调查访问、讨论演讲等方式，开展专题探究活动。

2. 校本要求

"美慧语文"立足于语文生态，从学生生活出发，将语文知识学习与日常生活的方方面面联系起来，开展丰富多彩的社会实践活动。在课外实践探究活动中带领学生体验生活、感悟生活，从生活中来，到生活中去，获得亲身参与实践的经验，形成对自然、社会、自身内在联系的整体认识，发展对自然的关爱意识，提升对社会、对自身的责任感，并培养从周围生活中主动发现问题以及独立解决问题的态度和能力。

二、学科课程学段目标

在《义务教育语文课程标准（2022年版）》的指导下，依据"美慧语文"课程的总体目标，细化到每个年级，我们采取共同要求和校本要求相结合的方式，制定了年级课程目标。这里以五年级为例，具体如下（详见表4-1）：

表 4-1：工人第二新村小学"美慧语文"五年级课程目标表

上 学 期	下 学 期
第一单元 **共同目标：** 1. 有感情地朗读课文，能把握课文的主要内容，体会作者表达的情感。 2. 初步了解课文借助具体事物抒发感情的方法。 3. 学会合理控制发言时间，语速适中，把内容说清楚。能尊重不同见解，梳理总结大家的意见，制定出切实可行的班级公约。 4. 能把自己心爱之物的来历、样子写清楚，表达自己的喜爱之情，并乐于分享习作。 **校本目标：** 1. 观察学校石榴、柿子和花生果实的区别，体会花生的品质。 2. 初步掌握汉字的书写方法，做到正确、端正、整洁、流畅地描写心爱之物。	**第一单元** **共同目标：** 1. 能运用学过的方法，体会课文表达的思想感情。 2. 能根据需要向别人提出不同的问题，认真倾听别人对自己提出的回答，交流时能边听边记录。能根据整理的记录，有条理地表达。 3. 能从自己的成长经历中选择一件印象最深刻的事，把事情的经过写清楚。能把感到长大的"那一刻"的情形写具体，记录真实感受。 **校本目标：** 搜集中国历史上有气节的人物故事、诗文，交流分享，感受他们的爱国情怀和我国文化遗产的独特魅力，增强爱国之情。
第二单元 **共同目标：** 1. 掌握提高阅读速度的方法，能用这些方法较快地默读课文，在快速阅读的基础上概括课文的主要内容。在课外阅读中注重提高阅读速度方法的运用，养成良好的阅读习惯。 2. 能通过印象深刻的画面或具体的事例感受人物的特点和品质。 3. 能抓住人物的主要特点，用一两件具体的事例来描写自己的老师。能够评价、修改同学和自己的习作。 **校本目标：** 1. 学习《史记》中的历史故事，感受人物形象。 2. 用戏剧、歌曲、国旗下演讲等形式巩固并拓展学生对这部分内容的理解。	**第二单元** **共同目标：** 1. 初步了解阅读古典名著的方法，把握课文的主要内容，感受主要人物的特点。 2. 能主持关于"怎么表演课本剧"的讨论，引导每个人积极参与讨论、发表意见，并通过协商形成一致的看法，参与讨论时能认真听取别人的意见，尊重大家的共同决定。 3. 初步了解写读后感的基本方法，能选择读过的一篇文章或一本书写读后感。 4. 能产生阅读中国古典名著的兴趣，了解故事内容，乐于和大家分享课外阅读的成果。 **校本目标：** 1. 提高口语表达能力和搜集、整理资料的能力。 2. 从书中悟道理，培养良好的阅读习惯。

续 表

上 学 期	下 学 期
第三单元 共同目标： 1. 能用较快的速度默读课文，把握课文的主要内容。初步了解民间故事的特点，能以故事中人物的口吻讲故事，并能适当丰富故事里的细节。能配上相应的动作和表情讲故事。 2. 学习缩写故事的一般方法，能缩写民间故事，做到内容完整、情节连贯、语句通顺。 3. 能产生阅读中国民间故事以及国外民间故事的兴趣。感受阅读民间故事的快乐，乐于和大家分享课外阅读的成果。 校本目标： 1. 了解河南地理位置、物产资源，增进对家乡的了解，增强亲近感。 2. 搜集并交流河南流传的谚语、传说，激发自豪感。	第三单元 共同目标： 1. 感受汉字的趣味，了解汉字文化，产生对汉字的热爱之情。 2. 了解搜集资料的基本方法。 3. 了解一些关于汉字历史和现状的知识，增强对汉字的自豪感，树立规范使用国家通用语言文字的意识。 4. 能围绕汉字历史、汉字书法或其他感兴趣的与汉字有关的内容搜集资料，或者通过调查学校、社会用字不规范的情况，撰写简单的研究报告。 校本目标： 1. 通过查找、搜集体现汉字特点的古诗、歇后语、对联、故事等材料，拓展学生的知识领域，培养创新精神和实践能力。 2. 通过趣味汉字交流会，了解汉字的由来，认识汉字的演变过程。
第四单元 共同目标： 1. 能结合资料，理解句子的含义，深入理解课文内容，体会课文表达的思想感情。 2. 在理解课文内容、感受鲜明的主题思想、把握感情基调的基础上，入情入境地朗读。 3. 能列习作提纲，在习作中分段叙述，把重点部分写具体。能根据同学的建议修改习作。 校本目标： 1. 寻找河南的爱国诗人及爱国诗篇，激发学生的爱国情怀。 2. 通过古诗词的朗读、背诵、书写，能够在一定的情境或者场景中联想到相应的名句。	第四单元 共同目标： 1. 品读关键语句，加深对课文内容的理解，通过课文中动作、语言、神态的描写，体会人物的内心。 2. 能选择某人给自己留下深刻印象的事情，把经过写清楚。能从多个角度把人物当时的表现写具体，反映出人物的内心。 校本目标： 1. 能用恰当的语气和肢体语言，讲自己最喜欢的历史人物故事，表现故事人物形象和情感，吸引他人。 2. 学会倾听，并进行补充、提问、点评。

续 表

上 学 期	下 学 期
第五单元 共同目标： 1. 阅读简单的说明性文章，了解基本的说明方法。 2. 体会说明性文章的不同类型，感受不同的语言风格。 3. 选择身边的事物，有意识地进行观察或搜集资料，运用多种说明方法，抓住特征介绍事物。 4. 能用恰当的说明方法，分段介绍事物的不同方面，写清楚事物的主要特点。 5. 能和同学分享习作并交流各自的感受。 校本目标： 1. 通过对校园一角或民俗庙会的观察，运用说明方法介绍事物。 2. 把散文改写成说明文，体会它们的不同。	第五单元 共同目标： 1. 能从描写人物语言、动作、外貌、神态、心理等语句中感受人物的特点，发现、提炼具体表现人物特点的方法，学习描写人物的基本方法。 2. 能结合例文和批注，进一步感知写人的基本方法。能试着用学过的方法描写一个同学。能列出表现家人特点的典型事例。 3. 能选择典型事例，通过描写语言、动作、外貌、神态、心理等，具体表现人物的特点。 校本目标： 1. 结合阅读的名著，开展"你演我说"活动，学习通过描写人物语言、动作、外貌等方面凸显人物鲜明形象的写作方法。 2. 学做读书笔记，学习写作技巧，培养良好的阅读习惯。
第六单元 共同目标： 1. 能通过课文描写的场景、细节，体会其中蕴含的情感，感受父母和子女之间的爱。 2. 能选择恰当的材料支持自己的观点。能尊重别人的观点，对别人的发言给予积极回应。 3. 给父母写一封信，能用恰当的语言表达自己的看法和感受。 校本目标： 1. 通过搜集关于母爱、父爱的诗歌、名言，感受亲情。 2. 朗读跟感恩有关的文章，掌握连停、语气、重音、节奏等朗读技巧，提高朗诵水平。	第六单元 共同目标： 1. 在把握课文内容的基础上，进一步了解文中人物解决问题的思维过程，从而培养对文章的整体把握能力和根据具体情况思考问题、解决问题的意识。 2. 能借助提示，按事情发展的顺序写一个探险故事。能展开丰富的想象，根据情境把事情发展变化的过程写具体。 校本目标： 1. 学会多种形式的古文朗读方式，感受古文的韵律美和音乐美。 2. 坚持古文阅读，积累大量的小古文知识，并能够灵活运用。

续 表

上 学 期	下 学 期
第七单元 共同目标： 1. 借助注释，联系上下文，想象课文中所描绘的景象，初步体会课文中的静态描写和动态描写。 2. 观察某种自然现象或某处自然景观，重点观察景物的变化，写下观察所得，并把题目补充完整。 3. 能按照一定的顺序描写景物，写出景物的动态变化。 校本目标： 1. 通过观察一天内学校的静态事物和动态事物，培养健康的审美情趣，提高审美能力。 2. 仿照课文，描写校园内自己印象最深刻的某个景致。	第七单元 共同目标： 1. 能体会静态描写和动态描写的表达效果。 2. 能列出讲解的提纲，按照一定的顺序讲述，并能根据听众的反应对讲解的内容做调整。 3. 能搜集资料，清楚地介绍一处自己感兴趣的中国的世界文化遗产。 校本目标： 体会世界各地丰富多彩的自然景观、人文景观的魅力，激发了解世界多元文化的兴趣。
第八单元 共同目标： 1. 能梳理出作者的读书经历，说出作者对"好书"的看法，体会作者从读书、作文中悟出的道理。 2. 能分条讲述，把介绍人物形象的理由说清楚。 3. 听人说话能抓住要点。 4. 介绍一本书，能分段表述推荐理由，并能把重要的理由写具体。 校本目标： 1. 通过读书交流会，体会读书的重要性及好处。 2. 通过课本剧的表演，注重与同伴间的沟通，注重情感和态度的发展。	第八单元 共同目标： 1. 能体会课文中语言的风趣，激发学习语言的热情和兴趣，进一步提升儿童的语言品鉴能力。 2. 能讲述两三个搜集到的笑话，避免不良的口语习惯。能用心倾听别人讲笑话，做一个好的听众。 3. 能写清楚漫画的内容和可笑之处。能借助标题或提示语，联系生活，写清楚从漫画中获得的启示。 校本目标： 1. 了解书法中常见的几种楷书字体，提升学生对书法作品的鉴赏能力。 2. 通过练习楷书书写，参加班级内书法展示活动，提高对书法的兴趣。

以上是我校语文教研组将《义务教育语文课程标准(2022年版)》以及"美慧语文"学科课程的总体目标，细化到每个年级所制定的年级课程目标中的成果。这

样以共同要求和校本要求相结合的方式呈现,既有助于语文老师严格按照语文课程标准的要求来完成课程目标,又有助于语文老师根据我校实际情况完成校本课程的目标要求,这种共性与个性的结合彰显了我校"美慧语文"学科课程群建设的鲜明特征。

第三节　积淀丰厚醇香的文化底蕴

依据《义务教育语文课程标准（2022年版）》的文件精神，我校规划的"美慧语文"语文学科课程群可分为基础性课程和拓展型课程。基础性课程致力于培养学生的语言文字运用能力，吸收中外优秀文化，提高思想文化修养，为学生的全面发展和终身发展打下基础，促进自身精神成长。拓展型课程主要根据学生身心发展和语文学习的特点，保护学生的好奇心、求知欲，鼓励学生自主阅读、自由表达，关注个体差异和不同的学习需求，培养学生自主选择、积极探究的学习方式。

一、学科课程结构

依据《义务教育语文课程标准（2022年版）》学段目标中"识字与写字""阅读与鉴赏""表达与交流""梳理与探究"四个部分的内容，我校将"美慧语文"语文课程具体分为"美慧汉字""美慧阅读""美慧表达""美慧探究"四大类。因此，我校"美慧语文"学科课程群建设框架如下（见图4-1）：

识字中的快乐
动物找家
我是小导游
强国梦
走进信息时代
轻叩诗歌大门
……

拼音乐园
识字小助手
汉字的演变
小小书法家
遨游汉字王国
……

美慧探究　美慧汉字
美慧语文
美慧表达　美慧阅读

好朋友手拉手
我的愿望
这儿真美
写信说说心里话
我手写我心
……

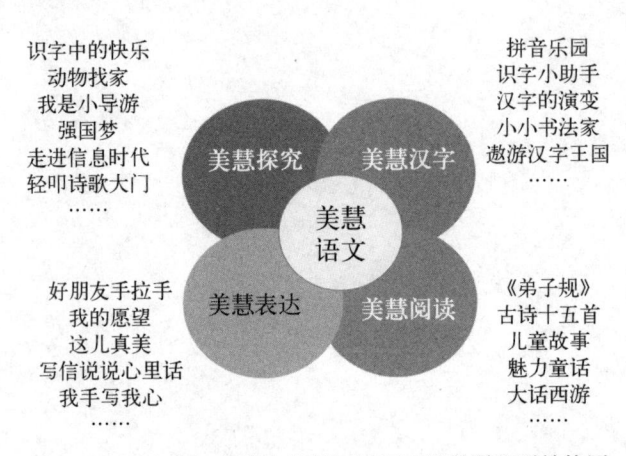

《弟子规》
古诗十五首
儿童故事
魅力童话
大话西游
……

图4-1：工人第二新村小学"美慧语文"学科课程群结构图

依上图所示,"美慧语文"学科课程各板块课程内容设置如下:

1. 美慧汉字

通过开展有趣的识字、写字游戏,创设真实、生动的生活情境,营造轻松愉快的识字氛围,使学生掌握规范书写汉字的技能,增强对祖国语言文字的热爱和对中华民族文化的认同。开设"识字小达人""猜字游戏""小小书法家""汉字的演变""遨游汉字王国""汉字大王就是我"等课程。

2. 美慧阅读

以开阔视野、习得语言、丰厚底蕴为目标,运用多种阅读方法,鼓励学生用开放的眼光看世界,在阅读中丰富自身知识积累,培养良好语感,注重情感体验。开设"趣味童话""我来说寓言""初探神话奥秘""中国民间故事""论三国"等课程。

3. 美慧表达

通过创设真实情境,进行潜移默化的训练,锻炼学生倾听、表达、转述、交流、宣讲的能力,使学生形成与世界打交道的有效方式,收获交流的乐趣,培养爱国情怀。以部编教材小学阶段各类文体的写作活动为依据,以学生成长经历为辅助,鼓励有真情实感、有创意的表达,让学生在写作中锻炼创造性思维,在文字滋润下,让学生大胆表真心、言真情、说真话、做真人。开设"书我所见""这儿真美""奇妙的想象""写信说说心里话""笔尖流出的故事""我的第一本作文集"等课程。

4. 美慧探究

探究实践活动有助于促进学生听、说、读、写能力的整体发展,陶冶学生情操,培养学生思维,拓宽学生视野。通过紧密结合书本学习与综合实践,培养学生策划、组织、协调、实施的能力。开设"识字中的快乐""动物找家""我是小导游""春游去哪里""植物生长我知道""走进信息时代""轻叩诗歌大门"等课程。

二、学科课程设置

工人第二新村小学"美慧语文"学科品质课程依据各年级儿童学情,由易到难、由浅入深、由单一到综合,循序渐进,贯穿小学六个年段,根据不同学段的知识储备和儿童需求编制不同的内容,设置内容具体如下(见表4-2):

表4-2：工人第二新村小学"美慧语文"学科品质课程设置表

学期＼内容	美慧汉字	美慧阅读	美慧表达	美慧探究
一年级上期	拼音乐园	《弟子规》	好朋友手拉手	识字中的快乐
一年级下期	识字集锦	古诗十五首	书我所见	阅读小达人
二年级上期	识字小助手	趣味童话	我喜爱的玩具	动物找家
二年级下期	识字小达人	儿童故事	我的愿望	我是小导游
三年级上期	据义定音	魅力童话	这儿真美	趣闻日记
三年级下期	猜字游戏	我来说寓言	奇妙的想象	春游去哪里
四年级上期	汉字的演变	初探神话奥秘	为你推荐好地方	植物生长我知道
四年级下期	相似字"找别扭"	节气谚语	写信说说心里话	环境知识大竞赛
五年级上期	小小书法家	中国民间故事	我手写我心	强国梦
五年级下期	汉字书写大赛	大话西游	优秀作文选	走进信息时代
六年级上期	遨游汉字王国	经历与成长	笔尖流出的故事	轻叩诗歌大门
六年级下期	汉字大王就是我	论三国	我的第一本作文集	依依话别

三、学科课程内容

工二村小学"美慧语文"各年级课程的学习目标和内容要点具体安排如下（详见表4-3）：

表4-3：工人第二新村小学"美慧语文"课程内容表

学期	课程名称	学习目标	内容要点
一年级上学期	拼音乐园	1.能够准确拼读音节，给汉字注音，正确书写声母、韵母和音节。 2.能借助汉语拼音识字、正音、学说普通话。 3.借助拼音培养自主识字的习惯。	1.碰碰头，找朋友。声母和韵母相互碰撞，拼出音节。 2.夺红旗，谁认识的拼音多。开展拼音闯关游戏，通过一关即可得到一面红旗。

续 表

学期	课程名称	学 习 目 标	内 容 要 点
一年级上学期	《弟子规》	1. 初步理解总叙含义。 2. 学习诵读弟子规。 3. 结合生活实际,理解孝道的重要性。	1. 小组表演。 2. 评选故事大王。
	好朋友手拉手	1. 感知人物的特征,能大胆地用绘画的形式表现。 2. 培养观察能力。 3. 通过画自己的好朋友,增进同学间的了解,培养朋友间的友谊。 4. 会用正确的观察方法,用绘画的形式表现自己的好朋友。	1. 举办以"找朋友"为主题的活动。 2. 谁的眼睛最明亮。
	识字中的快乐	1. 体会识字带来的乐趣。 2. 通过学习,增进对汉字的了解,感受汉字的美,激发对汉字的热爱之情。 3. 培养观察、分析、想象、记忆等能力,培养合作精神。 4. 通过活动参与合作学习,提高自主学习的能力。 5. 通过学习,逐步感受祖国优秀民族文化的汉字美。	1. "识字优秀之星"评选活动。 2. 举行"看图识字"的手抄报展示。
一年级下学期	识字集锦	1. 通过看图识字等方法初步形成对汉字的感知。 2. 在朗读中激发主动识字的热情。	1. 表演识字。 2. 给字宝宝点名。
	古诗十五首	1. 熟练背诵古诗,并理解古诗的基本内涵。 2. 诵读古诗,展开想象,获得初步的情感体验,感受诗歌的魅力。	1. 诗词闯关。 2. 诗词分享。
	书我所见	1. 正确运用常用的标点符号,记录感兴趣的事件。 2. 记录内容语句通顺,词语搭配合适,无错别字。	1. 小组结对。 2. 趣味座谈。
	阅读小达人	1. 喜欢阅读,感受阅读的乐趣。 2. 结合上下文和生活实际了解阅读中词句的意思,在阅读中积累词语。 3. 对感兴趣的人物和事件有自己的想法和感受,并乐于与人交流。	1. 阅读分享。 2. 你评我对。

续　表

学期	课程名称	学 习 目 标	内 容 要 点
二年级上学期	识字小助手	1. 有初步的独立识字能力。 2. 能借助汉语拼音拼读汉字,学会用音序查字法和部首检字法查字典。 3. 喜欢学习汉字,有主动识字、写字的愿望。	1. 生活识字。准备生活中常用物品生字卡片和图片能够一一对应。 2. 勇当小老师,小老师教读生字。
	趣味童话	1. 清楚童话的特点,能以多种形式创编童话。 2. 通过创编童话,激发学习兴趣,培养想象力。 3. 在创作童话的活动中,体验童话的魅力,感受童话的快乐。	1. 开展童话接龙游戏,发展想象力。 2. 动脑创编童话故事,充分发挥语言和思维能力。
	我喜爱的玩具	1. 通过细致观察能从名称、样子、玩法等方面有条理地介绍自己的玩具。 2. 在创设的情境中激发说话的兴趣和与人交往的勇气。 3. 在交际中学会认真倾听别人的发言。	1. 你说我猜动物:说一种动物特点,看谁猜得又快又准。 2. 你说我猜他画:从各方面培养学习兴趣和与人交往的能力。
	动物找家	1. 依据动物的居住地和生活习性为动物找家。 2. 初步感知动物是大自然的重要组成部分,是人类的好朋友,我们要保护他们。	1. 小动物迷路了。 2. 给动物找家。
二年级下学期	识字小达人	1. 通过课堂识字,培养识字兴趣和识字能力。 2. 开展各项比赛,如"我是识字大王""识字达人""识字标兵"等。	1. 找朋友。将词语分成单字,能正确组词。 2. 摘果子,看看谁能又快又准确地"摘"生字"果子"。
	儿童故事	1. 走进儿童故事,了解语言的丰富性和多样性。 2. 学会倾听故事,结合画面、故事内容,用自己的话,清楚、准确地讲述自己听到的故事情节。 3. 大胆推测、想象故事情节的发展,培养语言组织能力和逻辑思维能力。	1. 你讲我听,把听到的复述出来。 2. 讲故事比赛,评选"讲故事小达人"。 3. "绘画小能手":听故事,画出你最喜欢的情境。

续 表

学期	课程名称	学 习 目 标	内 容 要 点
二年级下学期	我的愿望	1. 用连贯的话，大胆地在集体面前讲述自己的愿望，并能用图画的形式表现出来。 2. 给同学说几句祝愿的话。 3. 养成敢说敢做、勤学乐学的良好素质。	1. 小组合作，说说自己的愿望，比比谁说的语句连贯、通顺。 2. 画一棵愿望树，把自己的愿望写在树上，祈请愿望成真。
	我是小导游	1. 了解家乡的主要景点，萌发热爱家乡的美好情感。 2. 学做小导游，能在老师和朋友面前大胆连贯地介绍景点。	1. 观看视频，欣赏家乡的特色景点。 2. 介绍自己最喜欢的家乡景点。 3. 分角色装扮导游、游客，演一演。
三年级上学期	据义定音	1. 能根据一个字在具体词语或者句子中表示的意思来判断这个字的读音。 2. 归类整理。	1. 你说我猜：说义猜音。 2. 口头组词：给多音字组词。
	魅力童话	1. 通过阅读，感受童话的魅力和童话丰富的想象，并说说自己的感受。 2. 结合自己所读的3本书，选择感兴趣的一个故事，合作表演，做到声情并茂。 3. 能够发挥想象，对故事进行续编。	1. 我来说童话。 2. 我来演童话。 3. 我来编童话。
	这儿真美	1. 能仔细观察一处景物，围绕一个意思用一段话写下来。 2. 能发现身边的美景，并能把美景介绍给别人。 3. 能主动运用平时积累的描写景物的词语。 4. 能自己改正错别字，并乐于和同伴分享观察到的美景。	1. 小小观察家——找美景活动。 2. 这里最美丽——评比美景，把学生带入习作情境。 3. 开展美景交流分享会。
	趣闻日记	1. 了解写日记的好处、日记可写的内容以及日记的基本格式。 2. 能用日记记录自己的生活，培养写日记的好习惯。 3. 能和他人分享自己的所见、所闻、所感。	1. 交流自己写过的日记。 2. 开展循环日记活动。

续 表

学期	课程名称	学 习 目 标	内 容 要 点
三年级下学期	猜字游戏	1. 养成在日常生活中主动识字的习惯。 2. 交流自己的识字成果,培养自主识字的能力。 3. 体会汉字的乐趣。	1. 你写我猜。 2. 猜字接力。 3. "搜集小能手"。
	我来说寓言	1. 认识和了解寓言,对寓言这种文学体裁有初步认识。 2. 通过读说结合,理解故事内容,关注寓言中蕴含的道理。 3. 掌握寓言的基本特点以及明确阅读寓言的好处。	1. 读前推荐指导。 2. 读中激励持续阅读。 3. 读后开展交流。
	奇妙的想象	1. 敢想象,会想象。 2. 激发写作兴趣,知道如何写。 3. 听、说、读、写相结合,培养想象力,能够展开大胆的想象。	1. 熟悉自己已知事物的原本特征。 2. 依托课本对熟悉的事物进行大胆想象,比如想象创造出现实中不能存在的事物和景象。
	春游去哪里	1. 能向同学推荐春游值得去的地方,说出好玩之处,可以开展哪些活动。 2. 说清楚想法和理由。 3. 耐心听别人讲完,尽量不打断别人的话。	1. 春游推荐卡。 2. 我来当导游。 3. 好伙伴一起春游吧。
四年级上学期	汉字的演变	1. 认识不同的书法作品形式,感受书法之美。 2. 用思维导图展示汉字演变的过程,感受汉字演变的奇妙,培养热爱祖国文字的感情。	1. 制作精美书签。 2. 魅力书法秀。
	初探神话奥秘	1. 自主阅读中国神话和世界神话,了解故事内容,乐于阅读相关作品,产生阅读兴趣。 2. 做到边读边想象,感受神话的神奇。 3. 能感受阅读神话的快乐,乐于与大家分享课外阅读的成果。	1. 神话故事会。 2. 借思维导图助阅读。 3. 古诗里的神话。

续 表

学期	课程名称	学习目标	内容要点
四年级上学期	为你推荐好地方	1. 能把自己曾经去过(熟悉)的地方按一定的顺序介绍清楚。 2. 介绍时,要把这个地方的特点写具体,并把推荐的理由写充分。 3. 分享自己的作品,并在交流中进一步修改、完善自己的习作。	1. 老师利用导语和插图,打开儿童习作思路。 2. 借助示例,构思推荐理由。 3. 明确习作要求,修改习作。
四年级上学期	植物生长我知道	1. 培养观察的兴趣,养成观察周围事物的好习惯。 2. 能清楚、准确地写出观察中的新发现或者观察中发生的事。 3. 了解观察日记的写法,能写出格式正确、内容具体的观察日记。 4. 和同伴互评作文,根据建议修改习作。	1. 观察方法。 2. 观察记录。 3. 观察日记。 4. 观察展示。
四年级下学期	相似字"找别扭"	1. 激发识字辨字的热情,乐于主动识字,辨析易错字。 2. 在小组合作交流中总结形近字的辨析方法,并能运用到生字的学习中。 3. 能够主动积累学习中遇到的形近字,摘抄到"易错字集锦"本上。	1. 填空小天才。通过填空方式比赛,评出"找相似优秀之星",培养学生细心踏实的品质,提高学生学习汉字的兴趣。 2. 看谁最会辨。举行"相似字"的手抄报展示,评出积累最多、最准确的学生,展示成果,从而提高学生辨别相似字的能力。
四年级下学期	节气谚语	1. 了解与二十四节气有关的知识与习俗,感受中华文化的博大精深。 2. 感受大自然无穷的魅力,学习如何与自然和谐相处。	1. 阅读绘本。 2. 学习二十四节气歌。 3. 积累二十四节气谚语。
四年级下学期	写信说说心里话	1. 班级成立学写信小组,举行小组内共学写一封信的活动。 2. 组员互相监督,坚持每周互写信。	1. 认识书信。 2. 交流分享。 3. 写一封信。

续 表

学期	课程名称	学 习 目 标	内 容 要 点
四年级下学期	环境知识大竞赛	1. 了解我国环境污染的现状,激发保护环境的意识。 2. 搜集保护生态环境的方法,并用自己的实际行动参与到保护环境的行列中。	1. 小组搜集。 2. 环保主题手抄报。 3. "环保知识我知道"活动。 4. "争做环保小卫士"活动。
五年级上学期	小小书法家	1. 了解古诗硬笔书法的两种行款。 2. 正确书写两种行款。	1. 观察行款。 2. 练习书写。 3. 古诗书写比赛。
	中国民间故事	1. 产生阅读民间故事的兴趣,能自主阅读中国、非洲民间故事,了解故事的主要内容。 2. 感受故事中生动、鲜明的形象。 3. 边读边发挥想象,感受故事的奇妙。	1. 朗读《中国民间故事》中最精彩的段落。 2. 写下自己的阅读感受。 3. 找找能激发想象的句子,加深对故事内容的理解和概括。
	我手写我心	1. 学会搜集资料,用恰当的修辞手法,把想法说清楚。 2. 通过具体事件抒发真实感受和情感。	1. 出口成章。 2. 小小朗读者。
	强国梦	1. 了解祖国日新月异的发展以及在世界上的重要地位,激发民族自豪感、责任感和使命感。 2. 联系实际谈理想,知道为实现理想要坚定信心、不懈努力。	1. 观看视频。 2. 群英故事会。
五年级下学期	汉字书写大赛	1. 学习欣赏汉字书法艺术。 2. 能够按照正确的书写格式进行书写,做到行款整齐、力求美观。	1. 搜集名家作品,欣赏书法艺术之美。 2. 现场书写,进行展示评比。
	大话西游	1. 激发读书热情,培养对古典文学的兴趣。 2. 写好读书笔记,交流读书心得,初步评说小说中的人物。	1. 根据书中的成语、图片,向别人讲述相关的故事。 2. 在班内进行阅读交流,然后选优参加校级的阅读展示。

续 表

学期	课程名称	学习目标	内容要点
五年级下学期	优秀作文选	1. 关注生活，做一个热爱生活、留心生活的人。 2. 能清楚、准确、具体地描述出生活中的新发现或者观察过程中发生的事。 3. 积极向上地表达自己的真情实感，并乐于写作。	1. 交流观察方法，发现生活之美。 2. 记录生活中的所见所闻。 3. 班级内交流分享习作。 4. 将优秀作品进行展示。
五年级下学期	走进信息时代	1. 搜集整理素材，提升创作的能力。 2. 大胆地表达，内容要有一定的深度。	1. 搜集现代信息技术的相关资料。 2. 筛选、整理资料。 3. 展示成果。
六年级上学期	遨游汉字王国	1. 学会观察，发现汉字的组合和书写规律，提高在生活中主动识字、认字的积极性。 2. 通过多种识字方法提高识记能力，保持学习生字的热情，并能够在日常识字中学会方法的迁移与应用。 3. 注重培养良好的识字、写字素养。	1. 身边汉字我来找。 2. 汉字巧记大比拼。 3. 汉字书写我最棒。
六年级上学期	经历与成长	1. 通过开展六年级上册《快乐读书吧》阅读推荐书目的交流会和批注会，学习一定的阅读方法和批注策略，提高课外阅读水平。 2. 能初步理解、鉴赏文学作品，受到高尚情操与趣味的熏陶，丰富精神世界，提高语文综合素养。	1. 经验分享交流会。 2. 经典美文批注会。
六年级上学期	笔尖流出的故事	1. 养成留心观察周围事物的好习惯，有意识地丰富自己的见闻，明确自己的真实感受，积累习作素材。 2. 懂得写作是自我表达和与人交流的一种方式，并能根据需要，正确使用标点符号，同时做到语句通顺、行款正确、书写规范、卷面整洁等书写要求。 3. 养成主动与他人交换修改作文的习惯，在借鉴他人建议的同时，理性、辩证地看待自己的作文。	1. 我眼观万物。 2. 我手写我心。 3. 我作人人评。

续 表

学期	课程名称	学习目标	内容要点
六年级上学期	轻叩诗歌大门	1. 通过积极参与感兴趣的诗歌共读活动，培养策划、组织、协调和实施的能力，全面提高语文素养。 2. 联系生活中的经历选择诗歌，在实现语文目标的同时，提高对自然现象、社会现象与心灵情感的认识，增强在与自然、社会和他人互动中的共情能力。	1. 课内：好书伴我成长。 2. 课外：生活有我体验。
六年级下学期	汉字大王就是我	1. 了解汉字的起源，感受民族悠久的历史文化和民族的文明历程。 2. 研究、探索汉字的演变过程，体会汉字的博大精深和富有趣味性的特点。 3. 观察研究汉字的结构特点，感受汉字的形体美，掌握汉字的书写规律，提高书写质量。	1. 汉字起源我来找。 2. 优美汉字我来写。 3. 汉字大王就是我。
六年级下学期	论三国	1. 能就阅读的名著和同学交流，促进对名著的理解。 2. 在阅读活动中培养阅读的好习惯。	1. 名著阅读批注会。 2. 名著阅读分享交流会。 3. 名著阅读成果展示会。
	我的第一本作文集	1. 关注生活，做一个爱生活、爱观察的有心人。 2. 表达自己的真情实感，勤于动笔，乐于动笔，并热爱写作。 3. 整理自己的习作，制作自己的作文集。	1. 萌芽之时——搜集整理文章。 2. 成长之时——动手制作作文集。 3. 硕果累累——作文集展示。
	依依话别	1. 通过个人或小组合作完成成长资料，增进同学间的情谊，同时也增强合作能力。 2. 开展毕业联欢会，学会感恩。	1. 记录成长的美好。 2. 策划毕业联欢会。 3. 联欢话惜别。

"美慧语文"学科课程内容严格按照语文课程标准进行设置，并根据学校校本课程目标及各年级学生的具体情况来编制各年级各学期的具体内容。因此，工二村小学"美慧语文"课程内容是符合课标、校情、学情的要求，有目的、有规划、具体可行的课程内容。

第四节　创建舒展灵性的意义空间

语文学科课程应本着教书育人的基本原则,创建富有语文特色的育人环境。"美慧语文"学科课程引领学生发现语文的美,从而培养学生的语文素养,提高学生的语文能力。因此,"美慧语文"学科课程的实施主要从以下几个方面进行:

一、打造"美慧课堂",彰显语文课堂魅力

我校结合语文学科实际情况,建设"美慧课堂",在日常教学中注重体现语文素养,让语文学科的核心素养真正浸润孩子们的童年。

（一）"美慧课堂"的基本要素

课堂是课程实施的主要载体。为了提升语文课程的实施品质,语文学科组致力于打造"美慧课堂"。"美慧课堂"的基本要求必须实现五个关键词:

主体:课堂上发挥学生的主体地位,培养学生自主学习的精神。学生是学习的主体,在美慧课堂上,教师把主动权交给学生。在组织课前预习、课中学习、课后复习时,教师采用多种方法,引导学生发挥主动性,实现自主学习,步步确保其主体地位。在小组合作学习、研学旅行、综合性学习、社会实践等多种学习方式的辅助下,学生的主体地位及主人公意识越来越明确,越来越深入。

创新:课堂是教学的主阵地。教师创造性地使用教材,充实教学内容,致力于提高学生的语文素养。学习语文即是学习生活,学习语文的过程要让学生从别人的生活中得到更丰富多彩的生活体验。"美慧语文"的课堂是一个综合性的课堂,它把语文和其他学科、把语文和社会生活、把语文和生活技巧等相结合,通过原有课程内容的奠定,深挖优秀传统文化的精髓并把科学知识和语文课堂进行有机结合,把课本中的生活技巧和实际生活相关联,让语文课不仅仅是书本中的语文,也是生活里的语文,展现科学中的语文,实现民俗美的语文。

多样:在"美慧语文"的课堂上,学生习得的知识不是单一的语文基础知识,而是丰富多样的知识。这个学习收获的过程,得益于教学方法的多样性,以及教师对于现代化教学手段的合理利用,也离不开一次次的探究性学习的过程。在"美慧语文"的课堂上,规范的示范演示是必不可少的,实践性的合作学习和探究性研学这样的综合性学习也是时常开展的。对于独具美感的传统文化的学习,教师用情景学习法和角色扮演法等方式安排学生和古人"对话",极大地增强了学生学习的兴趣。同时还会安排游戏、辩论及头脑风暴等多种形式,以学生喜闻乐见的方式引导其由基础学习逐步提升综合能力。

生成:在教学过程中,学生在原有认知的基础上,通过与教师、文本的对话交往,实现意义的获得和提升。课堂就像一棵树,预设是茎,学生的生成是叶和花,课堂上学生的生成使课堂充满了生机和活力。"美慧语文"的课堂希望通过教师之间的课前备课、集体教研、集中学习、模拟课堂等多种方式,提前演练,创设情景,深入思考,预设一些课堂上学生可能出现的问题,通过总结捕捉之前课堂上出现的灵感瞬间,开展分层次学生提问讨论等方式,为教师可以"接得住"学生的生成作足准备。在课堂上开展有效的课堂观察和课堂记录,及时抓住那些预料不到的学生生成的问题及现象,为下一次的教研及教学积累材料,为学生的更精彩、更深入、更自然而然的生成奠定基础。

巧妙:运用机智巧妙的语言来鼓励学生的回答,调动学生学习的主动性,活跃课堂气氛。课堂的互动让课堂灵动,让教学有效率。一问一答间,学生的回答是否正确,教师都需要给出一个中肯并且富有鼓励性的评价。即便学生的回答有些偏差,教师也需要用智慧的语言,引导并帮助学生跳出思维困境。这就需要教师对于学生可能作出的回答进行预测,并设想具有鼓励性的评价语。除了评价语,教师的提问也是凸显机智巧妙的一个课堂发力点。机智巧妙的提问能够给学生正确思维导向,让学生有明确的方向,降低学习难度,达到循序渐进、快乐学习的目的。

"美慧课堂"必须"因学论教",课堂教学的内容、方法及结构模式,都要充分考虑学生的可接受性来筹划,指导学生学习策略,培养学生学习的能力。美文美读,让语文课堂简单而有趣,生动而悠长。

(二)"美慧课堂"的实施策略

"美慧课堂"的实施坚持以教研为先导,以课例为载体,以观评课为抓手,以满足学生语文学习的真实需求为目的,朝着"美慧课堂"的核心目标逐渐探索出一条行之有效的大语文之路。"美慧课堂"的实施策略如下：

"美慧课堂"精心设计环节。教师精心设计各个环节，通过向学生征集等方式，群策群力，既给了学生展示自己独特创意的空间，又让学生充分参与其中。教师在此环节中，要起到引领的作用，把各个学生的不同想法汇聚在一起；要敢于放手，又要收放自如，给学生独立思考的空间，又为他们提供展示自我和吸收别人精华的机会，让学生的独立思考和大家的"众人拾柴"完美结合；在交流中学会表达自己观点的同时，学会倾听和取长补短，不断地碰撞出更多、更丰富的思维火花。头脑风暴下的学习氛围势必会提升他们做研究的基本技能和技巧。在宽容融合的氛围中，学会梳理与反思，形成完整的、严谨的思维模式。这个闭合的环节在看似无边缘的教师的设计下完成，达到了"润物细无声"的效果。

"美慧课堂"以教研为途径。"美慧课堂"离不开每位教师的参与，要上好一堂课，育好身边人，教师的长足发展是必不可少的。教师用理论化的形式来武装自己的头脑，指导自己的行为。我校安排每周三为语文"教研日"，根据语文学科领导人的要求，由教研组长带领，把日常教研做深入，每位教师都深入到教研组内的主题讨论，参与行之有效的教研活动。

"美慧课堂"以教科研为方向。在每位教师把教研做深入，把课堂做智慧的时候，随之而来的理论拔高就需要跟上层次，教科研的方向就于我们的"美慧语文"间应运而生。每位美慧语文课堂的教师在自己的课堂教学实践中发现问题，将这些问题作为自己的教研专题，探索解决问题的方法，寻求今后努力的方向。

"美慧课堂"以多元化评价为结语。"美慧课堂"本身是由丰富多彩的内容组成的，它的评价势必也需要呈现多元化的样态。不能一个标准下来，也不能以单一的评价形式给学生多彩的学习内容画上一个不圆满的句号，这样既打击了学生的积极性，又不能完美呈现"美慧课堂"带给学生的多彩收获。所以，"美慧课堂"的教师都需要依据自己的课堂内容及课堂形式制定出属于自己课堂的评价制度，注重评价的多元化。为了让孩子更全面地展示自己，提供更加包容的课堂氛围，达到培养孩子欣赏美但是却不定义唯一美的标准，给他们今后的生活或者学习中，塑造一个更加包容的心态和更加兼容的态度。

"美慧课堂"以反思为阶梯。反思才能进步，反思才能成长。"美慧课堂"的参与者,包括老师和学生在内,都需要积极进行反思。教师在每次阶段性教研过程中要反思,以便后续的课堂能够更加丰富多彩、扎实稳固,也为"美慧课堂"的科研项目提供更加精准的资料和素材;学生的反思,要贯穿学习阶段的始终,在每次活动之后,在每一阶段的学习任务完成之后,在整个学期完结之时。学生的反思也可以是多种形式的:口头的小总结、小反思,下一阶段的初步计划与反思,年终的学年收获与反思……这些反思都是他们总结经验教训、提升自己的途径,在一次次反思中,他们才能更加明确自己的优缺点,反思不足,在一步一个脚印的扎实行进中,达到阶梯式进步。

(三)"美慧课堂"的评价要求

"美慧语文"课堂要求从课程目标、课程内容、课程实施和课程评价四个层级上予以评价。我们设计了符合"美慧语文"课堂内涵的"美慧语文"课堂评价量表,以量化的方式对课堂进行评价,记录教师课堂教学成长的过程,具体内容如下(见表4-4):

表4-4:工人第二新村小学"美慧课堂"评价量表

评价要素	评 价 标 准	分值	得分
课程目标	1. 目标明确,联系儿童实际,指向性清晰准确,将文化自信、语言运用、思维能力、审美创造核心素养内涵有机融合、和谐统一、依"标"扣"本"。	10	
	2. 目标符合儿童的年龄特点,科学合理,层次分明。	10	
课程内容	1. 课程内容丰富,准确把握学科内容的重难点,体现核心素养的要求,有阶梯性。	10	
	2. 课堂结构安排合理。	10	
	3. 从教学实际出发,转变教材观念,对教材进行有效整合,能够创造性地使用教材。	10	
课程实施	1. 课堂教学注重调动儿童的学习积极性,引导儿童主动提出问题。	10	
	2. 课堂注重引导儿童直接参与教学活动,能启发儿童思考,促进儿童知识的建构。	10	

续 表

评价要素		评 价 标 准	分值	得分
课程实施		3. 课堂注重采用灵活多样的教学方式,教学艺术灵动,体现传道有术、授业有方、解惑有法。	10	
课程评价	学习效果	1. 较好完成学习任务,达到既定目标。	4	
		2. 儿童在学习过程中有效参与,在获取知识的同时形成一定的学习能力。	4	
		3. 儿童由被动学习变为主动学习,体现了自主学习与合作探究性学习的恰当结合。	4	
	课堂评价	1. 评价方式多样,教师评价、小组评价、班级评价有机结合。	4	
		2. 评价具有针对性,能用不同方法解决问题。	4	
总分			100	

二、开展"美慧读书节",润泽儿童的心灵

孩子爱读书,我们才有未来;老师爱读书,教育之树才会长青。读书是学生无悔的成长方式,是教师良好的生活习惯,是构建和谐校园的基石。我校开展以"阅享花开 悦润童年"为主题的校园读书节活动,培养学生爱读书、读好书;引导教师勤读书,善读书;打造书香校园,建设学校文化。各班以读书节活动为契机,打造出各具特色、书香四溢的班集体。

(一)"美慧读书节"的内容与实施

为了培养学生爱读书、读好书的习惯,拓展学生的知识面,提高学生的内在素质与修养,推进校园文化课程的进一步实施,"阅享花开 悦润童年"读书节举行了以下活动:"小手拉大手"亲子绘本故事创编活动,"书味趣语"读书书签制作活动,"我是小书虫"读书记录卡活动,"阅读悦美"我在阅读中成长演讲比赛活动,"巧手美阅绘"制作读书小报活动,"与书同行"读书征文活动。具体活动内容与实施策略设置如下(见表4-5):

表4-5：工人第二新村小学"美慧读书节"活动内容设置表

年级	活动名称	活动内容	组织实施
一年级	"小手拉大手"亲子绘本故事创编活动	1. 读绘本故事。 2. 和家长一起创编绘本故事。 3. 演一演绘本故事。	具体要求：开展亲子阅读活动，和家长一起创编绘本故事，读写绘结合（图文并茂，彩色），装订成册，有封面、作者、正文等。
二年级	"书味趣语"读书书签制作活动	1. 查找与民俗元素有关的谚语。 2. 查找读书格言。 3. 书签样式体现民俗元素。	指导学生把民俗谚语或者读书格言制作成漂亮的书签，激发学生的读书热情。书签要体现民俗元素。
三年级	"我是小书虫"读书记录卡活动	1. 读书并摘抄。 2. 自主设计读书记录卡。	根据学生平时的阅读，记录以读书为主题的摘录卡，自由设计阅读记录卡格式，有封面，把学生平时的记录装订成册，每册50份左右。
四年级	"阅读悦美"我在阅读中成长演讲比赛活动	1. 广泛阅读。 2. 准备与读书有关的演讲故事。 3. 自己练习演讲。 4. 班级比赛。	布置黑板，每班在班队课上举办演讲比赛，以年级为单位做一本小册子，自主设计封面。演讲比赛时布置黑板，注意拍照留存。
五年级	"巧手美阅绘"制作读书小报活动	1. 阅读图书。 2. 准备纸笔等，设计小报。 3. 内容以图书推荐为准。	每班依据读书情况，每读完一本书，让学生制作一份读书小报、图书推荐手抄报或者海报。
六年级	"与书同行"读书征文活动	1. 广泛阅读。 2. 记下读书收获或讲述我与书的故事。	以班级为单位开展活动，文体为自传体记叙文或读后感，做到主题鲜明、语言流畅，富有真实情感。

（二）"美慧读书节"的实施策略

"美慧读书节"的实施以教科研为先导，以阅读活动为载体，以研究性阅读为抓手，以调动学生的阅读能力、提高语文素养为目的，朝着打造书香校园的最终方向，逐渐探索出一条行之有效的阅读提升之路。"美慧读书节"的实施策略如下：

准备阶段：

（1）制定详实可行的"美慧读书节"活动方案。

（2）营造校园氛围。首先，图书室建设。装饰升旗台、制作读书节背景、开放读书长廊的"书林氧吧"、校园智慧书柜,为师生阅读提供场所。其次,班级读书角建设。每班设立"班级读书角",在班主任和语文教师的指导下,发动班级学生每人再带一本书,丰富读书角图书,达到生均5本。办一期读书节黑板报,打造书香教室,创设读书氛围。最后,建设立体宣传模式。规范校园标语口号,把读书名言于电子屏展示,让读书感言成为校园的一道风景,打造书香校园。

(3)"美慧读书节"开幕式。启动"书香班级""书香校园"工程,以富有仪式感的方式打开"美慧读书节"的大门,优化校园文化环境,丰富师生精神生活,带动教师、学生、家长参与"美慧读书节"活动,形成内涵丰富、特色鲜明的校园文化。

活动阶段:

(1)教师读书。成立教师读书会,开设教师读书论坛,交流读书体会,推荐自己最喜欢的书,或辩论教改中的争议话题,让读书与思辨同行。举行教师读书节活动,内容有"最是书香能致远"读书沙龙、"眺望春天"教师经典诵读比赛、"经典润心 书法铸魂"教师书法大赛等。

(2)学生读书。在读书节期间,各班制定读书节活动方案,要求学生做读书记录卡,写我与书的故事,互相交流。并通过制作书签、创编亲子绘本故事、开展读书主题演讲比赛等系列活动,评选学校读书明星,让孩子从读书中汲取成长的力量。各班或者年级依据学校安排制定出活动方案,结合主题进行各班级场馆布置。

(3)亲子阅读。开展研究性阅读活动,鼓励家长与孩子一起参与研究,共享亲子阅读时光,打造"书香家庭",养成阅读的好习惯,形成沉浸阅读的良好氛围。

评比总结阶段:"美慧读书节"闭幕式。节目开场邀请学生家长及社区代表作为嘉宾,学校领导进行总结,评出"班级阅读之星""书香班级""书香家庭",评选年级"优秀成果奖""最佳场馆奖""优秀案例"。

"美慧读书节"开放日展示活动。开放日展示以各班为单位,在各自的场馆中,学生将自己的研究成果以汇报的形式进行展示,可以是制作PPT、演讲、实物展示、手抄报、优秀书签、优秀读书笔记、辩论赛、班内跳蚤市场、表演等方式。

(三)"美慧读书节"的评价要求

每个孩子的基础不同,兴趣爱好不同,思考方式不同,如何能让每个孩子体验到阅读的乐趣,体验到成功的喜悦呢?在多样的活动中,除了每项活动设置奖项外,我们还采用"成果卡""帮帮卡""充值卡"等形式进行闯关晋级。"成果卡"记录孩子各项活动闯关情况;"帮帮卡"让孩子小组合作,互帮互助;"充值卡"让孩子通过自己的一项特长换取多一次的闯关机会,通过四关为"达标",全部通过可获得"达人"证书。在多样的活动和评价方式下,多一把衡量的尺子,就多一批获得读书乐趣和体会到成功喜悦的孩子。具体评价标准如下(见表4-6):

表4-6:工人第二新村小学"美慧读书节"活动评价量表

活动名称	评价标准				评价等级			
	A 完全达到	B 基本达到	C 部分达到	D 少量达到或未达到	A	B	C	D
"小手拉大手"亲子绘本故事创编活动	1. 所做绘本故事完整,设计合情合理、内容健康。							
	2. 绘图美观,表达真切。							
"书味趣语"读书书签制作活动	1. 书签设计新颖有趣,图文并茂。							
	2. 书签内容健康向上,激人奋进。							
"我是小书虫"读书记录卡活动	1. 读书记录卡数量多,内容充实。							
	2. 卡片内容丰富,贴合书籍,设计美观大方。							
"阅读悦美"我在阅读中成长演讲比赛活动	1. 用普通话正确、流利、生动、有感情地进行演讲。							
	2. 内容有启发、有真情、有感悟。							
"巧手美阅绘"制作读书小报活动	1. 读书小报内容丰富,具有创意。							
	2. 主题明确,图文并茂。							
"与书同行"读书征文活动	1. 读书征文文从字顺,表达了自己读书后的真情实感。							
	2. 字体书写规范美观。							
评价意见与建议								

三、倡导"美慧学习",培养语文学习习惯

习惯是教育力量的基础,是教育活动的杠杆,对教育者来说,习惯是极为重要的本质现象之一,只有习惯才能使教育者把某些原则灌输到受教育者的性格、神经系统以及他们的天性中。我们应教会学生形成良好的学习习惯,成为学习真正的主人。

(一)"美慧学习"的基本要素

1. 会倾听

在教师传授知识的过程中,通过自身素质的展现,用规范的语言教学、说话,上课时语速缓急适中,语言通俗易懂、简明扼要,声音富有激情、尾音袅袅,使学生养成会倾听的好习惯。通过课堂的艺术设计,为学生建立起愿意倾听的欲望,为学生提供高效倾听的方法。学生愿意倾听的原因可能是传教者本身的声音魅力,可能是课堂上有趣的设计,可能是课程文本的内容,但是高效率的倾听则需要学生掌握一定的方式方法。这些方法,或来自于有总结能力的学生本身,或习得于学生之间的分享,还有一些就是教师教学过程中的教学技艺。无论是哪方面的方法,久而久之,就自然而然培养了学生会倾听的习惯。

教学相长,在学生学会倾听的同时,教师也要学会倾听。对于课堂上学生的回答,教师要从他们的答语中,听出他们思维的方向和存在的偏差,及时听出问题,及时调整授课内容及方法,以便达到最理想化的教学效果。课堂就是教与学的交流,会倾听是对教师本身的一种考察,更是对教师教学能力的一种要求。

2. 会表达

听与说是语文学习中最直观、最真实的接受与表达。在课堂上,培养学生好问的习惯,进行说句说段的练习,要求复述背诵课文等,教师都要用多种形式激发学生说的兴趣,提高说的效果,也就是要教会学生表达,从组词造句到出口成章,从模仿经典到表达自我。

3. 会书写

语文学科本身就是具有厚重文化感的学科,语文学科中的书写,更与汉字文化有着浓厚的关联。学好语文,首先要写好汉字,这是最基本的要求。基本的笔画笔顺、字形字体、间架结构等是书写汉字的基础,分段书写、带标点书写、多种形

式书写、软硬笔书写等则从更高层次对学生书写时的美感提出要求。对于能力有限的学生,中国汉字最基本的书写要求是起码应该达到的。课堂上对于"写有余力"的学生,可以加强对书法作品的欣赏与临摹。一手漂亮的汉字,一双会欣赏中华文字独到美的眼睛,应该是对书写者的基本要求。

在教师的基本功中,关于两笔字的写字要求也是为了教师更好地教,为了让学生能打下扎实基础的必要训练过程。师生共同学习成长,才能营造更加浓厚的氛围和留存更加深厚的底蕴。

4. 会阅读

阅读是贯穿语文学习始终的环节。在最基础的课文学习中,学生要从养成课前预习课文,有效地使用工具书,共情式朗读、默读课文,及时复习功课的良好习惯入手,学会阅读。学生从课本中习得阅读方法之后,引导他们在课外阅读时根据需要进行阅读方法的迁移运用,如快速阅读、批注式阅读,使他们获取更多的知识,涉猎更广阔的阅读范围和知识领域,这对于他们的长远发展和终身学习是影响深远的。

教师作为传道授业解惑者,会阅读也是必备的技能。知识爆发性增长的时代,教师想与时俱进就需要大量地涉猎新知识和新领域,大量的阅读是提高自身素养的方法之一,也是最简单、最基础的方法之一。会阅读,才能保证教师素质不断提升,才能保证知识的输出不落伍,才能保证做一个合格的传道授业解惑者。

5. 会动脑

语文的课堂绝对不是死记硬背的课堂,它的完美呈现,需要学生大脑的充分参与,不仅仅体现在记背上,更多的是语文本身的深度学习。语文的学习不是技巧式的学习,更多的是深入的、潜移默化式的提升,于无声处听惊雷,在和风细雨中受滋润,这些内化的含义,都需要学生在学习时会动脑,融会贯通,举一反三,继而创新改革。学生的会动脑需要教师会动脑地教,教的表象是方法,背后一定是教师动脑思考如何让学生悟到本质,化知识为素质。

6. 会动手

我口表我心,吾语达吾意,是会表达。用我手来写我心,把用心感悟到的真情实感进行良好的习作表达,让感情深化,让文字隽永。让学生拿起笔来书写,不仅是要书写出漂亮的汉字,还要书写出内心的真实,这是对会动手的第一种诠释。

语文即是生活。会动手的第二层含义,我们把它定义为真正意义上的动手,即让学生把语言文字中操作性强的表述带到生活中去实践,在生活中学语文,把生活过得如语言文字般浪漫有趣,这是会动手的趣味和真谛。

（二）"美慧学习"的实施策略

根据《义务教育语文课程标准(2022年版)》的要求以及我校"美慧语文"课程框架的设置,"美慧学习"的实施也具体分为"美慧汉字""美慧阅读""美慧表达""美慧探究"四个方面,具体内容及实施策略如下(分别见表4-7、4-8、4-9、4-10)：

表4-7：工人第二新村小学"美慧汉字"的内容及实施表

年级	内容	课程名称	课程内容	组织实施
一年级	上期	拼音乐园	1. 碰碰头,找朋友。声母和韵母相互碰撞,拼出音节。 2. 夺红旗,谁认识的拼音多。开展拼音闯关游戏,通过一关即可得到一面红旗。	以"乐"为目标,将识字教学与生动有趣的游戏和活动相结合,以"图"和"境"激发学生学习的兴趣。
	下期	识字集锦	1. 表演识字。让学生表演他最喜欢玩的游戏,在游戏中教他识读相应的生字。 2. 给字宝宝点名。教师手拿字卡,学生给字宝宝点名,教师出示一张字卡,学生读出字音,对答得又对又快的学生,可将字宝宝奖励给他。	以"识"为基础,通过游戏识字、韵语识字、看图识字、字理识字等多种方法让学生认识300个常用汉字,初步了解汉字的文化内涵,产生主动识字的愿望。
二年级	上期	识字小助手	1. 生活识字。准备生活中常用物品的生字卡片和图片,让学生一一对应。 2. 勇当小老师。小老师教读生字。	以"助"为条件,倡导学生在生活中识字,并提供机会让学生交流课外识字的途径与成果。重视语言文字运用,紧密联系生活实践。
	下期	识字小达人	1. 找朋友。将词语分成单字,能正确组词。 2. 摘果子。看看谁能又快又准确地摘生字果子。	以"用"为基础,在语境中认识,能够运用于阅读,能将生字组成常用的词语或句子。

续 表

年级	内容	课程名称	课程内容	组织实施
三年级	上期	据义定音	1. 你说我猜。说义猜音。 2. 口头组词。给多音字组词。	以"准"为目标,读准多音字,说好普通话,将音节和实际意义相联系,与儿童口语有对应关系,在语境中学习,在语境中认识。
三年级	下期	猜字谜游戏	1. 你写我猜。认识汉字的字谜,探究猜字谜的方法,用多种方式展示搜集到的字谜。 2. 猜字接力。小组内相互猜字谜。设置字谜擂台,进行猜字接力赛。 3. "搜集小能手"。搜集或编写字谜,开展猜字谜活动,体会汉字的乐趣。	以"字谜"为主题,引导学生分析汉字的特点,感受汉字的多样化,提升学生的思维能力,加深对汉字的喜爱之情。进行"猜字谜"竞赛活动,选出"猜字小天才"。
四年级	上期	汉字的演变	1. 文字游戏。按教师指定要求回答与学生自由抢答相结合,按组计分。通过"想一想"扼要地提出问题,展示资料,由学生思考,让学生形成初步的感性认识,对汉字的发展史有一个总体的了解,培养学生的发散思维能力。 2. 汉字匹配小能手。试一试给"甲骨文十二生肖"填上现代汉字,进行字体比照,培养学生的观察能力,增强学习文字演变的兴趣。	以"汉字的起源与演变"为主题,引导儿童了解汉字从甲骨文到金文到大篆、小篆到隶书再到楷体演变的过程,列举一些具有代表性的汉字,让儿童了解和感受汉字的美。进行"象形字"手抄报创作活动,开展"汉字之美"展评活动。
四年级	下期	相似字"找别扭"	1. 填空小天才。通过填空方式比赛,评出"找相似优秀之星",培养学生细心踏实的品质,提高学生学习汉字的兴趣。 2. 看谁最会辨。举行"相似字"的手抄报展示,评出积累最多最准确的学生,展示成果,从而提高学生辨别相似字的能力。	以相似字"找别扭"为主题,引导学生分辨相似字的不同,在了解易混易错的基础上总结规律,不断提升分辨形近字的水平,通过手抄报活动加强学生学习的兴趣和热情。

续 表

年级\内容		课程名称	课程内容	组织实施
五年级	上期	小小书法家	1. 猜谜语,并进行书法作品欣赏。 2. 我是书法小能手。展示作品,学生发表感受;分组活动,并进行毛笔练习;分别采用故事练习法、游戏练习法和歌谣练习法使学生在愉快的氛围中学习书法。	以书法为主题,让学生在观赏中获得知识,培养良好书写习惯和兴趣,举办书法比赛,评选"小小书法家",提高学生学习积极性。
	下期	汉字书写大赛	1. 搜集名家作品,欣赏书法艺术之美。 2. 现场书写,进行展示评比。	老师带领学生了解书法中常见的几种字体,欣赏大家搜集的名家作品,练习用楷书书写,在班级内开展书法展示活动。
六年级	上期	遨游汉字王国	1. 身边汉字我来找。小学高年级学生已有一定的识字能力,在日常生活中也会较多留意身边比较有特色的汉字,通过搜集、整理,学生可认识更多的汉字。 2. 汉字巧记大比拼。通过猜谜法、拆字法、比较法、形象记忆等方法加深学生对生字的认识。	中国汉字具有独特的艺术美,它变化微妙、神形兼备、意味深远,在高年级识字教学中重点引导学生会写,在感受语言文字的同时,逐渐培养良好的语文素养,提升社会责任感,起到良好的情感感化作用。
	下期	汉字大王就是我	1. 汉字起源我来找。通过搜集、整理,学生认识并且了解更多的汉字起源。 2. 优美汉字我来写。通过书写练习、书法比赛等体会汉字的优美。	汉字文化历史悠久、源远流长,汉字是充满智慧的语言符号,不仅具有独特的形态,其表意特征更使其具有极其深远的内涵和意蕴,是我国传统文化和民族精神的重要载体。高年级学生识字教学要加强学生的书写练习,通过举行"硬笔书法大赛""汉字大王争霸赛"等活动来激发学生识字写字的意愿。

第四章 建构性:持续建构知识的结构和意义 159

表4-8：工人第二新村小学"美慧阅读"内容及实施表

年级 \ 内容	课程名称		课程内容	组织实施
一年级	上期	《弟子规》	1. 小组表演。 2. 评故事大王。	1. 联系自己的生活实践，编写一个小剧本，分工合作演一演。 2. 将今天所学的《弟子规》的内容说给爸爸妈妈听，班级评选，看谁讲得好，评出讲故事大王。
	下期	古诗十五首	1. 诗词闯关。 2. 诗词分享。	1. 诗词闯关标准：背诵准确、有感情。 2. 学生分享诗歌本身和诗歌背后的故事。
二年级	上期	趣味童话	1. 开展童话接龙游戏，发展孩子们的想象力。 2. 动脑创编童话故事，充分发挥孩子的语言和思维能力。	1. 清楚童话的特点，能以多种形式创编童话。 2. 通过创编童话，让学生成为编写故事的小主人，激发孩子的学习兴趣，培养想象力，在创作童话的活动中，体验童话的魅力，感受童话的快乐。
	下期	儿童故事	1. 你讲我听，把听到的复述出来。 2. 讲故事比赛，评选"讲故事小达人"。 3. "绘画小能手"，听故事，画出你最喜欢的情境。	儿童故事是以叙述事件为主的，适合听或看的篇幅短小的故事，内容简单。利用学生喜欢的形式，如开展听故事、讲故事、讲故事比赛等活动，能充分展示学生的才能，也更能激发、调动学生的求知欲望。
三年级	上期	魅力童话	1. 我来说童话。 2. 我来演童话。 3. 我来编童话。	1. 学生每天坚持读童话，读完以后在读书交流会上分享自己的感受。 2. 自由组合，选取喜欢的童话故事表演。 3. 结合童话特点，发挥想象，自己继续编写童话。
	下期	我来说寓言	1. 读前推荐指导。 2. 读中激励持续阅读。 3. 读后开展交流。	1. 利用学过课文激发兴趣，引导学生关注寓言书籍，明确阅读方法。 2. 小组内交流，并挑选最喜欢的寓言故事。 3. 在读书交流分享会上全班再次进行交流，并体会故事蕴含的道理。

续 表

年级	内容	课程名称	课程内容	组织实施
四年级	上期	初探神话奥秘	1. 神话故事会。 2. 思维导图助阅读。 3. 古诗里的神话。	1. 学生通过动作、语言、神态描写，体会神话中的人物形象。 2. 画一画神话中的人物关系图，激发阅读兴趣。 3. 通过读李商隐的《嫦娥》，把诗歌和《嫦娥奔月》的故事联系起来。
四年级	下期	节气谚语	1. 阅读绘本。 2. 学习《二十四节气歌》。 3. 积累有关二十四节气的谚语。	1. 阅读《讲给孩子的二十日节气春》《讲给孩子的二十日节气夏》《讲给孩子的二十日节气秋》《讲给孩子的二十日节气冬》四本绘本。 2. 学习《二十四节气歌》，观看《二十四节气》或《四季中国》纪录片。 3. 积累其他关于二十四节气的谚语。
五年级	上期	中国民间故事	1. 反复朗读。 2. 做故事卡片。 3. 做"小书签"。	1.《中国民间故事》中故事口耳相传、代代传诵。学生朗读故事中最精彩的段落。 2. 学生写下自己的阅读感受。 3. 找找想象力丰富的句子，加深对故事内容的理解和概括。
五年级	下期	大话西游	1. 根据书中的成语、图片及相关的故事，向别人讲述。 2. 在班内进行阅读交流，然后挑选收获丰富的同学参加校级的阅读展示。	1. 采用集中阅读和自由阅读相结合的方式组织学生阅读整本书，制定个人阅读计划和安排阅读进度，师生共读，能向别人讲述故事。 2. 召开读书心得交流会，教师指导总结。通过深度阅读分享，推进学生阅读走向深入。
六年级	上期	经历与成长	1. 经验分享交流会。 2. 经典美文批注会。	1. 学生分享阅读经验，教师继而进行指导，传授有效阅读方法，激发学生阅读兴趣，提高阅读能力。 2. 鼓励学生多读经典名著，并开展经典美文批注活动，向他人学习边阅读边批注的方法，在实践中得到方法的运用与巩固。

续 表

年级\内容		课程名称	课 程 内 容	组 织 实 施
六年级	下期	论三国	1. 名著阅读批注会。 2. 名著阅读分享交流会。 3. 名著阅读成果展示会。	1. 在阅读名著《三国演义》等的过程中,开展阅读批注会。 2. 在阅读结束后,举行阅读分享交流会,学生分享阅读经验,教师继而进行指导,传授有效的阅读方法。 3. 举行阅读成果展示会,展示学生的阅读小报、读后感等,举行年级"论三国"大赛,每班派代表参加,获胜选手可以推荐好书在年级里共读。

表4-9:工人第二新村小学"美慧表达"内容及实施表

年级\内容		课程名称	课 程 内 容	组 织 实 施
一年级	上期	好朋友手拉手	1. 设立以"找朋友"为主题的活动。 2. 谁的眼睛最明亮。	1. 请学生画自己的好朋友。评出优秀作品进行展示。 2. 比较绘画作品中各民族之间的不同,选出班级中的"火眼金睛"。
	下期	书我所见	1. 小组结对。 2. 趣味座谈。	1. 小组合作,记录有趣的生活事件。 2. 趣味座谈,一起分享一起说。
二年级	上期	我喜爱的玩具	1. 你说我猜动物:说一种动物特点,看谁猜得又快又准。 2. 你说我猜他画:从各方面培养学生的学习兴趣和与人交往的能力。	从学生喜爱的玩具入手,激发学生的说话意愿,在情境中交际,发挥学生的主体作用,实现口语交际的双向互动,给足孩子实践的机会,充分实践口语交流。
	下期	我的愿望	1. 小组合作,说说自己的愿望,比比谁说的语句连贯、通顺。 2. 画一棵愿望树,把自己的愿望写在树上。	美好的愿望是每个人进步的动力,用学生喜欢的绘画,画出自己心中美丽的愿望树,写上自己的愿望,明确目标,学生会更严格地要求自己,尽快实现自己的愿望。

续 表

年级	内容	课程名称	课程内容	组织实施
三年级	上期	这儿真美	1. 小小观察家——找美景活动。 2. 这里最美丽——评比美景,把学生带入习作情境。 3. 美景交流分享会。	1. 课前布置观察任务,记录观察结果,为习作积累素材。 2. 创设"为美景图片配文字"等具有挑战性的任务,激发表达兴趣。 3. 创设"谁发现的美景最美"的交流展示情境,激发学生自主交流习作的兴趣。
三年级	下期	奇妙的想象	1. 熟悉自己已知事物的原本特征。 2. 依托课本对熟悉的事物进行大胆想象,比如通过想象创造出现实中不能存在的事物和景象。	1. 组内分享自己感兴趣的故事。 2. 自己选择一个事物,大胆想象并写一写。 3. 班内分享。紧紧围绕"是否能展开大胆想象"进行评价,将优秀作品张贴在班级"奇妙王国"栏里。
四年级	上期	为你推荐好地方	1. 打开习作思路。 2. 构思推荐理由。 3. 修改习作。	1. 老师利用导语和插图,打开学生习作思路。 2. 学生借助示例,构思推荐理由。 3. 学生明确习作要求,修改习作。
四年级	下期	写信说说心里话	1. 认识书信。 2. 交流分享。 3. 写一封信。	1. 了解书信的格式及书信承载的厚重情感。 2. 学生说一说自己的想法,小组内交流讨论。 3. 将自己的心里话用文字表达出来,写一封信,然后交给收信人。
五年级	上期	我手写我心	1. 出口成章。 2. 小小朗读者。	1. 设计"习作意向单",明确写什么,从哪方面写,观察和搜集哪些资料。 2. 开展优秀文章班级朗读分享会,学生能用恰当的语言表达自己的心里话。
五年级	下期	优秀作文选	1. 交流观察方法,发现生活之美。 2. 记录生活中的所见所闻。 3. 班级内交流分享习作。 4. 将优秀作品进行展示。	1. 组织学生观察生活,学会发现生活的美。 2. 用文笔记录自己的发现。 3. 在班级内进行分享交流,并在交流中进一步修改、完善自己的习作。 4. 评选出优秀习作在年级内进行展示。

续 表

年级\内容	课程名称	课程内容	组织实施
六年级	上期 笔尖流出的故事	1. 我眼观万物。 2. 我手写我心。 3. 我作人人评。	1. 教师在教学中处处留意,引导学生在日常生活中处处留心,多角度地思考与辨析,无论大小都是写作中的好素材。 2. 通过作文的讲述与写作,学生能够明白作文内容不是凭空想象而是真情实感的表达,可以解决学生没有什么可写的难题,同时注意书写、格式、标点等问题的纠正。 3. 批改他人作文不仅是对自身写作能力的一种检测,也是学习他人优秀作文的好机会,这样才能真正做到取长补短,从而提升自己。
	下期 我的第一本作文集	1. 萌芽之时——搜集整理文章 2. 成长之时——制作作文集 3. 硕果累累——展示作文集	1. 学生把小学阶段的文章都找出来进行整理,选出部分优秀的作文。 2. 加上自己独一无二的设计,制作成作文集。 3. 制作完成的作文集可以先在班级里进行展示,同学之间互相参观学习,再挑选出部分优秀作文集,在年级内进行展示。

表4-10:工人第二新村小学"美慧探究"内容及实施表

年级\内容	课程名称	课程内容	组织实施
一年级	上期 识字中的快乐	1. "识字优秀之星"评选活动。 2. 举行"看图识字"的手抄报展示。	1. 通过填空方式比赛,评出"识字优秀之星",培养学生细心踏实的品质,提高学生学习汉字的兴趣。 2. 举行"看图识字"的手抄报展示。评出积累最多最准确的学生,展示成果,从而提高学生识字的能力。
	下期 阅读小达人	1. 阅读分享。 2. 你评我对。	1. 分享一本书,包括故事情节、某个人物、喜欢的句子等。 2. 围绕某一话题,开展读书辩论会,大胆说出自己的想法。

续 表

年级	内容	课程名称	课程内容	组织实施
二年级	上期	动物找家	1. 小动物迷路了 2. 给动物找家	1. 了解小动物,初步感知动物是大自然的重要组成部分,是人类的好朋友,我们要保护它们。 2. 依据动物的居住地和生活习性为动物找家。通过"连一连"的游戏,知道小动物的居住地。
二年级	下期	我是小导游	1. 观看视频,欣赏家乡的特色景点。 2. 介绍自己最喜欢的家乡景点。 3. 分角色扮演导游、游客,演一演。	1. 了解家乡的主要景点,萌发热爱家乡的美好情感。 2. 学做小导游,在老师和朋友面前大胆连贯地介绍景点。 3. 分角色扮演,在情境中提升综合能力。
三年级	上期	趣闻日记	1. 交流自己写过的日记。 2. 循环日记活动。	1. 了解写日记的好处、日记可写的内容以及日记的基本格式。 2. 用日记记录自己的生活,养成写日记的好习惯。 3. 和他人分享自己的所见、所闻、所感。
三年级	下期	春游去哪里	1. 春游推荐卡。 2. 我来当导游。 3. 好伙伴一起春游吧。	1. 设计一份推荐卡,推荐自己熟悉的地方。用一句话说清楚推荐的地方,明确交际对象,从对象出发把推荐理由说清楚。 2. 交流是否喜欢这个地方,耐心听别人讲完。 3. 开展班级春游实践活动。
四年级	上期	植物生长我知道	1. 观察方法。 2. 观察记录。 3. 观察日记。 4. 观察展示。	1. 交流观察方法。 2. 观察自己喜欢的事物,并写出记录。 3. 根据一段时间的观察,写出一篇格式正确、内容具体的观察日记。 4. 观察日记评比,展示优秀作品。

续 表

年级	内容 课程名称	课程内容	组织实施
四年级	下期 环境知识大竞赛	1. 小组搜集。 2. 环保主题手抄报。 3. 环保知识我知道。 4. 争做环保小卫士。	1. 分小组搜集和环境保护相关的内容,例如我国环境污染现状、造成环境污染的原因、保护环境的措施等。 2. 各小组根据搜集的内容分主题办手抄报,并进行评选。 3. 举行"环保知识我知道"知识竞赛,评选环保达人。 4. 举行"争做环保小卫士"实践活动,评选环保之星。
五年级	上期 强国梦	1. 观看视频。 2. 英雄故事会。	1. 观看祖国近现代发展的相关视频。 2. 分享革命先烈的故事,激发责任感和自豪感,学会居安思危。
五年级	下期 走进信息时代	1. 收集现代信息技术的相关资料。 2. 筛选、整理资料。 3. 展示成果。 4. 评价交流。	1. 采用多种形式收集现代信息技术的相关资料。 2. 小组合作,及时记录、整理。 3. 以研究小组为单位展示学习成果。 4. 对其他小组的展示活动作出评价,提出改进建议。
六年级	上期 轻叩诗歌大门	1. 课内:好书伴我成长。 2. 课外:生活有我体验。	1. 在课内学习中,教师设计的"好书伴我成长"活动贯穿整个学期教学。活动初期学生根据本学期《快乐读书吧》相关推荐,自主制定相应的阅读计划。在教学推进时引导学生有方法、有想法地去阅读,并在活动中期定时开展读书交流会,最后由同学、家人以及老师作出相应评价与指导,引导学生感受文学的魅力,激发读书的热情,点燃阅读的兴趣。 2. 在课外实践中带领学生体验生活、感悟生活,从生活中来,到生活中去,获得亲身参与实践的经验,形成对自然、社会、自身内在联系的整体认识,发展对自然的关爱和对社会、对自身的责任感,并提高从周围生活中主动发现问题以及独立解决问题的态度和能力。

续表

年级 \ 内容	课程名称	课程内容	组织实施
六年级下期	依依话别	1. 记录成长的美好。 2. 策划毕业联欢会。 3. 联欢话惜别。	1. 小学生涯即将结束,为了给孩子们的小学生活画上圆满的句号,组织学生互相填写个人成长资料,记录同学之间的情谊。 2. 学生先以小组为单位策划毕业联欢会,然后再进行搜集、整理,最终确定年级的毕业联欢会方案。 3. 举行联欢会,让每一位学生都有参与感,也让学生在这过程中增进同学情谊,珍惜同学情谊。

（三）"美慧学习"的评价要求

工人第二新村小学针对"美慧学习"制定了详细且符合学校实际情况的评价标准,具体标准如下(见表4-11):

表4-11：工人第二新村小学"美慧学习"评价量表

标准 \ 等级	A 完全达到	B 基本达到	C 部分达到	D 少量达到或未达到		
评价项目	评价标准				评价等级			
^	^	^	^	A	B	C	D
美慧汉字	1. 有较强的独立识字能力,累计认识常用汉字3 000个左右,其中2 500个会写。						
^	2. 写字姿势正确,有良好的书写习惯。						
^	3. 硬笔书写楷书,行款整齐,力求美观,有一定的书写速度。						
^	4. 有一定的书法鉴赏能力,并能从书法作品中体会到中华汉字的魅力。						
美慧阅读	1. 能够利用标准的普通话正确、流利、有感情地朗读课文;在默读时有一定的速度,并做到边读边想,学会阅读品味。						
^	2. 在阅读中了解文章表达顺序,体会作者思想感情,初步领悟文章基本的表达方法。						

续 表

评价项目	评价标准	评价等级			
		A	B	C	D
美慧阅读	3. 阅读叙事性作品,了解事件梗概,说出自己的感受。阅读诗歌,能想象诗歌描述的情境,体会作品的情感,受到优秀作品的感染和激励,向往和追求美好的理想。阅读说明性文章,能抓住要点,了解说明方法。阅读非连续性文本,能从材料中找到有价值的信息。				
	4. 诵读优秀诗文,拓展阅读面,在阅读的过程中能够联系上下文以及自己的积累,推想课文中有关词句的意思,辨别词语的情感,体会文本的表达效果。				
美慧表达	1. 能写简单的记实作文和想象作文,内容具体,情感真实。				
	2. 写作时能达到一定的书写速度,并根据内容表达的需要,分段表述,结构清晰。				
	3. 养成留心观察周围事物的习惯,有意识地丰富自己的见闻,积累习作素材。				
	4. 有修改作文的能力,做到语句通顺,行款正确,书写规范,标点符号使用规范。				
	5. 认识到写作也是表达与交流的方式之一,善于运用一定的书写技巧表达内心真实的感受,并能积极地与他人沟通、交流。				
美慧探究	1. 利用图书馆、网络等信息渠道获取材料,尝试写简单的研究报告。				
	2. 策划简单的校园活动和社会活动。初步了解查找资料、运用资料的基本方法。				
	3. 对自己身边、大家共同关注的问题,或电视、电影中的故事和形象,组织讨论、专题演讲,学习明辨是非、善恶、美丑。				
评价意见与建议					

为了符合"美慧学习"基本要求,学校还从"美慧学习"的基本要素出发,制定了更加详实的学习要求,具体评价标准如下(见表4-12):

表4-12:工人第二新村小学"美慧学习"评价量表

等级 标准	A 完全达到	B 基本达到	C 部分达到	D 少量达到或未达到			
评价 项目	评 价 标 准			评价等级			
^	^			A	B	C	D
会倾听	1. 专心倾听,注意力集中。						
^	2. 耐心倾听,不打断别人的发言,消化并吸收听到的内容,积极思考,有自己的见解。						
会表达	1. 与人交流能尊重和理解对方。乐于参与讨论,敢于发表自己的意见。						
^	2. 表达有条理,语气、语调适当。注意语言美,抵制不文明的语言。						
会书写	1. 有较强的独立识字能力,累计认识常用汉字3 000个左右,其中2 500个会写。						
^	2. 写字姿势正确,有良好的书写习惯。						
会阅读	1. 用普通话正确、流利、有感情地朗读课文。在阅读中了解文章表达顺序,体会作者思想感情,初步领悟文章基本的表达方法。						
^	2. 阅读叙事性作品,了解事件梗概,说出自己的感受。阅读诗歌,能想象诗歌描述的情境,体会作品的情感,受到优秀作品的感染和激励,向往和追求美好的理想。阅读说明性文章,能抓住要点,了解说明方法。阅读非连续性文本,能从材料中找到有价值的信息。						
会动脑	1. 积极思考,敢于质疑,踊跃发言,回答问题完整,有独到的见解。						
^	2. 养成留心观察周围事物的习惯,有意识地丰富自己的见闻,积累习作素材。能写简单的记实作文和想象作文,内容具体,感情真实。						

续 表

评价项目	评 价 标 准	评价等级			
		A	B	C	D
会动手	1. 利用图书馆、网络等信息渠道获取材料,尝试写简单的研究报告。				
	2. 策划简单的校园活动和社会活动。初步了解查找资料、运用资料的基本方法。				
评价意见与建议					

四、设立"美慧社团",激发语文学习兴趣

工二村小学"美慧社团",本着张扬个性,培养学生兴趣特长的教学理念,旨在丰富课外生活,提高学生学习语文的兴趣和能力,激发学生阅读和表达的热情,掌握一定的阅读和表达的知识和技巧,极大限度地提高学生的学习兴趣和语文能力,依据语文实践的综合性,以掌握内化学科知识,提高学生思维能力,启迪学生的心灵与智慧为目的,通过传统文化与现代文化的相互融合和理解,重视开放语文资源,拓展学生的语文实践空间,增加实际运用语文的机会,从而激发学生语文学习的兴趣,开启智慧源泉。

(一)"美慧社团"的设计理念

"美慧社团"以工二村小学的"巧工村社团"理念为依托,以语文课程为基础,以开展趣味语文活动、开阔视野、提高语文素养、陶冶情操为宗旨,各年级社团形式多样、内容丰富、各具特色。根据大语文时代的要求和不同年龄阶段学生的学情,低年级培养学生识字阅读的兴趣,比如开设"快乐识字"、"故事大王"等社团,中年级培养学生的朗读能力,设置"经典诵读""诗词鉴赏"等社团,高年级培养学生的表达展示能力,开设"小主持人""慧风诗社""语言秀"等社团。

(二)"美慧社团"的实施策略

学校经过反复研究与论证,结合校内外设施与人力资源,多措并举,努力开展

好社团活动。学期初,学生可根据自己的兴趣爱好,选择参加心仪的语文社团活动。社团通过自愿报名、师生双向选择形成。

各社团统一有计划地每周开展活动。在学校"巧趣社团"方案的统领下,每学年开学后的九月份,举行全校性的"巧趣社团招募会"。学校为每个社团搭建舞台,由社团骨干团员招募新成员,在规定时间内进行团员、辅导员之间的双向招募活动。招募活动结束后,对人数超过20人的社团启动成团仪式。

成团后的社团要有丰富的社团活动。每次活动有记录、有总结,有固定的活动时间、活动地点,有条件的可成立后援基地。在开展常规活动的同时,也重视特色活动的开展。社团在学校教导处和德育处的指导管理下,开展有兴趣、有意义、有明确主题的体验活动。

在社团活动的末期,也就是每年六月和十二月,在学校举行的"巧趣社团"成果展示会中,各"美慧社团"的优秀团员们会代表本社团积极展加展示活动,彰显社团特色。

(三)"美慧社团"的评价要求

为了让学生充分展示自己所学的才能,让学生获得成功的喜悦和自信,学期中持续开展"评比、竞赛、展示"活动,期末组织多种形式的成果汇报活动,各社团进行有效的激励性评价。对在各类活动中表现特别突出的获奖学生,颁发证书和小奖品,以示鼓励。具体评价实施标准如下(见表4-13):

表4-13:工人第二新村小学"美慧社团"评价量表

评价项目	评价标准				评价等级			
	A	B	C	D	A	B	C	D
	完全达到	基本达到	部分达到	少量达到或未达到				
目标评价	1. 制定可行的管理制度及活动计划。							
	2. 活动主题、内容、形式有创意。							
过程评价	1. 活动组织井然有序,学习氛围浓厚。							
	2. 社团花名册及活动记录详细。							

续 表

评价项目	评价标准				评价等级			
	A 完全达到	B 基本达到	C 部分达到	D 少量达到或未达到	A	B	C	D
过程评价	3. 活动照片及学生作品保存完整。							
	4. 教师指导有针对性、有趣味性。							
	5. 每次活动结束后有相应的总结、反馈、评价。							
成果展示评价	1. 展示形式新颖丰富。							
	2. 内容符合社团特点、全面完善。							
	3. 活动小组分工合作有序。							
	4. 有借鉴价值的反思。							
评价意见与建议								

五、拓展"美慧探究",提升语文综合素养

语文学习源自生活。随着人的社会化程度越来越高,沟通、合作成为人发展的基本方式,无论是口语交流还是书面沟通,其能力培养都是语文教学科目不可推卸的责任。拓展语文实践,让语文贴近生活非常必要。

（一）"美慧探究"的基本要求

"美慧探究"是一门实践性很强的课程,基于"美慧语文"的课程目标,以儿童的经验和生活为核心,语文组设计"美慧探究"综合性活动课程,让儿童走出课堂,走进社会,感受生活中处处存在的"大语文",体验丰富多彩的语文活动,培养语文能力,提升语文素养,为今后的终身学习打下基础。

（二）"美慧探究"的实施策略

如何让儿童把语文学习与日常生活联系起来,让儿童在实践中发现美的感受美,进而提升语文素养,一直是我校探索的方向。基于此,各年级组开展了"识字

中的快乐""动物找家""我是小导游""环境知识大竞赛""走进信息时代""轻叩诗歌大门"等丰富多彩的语文综合性实践活动课程。

1. 在语文课堂上拓展语文实践探究能力

我们现有的语文教材是学生语文学习的基础,很多内容与我们的生活有着密切联系。作为语文教师,应注重语文知识的合理拓展与延伸,甚至各学科知识之间的合理迁移和渗透。为此,我校教师依托教材文本,开展了丰富多彩的语文实践探究课堂。例如,在课内学习中教师设计的"好书伴我成长"活动贯穿整个学期教学。活动初期学生根据本学期"快乐读书吧"相关推荐,制定相应的阅读计划,在教学推进时引导学生有方法、有想法地去阅读,并在活动中期定时开展读书交流会,最后由同学、家人以及老师作出相应评价与指导,引导学生感受文学的魅力,激发读书的热情,点燃阅读的兴趣。

2. 在校园中拓展语文实践探究能力

我们依托学校"打造书香校园"的办学理念,积极实施读书计划,大力开展广泛而深入的校园读书活动,分年级段选取了《弟子规》《中国神话故事》《中国民间故事》《中国寓言》《中国民俗文化》等中华经典,通过整整一个学年的诵读,学生积累了很多经典元素,学期末开展诵读比赛。学校每年投资补充图书馆图书,成立"半书房"阅览室、"七彩小屋",利用图书资源,指导学生阅读适当的读物,还利用学生手中的图书资源在每班建立图书角,实现真正的资源共享。我校一年一度的"美慧阅读节"活动,大力提倡开展亲子阅读活动,在每班评选"书香家庭""班级阅读之星",并把学生与家长共同阅读的温馨画面拍照留念,制作"书香家庭"展板,目的是鼓励每个家庭都能成为"书香之家"。此外,教师开发了"轻叩诗歌大门""课外读书我来演""我讲历史人物故事""有趣的传统节日"等阅读拓展类课程,让学生从课内走向课外,把课外阅读的书籍,又引入课内,和同学们进行积极的交流,开展汇报展示活动,在展示中再度生成创作,这样激发和培养了学生阅读的兴趣。

3. 在生活中拓展语文实践探究能力

语文学习与探究离不开我们生活的方方面面,在课外实践探究中带领学生体验生活、感悟生活,从生活中来,到生活中去,获得亲身参与实践的经验,形成对自然、社会、自身内在联系的整体认识,发展对自然的关爱和对社会、对自身的责任感，并提高从周围生活中主动发现问题以及独立解决问题的态度和能力。学校开展了丰富多彩的语文课外实践探究活动：以年级为单位组织春游活动，先请学生设计一份推荐卡，推荐自己熟悉的地方，再引导学生用一句话说清楚推荐的理由，指导学生明确交际对象及如何说清推荐理由。评选出"最美丽的地方"之后，组织大家前往，增强学生对大自然的热爱之情，感悟"读万卷书，行万里路"的实践探究魅力。

（三）"美慧探究"的评价要求

《义务教育语文课程标准（2022年版）》指出："过程性评价应统筹安排评价内容。评价内容应立足重点，关注各个学段的水平进阶。评价要真实、完整地记录学生参与语文实践活动的整体表现，关注学生在活动中表现出来的沟通、合作和创新能力。"①有着广阔的学习空间的大语文教学，以课堂实践为中心，以学生实践活动为框架，以课外实践活动为拓展，适时采用生生互评、父母评议等形式，让学生知行合一，使学生的语文素养得到全面而又深刻的提高。具体评价标准如下（见表4-14）：

表4-14：工人第二新村小学"美慧探究"评价量表

评价项目	评价标准				评价等级			
	A	B	C	D	A	B	C	D
	完全达到	基本达到	部分达到	少量达到或未达到				
实践目标	1. 探究活动突出综合性，使语文教育与思想教育、美育有机结合起来，让学生获得亲身体验的乐趣。							
	2. 学会运用问卷调查、采访、搜集整理文献资料等方法参与活动。							
	3. 活动中锻炼口头表达能力、文字表达能力和加工分析资料能力。							
	4. 养成合作、分享、积极进取等良好的个性品质。							

---

① 中华人民共和国教育部.义务教育语文课程标准（2022年版）[S].北京：北京师范大学出版社，2022：47.

续 表

评价项目	评价标准				评价等级			
	A 完全达到	B 基本达到	C 部分达到	D 少量达到或未达到	A	B	C	D
活动过程	1. 能根据教材内容,合理安排。							
	2. 活动采用探究的形式,方法得当,激发学习积极性。							
	3. 重视每个学生的活动体验,全体参与其中。							
	4. 小组合作,交流分享。							
成果展示评价	1. 围绕活动主题,自主探究,创新设计活动形式,体验真实。							
	2. 小组合作时,和谐融洽,人际交往能力增强。							
	3. 综合运用知识的能力在活动中得到提高。							
评价意见与建议								

六、完善"美慧环境",享受语文学习的快乐

所谓"美慧环境",就是依托学校文化环境的布置,充分利用学校空间布局、亭台楼阁、墙壁文化等内容,营造浓厚的学习氛围。

(一)"美慧环境"的基本要求

学习环境是指学生学习活动发生的场所,好的学习环境可以促进学生主动建构知识意义和各项能力的形成。为完善学生的学习环境,让孩子在好的环境里享受语文学习的乐趣,满足学生多元化、个性化的学习需求,培养具有适应社会变化和终身发展的创新型人才,工二村小学围绕学校阅览室建设、班级图书角建设、班级文化墙建设和校园文化长廊建设等方面致力于打造适宜的、乐享的"美慧环境"。

(二)"美慧环境"的实施策略

"美慧环境"的布局和设计,基于学校"巧思"的课程理念,遵循学校建筑空间

实际和学生学习、生活要求,充分利用各种空间特点,积极营造良好的阅读氛围,持续提升学生的语文素养。

(1) 充分利用学校的阅览室、班级图书角,鼓励班级学生每学期共读一本书,班与班之间进行"图书漂流",让学生感觉如同浸润在图书馆里。无论身处在学校的哪个角落,都有书的相伴,从书包里的一本课外书到班级的图书架,从学校的阅览室到楼梯拐角的图书角,学生在学校每个角落的一次驻足,都可以和书有一次不经意的相遇。除了利用好碎片时间进行阅读之外,和语言文字的邂逅还有精心设计的仪式感,每个班级根据"快乐读书吧"的要求,确定共读书目,进行有目的的批注式阅读,并进行阶段性的班级间的读书分享和共读书目漂流。

(2) 教室内设立文化墙,教室外设立作业展示墙,让每一个文字、每一次作业都能激发学生学习的欲望。学生在学校的时长占据了他们一天中很大一部分比例,在教室的时间更长,教室是他们学校生活的主阵地。结合语文学科"润物细无声"的特点,班级文化建设潜移默化的影响不容忽视。在班级内设立文化墙,利用好班级后边的黑板报,设计班级外墙的展示板块,让每一面墙壁都"说话",让他们告诉孩子文字的魅力,理解语言的含义。墙壁上的优秀作品,更是同龄人之间相互学习、相互竞技的标准和模板,是激励他们积极向上,努力向优秀靠拢的标杆。

(3) 启动"书香班级""书香校园"工程,营造良好的读书氛围,提高欣赏能力。生活中的仪式感能够给孩子留下生动印象,读书时的大型活动,也是给足他们学生时代仪式感的大手笔。每一学年的"书香班级""书香校园"工程的启动仪式,是驱动师生读书的动力。"书香班级""书香校园"工程中的各项活动紧密相连、环环相扣,由浅入深地引导学生进行阅读,读书的美妙在活动期间氤氲在每一个学生的心房,师生间的互动,生生间的交流,班级间的联动,让学生相互学习,获得快乐和收获的同时,也提高了各方面的欣赏能力。

(4) 激励教师与书本为友,与大师对话,用人类优秀文化净化灵魂,升华人格。让学生在工二村小学这块土地上尽情呼吸、自由舒展。教师在阅读中的成长也是必不可少的。通过阅读,教师可以增长知识,深入学习,不断成长。在专业素养方面不断武装自己。与书为友,就是与大师对话,在不断的阅读中,逐步稳定发展兴趣,逐步发掘自身的潜能,逐步达到更优的进步。用经典的力量来充盈自己,发现自己的不足,克服自己的缺点,规避自身的欠缺,达到净化灵魂、升华人格的效果。教师的魅力将影响学生的修养,品格高尚的教师团队的示范作用,势必会带领工二学子不断提升自己。

(三)"美慧环境"的评价要求

好的学习环境要根据孩子的年龄特点和不断变化的兴趣点,与时俱进,经常修改调整或逐步完善,满足成长发展中的孩子们所需要的多样性、创造性和挑战性。这种动态变化在各个阶段都应该随儿童的创造性发展而调整,这是环境应该做的。"美慧空间"设计评价要求围绕学校阅览室建设、班级图书角建设、班级文化墙建设和校园文化长廊建设四个部分展开,具体标准如下(见表4-15):

表4-15:工人第二新村小学"美慧环境"评价量表

评价项目	评价标准 ★★★★ 完全达标	★★★ 基本达标	★★ 部分达标	★ 不达标	评价星级 4星	3星	2星	1星
学校阅览室	1. 阅览室图书种类繁多,能满足师生各方面的阅读需求。							
	2. 每年不断更新图书,阅览室图书数量能满足全校师生的阅读需要。							
	3. 能根据阅读课程设置的情况,及时对广大师生开放阅览室。							
	4. 阅览室环境干净、安静。							
班级图书角	1. 班级图书角的图书数量至少是班级人数的2倍。							
	2. 图书角设计新颖雅致,图书摆放分类有序。							
	3. 班级制定了规范的读书公约和借阅制度。							
	4. 图书角内的图书内容必须阳光向上且富有正能量。							
	5. 每月更新图书书目,涉及的种类丰富。							
	6. 班级内有规范的图书借还记录。							

续表

评价项目	评价标准				评价星级			
	★★★★	★★★	★★	★	4星	3星	2星	1星
	完全达标	基本达标	部分达标	不达标				
班级文化墙	1. 内容新颖有趣,更新及时。							
	2. 贴近全体同学生活,有助于激发学生的积极性。							
校园文化长廊	1. 更新及时。							
	2. 呈现学生阅读成果的方式多样,对学生具有教育引导作用。							

总之,在"美慧语文"课程的引领下,我校致力于学生的全面发展和终身发展,发挥它的多重功能和奠基作用,让语文教学充满无限的生机与活力,让学校师生共同创造和领略"美文慧语"的魅力,从而塑造"传德研教,巧心育人,乐业发展"的"巧能"教师和培养"志高尚善、睿智健思、行雅臻美"的"巧思"少年。在"美慧语文"的广阔空间下,语文之美必将更美。

(撰稿者:张玉红 王肖华 黄伟 赵盼盼 洪静 马瑞峰)

第五章
适应性：迁移作桨推动思维之舟

不受学习者原有认知结构影响的新学习是不存在的，有意义的学习是在已有学习的基础上进行的。学生通过"体验—反思—迁移"的学习过程实现感性认识和理性认识的螺旋式深化，来达成高适应性学习。因此，教师应更注重培养学生积极的学习态度，构建高质量的知识结构，运用恰当的教学方法，创设有利的学习情境，让学生在学科实践中不断提升对知识的适应力，从而在以后的学习中更好地"举一反三""触类旁通"。

灿烂语文：
让语言闪耀璀璨的光芒

  郑州市管城回族区南关小学语文组现有教师 13 人，其中中小学高级教师 1 人，中小学一级教师 7 人，管城区骨干教师 1 人。近年来，多人次参加市、区级优质课比赛和教学基本功大赛并获奖。学校语文教师团队秉承着不断提高每一个儿童的语文核心素养这一理念，以国家课程为基础，结合校情、学情，进行深入的研究与探讨，积极推进课程改革，为儿童的全面发展和终身发展奠定良好的基础。我们根据《教育部关于全面深化课程改革落实立德树人根本任务的意见》《义务教育语文课程标准（2022 年版）》等文件精神，推进了我校语文学科课程群建设，取得了显著成效。

第一节　充盈自由舒展的个性化生长

一、学科性质

《义务教育语文课程标准(2022年版)》指出:"语文课程是一门学习国家通用语言文字运用的综合性、实践性课程。工具性与人文性的统一,是语文课程的基本特点。语文课程应引导学生热爱国家通用语言文字,在真实的语言运用情境中,通过积极的语言实践,积累语言经验,体会语言文字的特点和运用规律,培养语言文字运用能力;同时,发展思维能力,提升思维品质,形成自觉的审美意识,培养高雅的审美情趣,积淀丰厚的文化底蕴,继承和弘扬中华优秀传统文化、革命文化、社会主义先进文化,增强对习近平新时代中国特色社会主义思想的理解和认识,全面提升核心素养。"[1]因此,语文课程应致力于培养儿童的语言文字运用能力,在语言实践和积累中,把握祖国语言文字的特点和运用规律,加深对祖国语言文字的理解与热爱,继承和弘扬中华民族优秀文化传统和革命传统,形成正确的世界观、人生观、价值观,形成健全的人格,为每一个儿童的全面发展和终身发展打下坚实的基础。

二、学科课程理念

根据语文学科特点,依据《义务教育语文课程标准(2022年版)》,结合我校语文学科学习的实际情况,我们提出"灿烂语文"学科课程理念,努力"让语言闪耀璀璨的光芒"。语文囊括了世间万物,凝结着人类智慧的结晶,就如灿烂的星辰,闪烁着夺目的光。只有让语言的光真正照进在儿童的思维当中,才能让每一个儿童都在繁茂的语文世界中拂去表层的尘埃,散发出璀璨而独特的光芒。因此,我们认为,"灿烂语文"的内涵如下:

---

[1] 中华人民共和国教育部.义务教育语文课程标准(2022年版)[S].北京:北京师范大学出版社,2022:1.

——"灿烂语文"是立德树人的语文。语文学科课程的功能不仅仅是传授知识,它的人文内蕴对儿童精神世界的影响更是广泛而深刻的。因此在教学过程中,要深入挖掘教材中丰富的德育资源,寓道德教育于语言教学中,努力提高儿童的思想道德修养,为学生形成正确的世界观、人生观、价值观,形成良好个性和健全人格打下基础,培养具有高尚人格、美好心灵和丰富知识的社会主义接班人。

——"灿烂语文"是文化内蕴的语文。课程承载的是文化的种子,在儿童心灵深处播撒、萌芽、生长。文化是国家的灵魂、民族的血脉、内心的修养,是最深沉的力量。在课程改革中潜移默化地形成一种思想、一种习惯、一种行为,传承文化的精髓,延展文化的内涵,拓宽文化的视野,建立文化自信,培育时代新人,使文化的烙印深深镌刻在课程之上,使语文学习浸润在文化的滋养之中。

——"灿烂语文"是体验生活的语文。生活是最生动而形象的教科书,从生活中提炼出的教育也更具有实践性。授之以鱼,仅供一饭之需;授之以渔,则终身受用无穷。教育的意旨并非知识的积累,而是能力的培育,只有把生活融入到课堂中,把课堂延展到生活中,从儿童语文生活实际出发,注重课程与生活、与其他学科的联系,才能让儿童的能力真正得到发展。因此,把生活作为语文学习的根本,让语文的学习与儿童的生活相联系,使儿童既能仰望星空,又能脚踏实地。

——"灿烂语文"是儿童立场的语文。世界上没有两片相同的叶子,而儿童作为独特的个体,都具有不同的特质。因此,语文教学也应该是独特的。教师要陪儿童站立在课堂的中央,蹲下来,俯下身子,以儿童的视角来观察这个世界,就能领略不一样的风景,就能发现每一个独立个体的精神内核。打开儿童思想的大门,倾听儿童心灵的声音,启迪儿童的智慧,引领儿童走上独立的人生航向,踏上更加广阔的人生舞台。

——"灿烂语文"是个性生长的语文。优秀的课程是让每个儿童都绽放生命的绚丽与精彩,不禁锢儿童的个性,尊重每个儿童的生命存在,满足每个儿童的需求,开启每个儿童的心智,滋养每个儿童的个性生长,守望每个儿童的花开时刻,在此基础上实现儿童个性的充分发展。

总之,"灿烂语文"课程根植儿童的生活土壤,彰显儿童的生活本真,尊重儿童的个性需求,引领儿童的健康发展,努力让每个儿童在语文学习当中闪耀如星光般璀璨的光芒。

第二节 反射真实个体的可操作目标

《义务教育语文课程标准(2022年版)》指出:"语文课程围绕核心素养,体现课程性质,反映课程理念,确立课程目标。"[1]语文素养是儿童学好其他课程的基础,也是儿童全面发展和终身发展的基础。因此,从语文素养这一核心概念出发,结合"灿烂语文"的课程理念,设置我校语文学科课程群总体目标和学科课程年级目标。

一、学科课程总体目标

学校语文学科的总体目标是激发和培育每一个儿童热爱祖国语言文字的思想感情,丰富语言的积累,培养语感,发展思维,初步掌握学习语文的基本方法,养成良好的学习习惯,使他们具有适应生活实际需要的识字与写字能力、阅读与鉴赏能力、表达与交流能力、梳理与探究能力,全面提高儿童的语文核心素养,养成基于正确价值观的审美情趣和文化感受能力,使他们逐步形成良好的个性和健全的人格,促进德、智、体、美、劳诸方面的和谐发展。

(一)识字与写字

具备基本的识字方法,能正确工整地书写汉字,有良好的书写习惯。对学习汉字有浓厚的兴趣,感受中华汉字文化的博大精深。

(二)阅读与鉴赏

阅读是教师、儿童、文本之间的对话过程。在阅读中,能够对感兴趣的人或事有自己的感受和想法,能够感受作品中生动的形象和优美的语言,丰富自己的情感体验和精神世界,受到优秀作品的感染和激励,向往和追求美好的理想。

(三)表达与交流

能用普通话交谈,乐于参与讨论,敢于发表自己的意见。听他人说话认真耐心,

---

[1] 中华人民共和国教育部.义务教育语文课程标准(2022年版)[S].北京:北京师范大学出版社,2022:4.

能抓住要点并简单转述。能够对习作有兴趣,乐于书面表达,写自己想说的话。能多角度地观察生活,发现生活的丰富多彩,捕捉事物的特征,力求有创意的表达。

（四）梳理与探究

对周围事物有好奇心,学会观察大自然,热心参加校园活动和社区活动。能够在家庭和学校生活中,运用语文知识和能力解决简单的问题,学习辨别是非、善恶、美丑。

二、学科课程年级目标

依据《义务教育语文课程标准(2022年版)》,课程目标在总目标的引领下,按照学段细分,既体现整体性又体现阶段性,各年级的目标相互联系,螺旋上升,以加强语文课程与其他课程、与生活的联系,以促进儿童语文素养全面协调地发展。在"灿烂语文"课程总目标的基础上,根据各年级儿童不同特点,我们制定了课程年级目标(详见表5-1)。

表5-1：管城回族区南关小学"灿烂语文"课程年级目标表

年级	上学期	下学期
一年级	第一单元 1. 认识本单元37个生字,会写11个汉字,感知汉字的演变过程,能用汉字进行扩词练习。 2. 能够学习利用已有的生活经验,借助象形字识字、看图识字、对对子识字等多种方法识字。 3. 养成良好的学习习惯。 4. 初步了解汉字的文化内涵,产生主动识字的愿望。 第二单元 1. 掌握6个单韵母和23个声母,读准音,认清形,正确书写,正确拼读。 2. 知道单韵母有四个声调,认识声调符号,能直接读出带声调的单韵母。 3. 认识四线三格,会在四线格里书写字母。 4. 学会正确拼读带声调音节,正确读词语和儿歌,感悟童趣。	第一单元 1. 会认51个生字,会写28个生字。 2. 正确、流利、有感情地朗读韵文,背诵韵文。 3. 学习多种方法识字,激发识字兴趣。 4. 收集有关春天的词语,增强观察能力,能用自己喜欢的方式来表现春天。 第二单元 1. 会认58个生字,会写27个生字。 2. 正确、流利、有感情地朗读课文,并能背诵部分课文。 3. 会背《汉语拼音字母表》,多种途径识字学词,激发识字兴趣。 4. 学习课文,激发想象力。 第三单元 1. 会认37个生字,会写20个生字。 2. 能正确、流利、有感情地朗读课文,并能背诵部分课文。

续 表

年级	上学期	下学期
一年级	第三单元 1. 掌握本单元的声母。 2. 继续练习声母和韵母的拼读。 3. 认识要求会认的生字,能借助拼音正确朗读词语和句子和儿歌。 4. 朗读课文和课外读物,激发阅读兴趣,懂得为他人付出是一种快乐。 第四单元 1. 理解课文内容,知道四季的特征,感受各个季节的美丽。 2. 认识本单元要求会认的字,会写要求会写的字。 3. 能正确、流利、有感情地朗读课文,背诵课文。 4. 感受晴朗夜空的美丽,培养热爱大自然的感情。想象劳动人民采莲的情景,体会他们在劳动中愉悦的心情。 第五单元 1. 在文中识字,学会识字方法。 2. 初步了解古诗,对子歌以及汉字的构字法。 3. 积累优美的语言。 第六单元 1. 认识本单元要求认识的生字,会写本单元要求会写的生字。 2. 正确、流利地朗读课文。背诵重点课文。 3. 了解有关"影子"的一些现象及动物尾巴的特点。 4. 感受儿童诗的生动形象。 第七单元 1. 会认本单元生字,会写本单元生字。 2. 能正确、流利、有感情地朗读课文。 3. 理解课文内容,体会文章所表达的情感。 第八单元 1. 会认、会写本单元生字。 2. 能正确、流利地朗读课文,背诵课文。 3. 培养思维能力、观察能力和表达能力。 4. 培养审美情趣,激发热爱大自然的思想感情。	3. 会用音序查字法查字典,激发识字的兴趣。 第四单元 1. 会认 54 个生字,会写 28 个生字。 2. 能正确、流利、有感情地朗读课文,背诵部分课文。 3. 利用"识字加油站",读好轻声的词语,激发识字的兴趣。 4. 会读会背古诗,养成诵读经典古诗词的习惯。 第五单元 1. 会认 57 个生字,会写 28 个生字。 2. 能正确、流利、有感情地朗读课文,并能背诵部分课文。 3. 认识同偏旁的字,激发识字的兴趣。 4. 朗读课文和课外读物,感受语言文字的魅力。 第六单元 1. 会认 45 个生字,会写 21 个生字。 2. 激发识字学词、积累经典语句的兴趣。 3. 朗读课文,感受夏天的美和快乐。 第七单元 1. 会认 59 个生字,会写 27 个生字。 2. 能正确、流利、有感情地朗读课文,并能背诵部分课文。 3. 懂得如何明理做人。 第八单元 1. 会认 45 个生字,会写 21 个生字。 2. 能正确、流利、有感情地朗读课文,并能背诵部分课文。 3. 能对科学产生浓厚的兴趣。

续 表

年级	上学期	下学期
二年级	**第一单元** 1. 认识51个生字,读准4个多音字,会写30个字,会写25个词语。联系生活,学习与野外活动有关的8个词语。 2. 借助图片或关键词,了解课文内容。从文中提取明显的信息。 3. 激发热爱大自然的情感,产生探索大自然中科学奥秘的兴趣。 4. 能讲一种或一类有趣的动物,做到吐字清楚。听后可以提问或补充,有不明白的地方能够有礼貌地提问。 **第二单元** 1. 结合图画识字学文,了解形声字形旁表义、声旁表音的特点。 2. 了解数量词的不同用法,能在生活情境中恰当运用数量词。 3. 初步了解不同树木的基本特点和四季农事,懂得动物是人类的朋友,感受农民的辛勤劳作和丰收的喜悦,体会大自然的丰富美妙,激发对大自然的喜爱之情。 **第三单元** 1. 了解关键词句的意思,能用指定的词语写句子。学习用"一边……一边……"说句子。 2. 借助关键词句,理解课文内容。 3. 能针对问题,说出自己的感受或想法。 4. 写写自己喜欢的玩具。学习"在方格纸上写,标点符号占一格"等基本写作格式要求。 **第四单元** 1. 能正确、流利地朗读课文,理解课文内容,背诵古诗和指定的课文段落。 2. 仿写句子,提升写话能力。积累词语,并能够运用。 3. 激发认识家乡、赞美家乡的情感。 **第五单元** 1. 分角色朗读课文,读好对话;读出不同句子的语气。 2. 联系生活实际,初步体会课文讲述的道理。	**第一单元** 1. 识记生字,读会要认的字,掌握识字的规律。 2. 在田字格中正确地书写生字,注意左右结构和全包围结构字的间架要求。 3. 了解偏旁的意义,区别形近字。 4. 走进春天,发现春天的特点,探索春天的奥秘。 **第二单元** 1. 会写27个认识的字,读准字音,认清字形。 2. 理解字词在语言环境中的意思。 3. 懂得关心帮助他人,珍爱劳动成果、与家人相亲相爱。 **第三单元** 1. 会写36个认识的字,读准字音,认清字形。 2. 理解字词在语言环境中的意思,正确书写。 3. 能把自己的想法表达清楚,并对感兴趣的内容提出疑问。 **第四单元** 1. 会认50个生字,会写34个字,提高自主识字的能力,培养认真书写的习惯。 2. 能正确、流利、有感情地朗读课文,积累课文中的词汇。 3. 能在阅读中想象故事内容,拓展思维。 4. 感悟童话故事的美好,联系生活,学会做一个快乐的人。 **第五单元** 1. 会写25个认识的字,读准字音,认清字形。 2. 理解字词在语言环境中的意思,正确书写。 3. 能根据课文内容,说出自己的简单看法,从故事的不同侧面,联系实际谈看法,明辨是非。

续 表

年级	上学期	下学期
二年级	3. 结合课后题,感受和体会语言表达的多样性,学习表达。 4. 和别人商量事情,要用商量的语气,并把自己的想法说清楚。 **第六单元** 1. 发现"放、防、房"的读音与"方"很接近,了解形声字声旁表音的构字规律。给句子加上恰当的标点。 2. 感受先贤、先辈心系百姓、无私奉献的精神,并由衷产生敬意。 3. 观察图画,了解每幅图的意思,能按顺序讲清楚图意。认真倾听,知道别人讲的是哪幅图的内容。 **第七单元** 1. 正确、流利地朗读课文,背诵古诗《夜宿山寺》《敕勒歌》,学习默读。 2. 图文对照,想象画面,大致理解古诗的意思。想象说话,在想象中续编故事。 3. 通过句子的对比朗读与抄写,感受语言表达的具体生动。 4. 学习用部首查字法查独体字。积累并运用描写天气的8个四字词语。学习拟人句,体会句子的有趣。 **第八单元** 1. 借助提示,复述课文。 2. 学习默读,了解故事内容,感受应该怎样与人相处。 3. 猜读拟声词,并根据语境,选择合适的词语放入句子中读一读。 4. 了解左右结构的汉字中左右宽窄大致相等的字的书写要点,养成减少修改次数的书写习惯。	**第六单元** 1. 认识44个生字,会写34个生字,会写35个词语。 2. 能用自己的语言描绘诗句所营造的画面。 3. 能从课文中提取主要信息。 **第七单元** 1. 认识39个生字,会写24个生字,能够读准1个多字音,会写26个词语。 2. 图文对照,想象画面。想象说话,在想象中续编故事。 3. 通过句子朗读对比与抄写,体会句子表达的具体生动。 4. 学习用部首查字法查独体字。 **第八单元** 1. 会写23个认识的字,能够读准字音,借助字理识字的方法归类识字,掌握字形。 2. 凭借具体的语言文字,理解课文,明白课文中所蕴含的道理。 3. 图文对比想象画面,大致理解古诗意思。
三年级	**第一单元** 1. 能正确认读"坝"等10个生字新词,正确读写"晨"等13个字和"早晨"等21个词语,并能联系上下文理解词义。 2. 能正确、流利地朗读课文,结合资料袋和插图,一边读一边想象课文描写的画面,能说出课文描写了几个画面,是什么样	**第一单元** 1. 认识34个生字,会写36个生字。掌握形声字的识记规律。 2. 学习按一定顺序抓住特点的观察方法,抓住特点描写事物。 3. 培养审美情趣和热爱大自然的思想感情。

第五章 适应性:迁移作桨推动思维之舟 187

续 表

年级	上学期	下学期
三年级	的画面，了解课文内容；能找出这所学校有哪些特别地方，用自己的话说一说，感受边疆民族小学学习生活的美好。 3. 能按照提示场所和开头，仿照课文，选自己学校的一个场景说一说。 4. 知道什么样的词句是"有新鲜感的"，能找出这样的词句并交流。 第二单元 1. 会认、会写本单元生字。 2. 熟读课文，背诵古诗及相关段落。 3. 理解课文内容，体会情感。用借助注释的方法来理解诗歌。 4. 配合秋天的风景在诗的季节里学习诗意的语言，并学会将美丽的景色写下来。 第三单元 1. 认识本单元31个生字，学会26个生字，理解重点词语，反复朗读，运用多种方法理解字词。 2. 正确、流利、有感情地朗读课文，能够正确理解课文内容，积累相关的好词好句。 3. 感受小鸟和大树之间的友情，感悟文中的角色对话，体会童话角色的心理，懂得信守诺言的道理。 4. 交流童话的特点。阅读与发现童话故事的奇妙，充分发挥提示语的作用，联系生活实际进行阅读，养成不断积累语言文字的习惯。 第四单元 1. 认识本单元"暴、凑、喵"等29个生字，学会"洞、准、备"等13个生字，掌握"呜、担、压、中、弹"5个多音字，能够借助具体语境理解词语的意思。 2. 正确、流利、有感情地朗读课文。能背诵有关"团结合作"主题的名言警句。 3. 一边读一边预测，顺着故事情节去猜想，复述故事大意，感受阅读的乐趣。 4. 理解故事的内容，感受故事的人物形象和精神品质，能理解故事中所蕴含的深刻道理。	4. 能够介绍清楚一种自己喜欢的植物。 第二单元 1. 认识33个生字，会写33个生字。 2. 借助注释读好文言文，分角色朗读课文，读好对话。 3. 注意积累描写人物神态和动作的词语，并根据词语体会人物性格特点。 4. 联系生活实际理解寓意。 第三单元 1. 认识40个生字，会写37个生字。 2. 了解一段话是怎么围绕一个意思写清楚的。 3. 搜集传统节日的资料，交流节日的风俗习惯。 4. 培养对中国传统文化的喜爱之情。 第四单元 1. 认识29个生字，会写26个生字。 2. 借助关键句概括一段话。 3. 学会观察并能用自己的话准确优美地表达。 4. 培养留心观察周围事物的习惯，发现生活之美。 第五单元 1. 认识14个生字，会写25个生字，认识新偏旁"反犬旁"和"将字旁"，写好带有这类偏旁的字。 2. 能正确、流利朗读课文，有感情地朗读好人物对话。 3. 抓住关键词感受想象的神奇，并能激发想象思维。 4. 展开大胆、丰富、新奇的想象，并能有次序、有主次地表达和写作。 第六单元 1. 认识22个生字，会写34个生字。 2. 朗读课文，感受童年生活的快乐。 3. 通过联系上下文和生活实际，用观察体会等方法理解难懂的句子。 4. 运用语言、动作、神态、心理等描写把人物写得具体生动。

续 表

年级	上学期	下学期
三年级	**第五单元** 1. 认识本单元 11 个生字,学写 24 生字。 2. 正确、流利、有感情地朗读课文,能够通过作者的描写,想象课文描绘的画面和场景。 3. 体会作者如何细致地观察,学习作者用眼看、用心想的观察方法,并厘清作者的写作思路,初步学习观察和描写事物的方法。 **第六单元** 1. 认识"亦、抹、宜、庭、未"等 44 个生字,理解词语的意思。 2. 感悟诗歌意境美,感受祖国山河的美丽与壮观,体会作者对祖国的喜爱和赞美之情。 3. 通过探究交流,进一步感受汉字的构字特点,体会偏旁与字义的关系,提升自主识字能力。 4. 学会借助关键句理解一段话的意思,提升品读、感悟语言文字的能力。 **第七单元** 1. 认识"妙、奏、呢"等 24 个生字,学会"妙、演、奏"等 39 个生字,理解词语的意思。 2. 留心观察生活,能够将自己的想法记录下来,并敢于在交流过程中大胆发表自己的见解。 3. 掌握几种简单的做笔记的方法,在积累语言文字的同时,提升感悟语言文字的能力。 4. 感受词语在句子中的表达作用,并在写话训练中实现认知内化。 **第八单元** 1. 认识本单元"宁、惹"等 39 个生字,学会"雀、郊"等 23 个生字,理解"婉转"等词语的意思。 2. 正确、流利、有感情地朗读课文。能够背诵课文《司马光》《掌声》。 3. 感受文中人物形象,体会文中人物沉着冷静、机智勇敢、爱动脑筋的品质。 4. 理解课文内容,知道人与人之间需要关心、鼓励。	**第七单元** 1. 认识"藏、呈、模、型"等 27 个生字,会写"秦、界、庄、稼"等 34 个生字。 2. 正确、流利、有感情地朗读课文。 3. 了解三篇课文的主要内容,把握单元主题"带着问号在天地间遨游"。 4. 了解课文是从哪几个方面把事物写清楚的。借助给出的信息查找资料了解大熊猫。能根据所得信息把大熊猫介绍清楚。 **第八单元** 1. 认识 29 个生字,会写 25 个生字,正确读写生词。 2. 分角色朗读课文,用不同的语气、神态来表现不同人物的性格特点及内心情感。 3. 借助表格或示意图了解故事的主要内容,会复述故事。 4. 讲故事要自然、大方,表达要清楚。听故事要认真,能清楚地交流和表达。

续 表

年级	上学期	下学期
四年级	**第一单元** 1. 了解课文内容,梳理课文条理,了解课文"先概括后具体"的写法,能说出课文是按照什么顺序描写钱塘江大潮的,把握内容要点。 2. 结合图片,透过文字想象画面。 3. 反复诵读,培养朗读能力,赏析诗歌的能力和想象能力。 4. 品味课文中的各种修辞手法。 **第二单元** 1. 分角色朗读,体会豆荚的愿望。 2. 搜集并交流有关仿生学的资料。 3. 留心观察生活,学会抓住特点介绍事物的方法。 **第三单元** 1. 采用不同形式的读与作者的思想感情产生共鸣,同时增强朗读能力、赏析能力和想象能力。 2. 发现作者是从位置、数量、形状、颜色等方面来具体描写的,知道运用比喻句可以使句子显得更生动、形象。 3. 学会利用比较的方式,认识到蟋蟀住宅的出名,是靠它长年累月不断的修整和认真、辛勤的劳动换来的。 4. 学会观察事物,体验观察的乐趣。 **第四单元** 1. 找到文章的中心句,使整个教学活动能有机地围绕中心句来展开,初步体会巨人盘古的献身精神。 2. 在轻声读、自由读的同时边读边想象。 3. 运用故事激发学习兴趣。边读课文边想,初步培养良好的读书习惯。 **第五单元** 1. 充分地读课文,能在读中有所感,在读中有所得。 2. 运用小练笔的形式培养想象能力和语言表达能力。 3. 紧扣语言文字进行阅读,理解作者所运用的语言都是必要的,同时受到情感的熏陶。	**第一单元** 1. 认识24个生字,会写29个生字,正确读写本单元48个词语。 2. 有感情地朗读课文,背诵三首古诗词,默写《宿新市徐公店》。 3. 抓住关键语句,初步体会课文表达的思想感情。 **第二单元** 1. 认识20个生字,会写28个生字,正确读写本单元52个词语。 2. 正确、流利、有感情地朗读课文。在理解故事内容的同时,懂得诚实、讲信用是人的精神财富,它比物质财富更珍贵,并能联系自己的生活实际说说体会。体会做人要讲究认真、讲究实在的道理。 3. 学习作者叙事条理清楚、首尾照应的表达方式,能复述课文。 **第三单元** 1. 认识30个生字,会写26个生字,正确读写本单元61个词语。 2. 有感情地朗读课文,理解课文内容,体会文章表达的思想感情,激发热爱科学、乐于观察与探究的兴趣。 3. 丰富见闻,激发探究大自然规律的兴趣。 **第四单元** 1. 认识27个生字,会写28个生字,正确读写本单元54个词语。 2. 有感情地朗读课文,给课文的每个部分加小标题。 3. 理解课文中含义深刻句子的意思。 **第五单元** 1. 认识22个生字,会写17个生字,正确读写本单元65个词语。 2. 正确、流利、有感情地朗读课文,背诵自己喜欢的段落,摘录、积累好词佳句,体会文章的思想感情。

续 表

年级	上学期	下学期
四年级	**第六单元** 1. 朗读课文,用联系生活经历体验的方式来实现教学目的和突破教学重点。 2. 能用批注的方法阅读。 3. 能通过人物的动作、语言、神态体会人物的心情。 4. 联系实际选择合适的方式进行安慰,小组合作讨论安慰的方法。 **第七单元** 1. 反复朗读,理解课文内容。 2. 体会作者的思想感情。抓住课文重点,在学习过程中获得真实的体验和感受。 3. 充分利用多媒体教育资源,用声音和光影到课文描述的情境中去感受和体会,并学会在今后的习作中尝试运用写作手法,写出自己的真情实感。 **第八单元** 1. 认识33个生字,读准1个多音字,会写20个字,会写12个词语。 2. 反复朗读,理解课文内容,体会作者丰富的想象和独特的感受。 3. 了解故事情节,能简要复述课文。能从描写人物言行的句子中,感受人物形象。	3. 理解含义深刻的句子,揣摩其中蕴含的道理,领会作者语言的精妙。 4. 学习作者抓住人物的语言进行生动细致的描写以表现人物精神品质的写作方法。 **第六单元** 1. 认识28个生字,会写22个生字,正确读写本单元52个词语。 2. 有感情地朗读课文,背诵自己喜欢的段落。 3. 摘录积累好词佳句,养成课外主动积累的好习惯。 **第七单元** 1. 认识21个生字,会写23个生字,正确读写本单元55个词语,结合上下文体会新词的意思。 2. 正确、流利、有感情地朗读课文。 3. 初步学习通过具体事例及人物的动作、语言等描写来表现人物品质的方法。 **第八单元** 1. 认识28个生字,会写27个生字,正确读写本单元55个词语。 2. 正确、流利、有感情地朗读课文。 3. 联系有关词句,体会人物的想法。
五年级	**第一单元** 1. 对比作者的写法,学会突出事物特点的方法。 2. 理解重点词语的意思,从而把握住文章的中心意思。 3. 理解课文内容,朗读和背诵课文。 4. 练习写作,抓住事物特点抒发自己的感情。 **第二单元** 1. 学习提高阅读速度的方法。 2. 学习作者仔细观察、生动描写的方法,培养留心观察、用心感受的习惯,培养在平凡的事物中发现美的习惯。	**第一单元** 1. 自主学习字词。 2. 有感情地朗读课文,了解课文主要内容,感受作者童年生活的情趣。 3. 体会课文表达上的一些特点,学习作者抒发情感的方法。 **第二单元** 1. 理解课文,理清顺序,了解内容。 2. 感受古典文学的语言特点,体会古典名著的语言美。 3. 联系上下文猜测词语的意思。 4. 进一步培养"读好书、好读书"的好习惯。

第五章 适应性:迁移作桨推动思维之舟 191

续　表

年级	上学期	下学期
五年级	3. 学习本单元中应用的作比较、列数字等说明方法，明白这些说明方法在文章中的作用。 第三单元 1. 在理解课文内容的基础上，分清事情的前因后果，能复述故事。 2. 抓住人物言行，用心体会人物热心助人、舍己为人的高尚品质。 3. 了解神话故事、民间传说。 第四单元 1. 在有感情朗读的基础上进行背诵。 2. 通过重点句子的赏析，把握作者的爱国情感。 3. 有详有略地叙述二十年后家乡的变化，感受作者对家乡的热爱和怀念的情感。 第五单元 1. 在朗读的基础上把握课文内容，通过理解重点句子把握说明方法。 2. 在认真观察的基础上，把握事物的特点。 3. 选择恰当的说明方法介绍事物。 第六单元 1. 把握课文内容，注重把握细节，从细节描写中体会蕴含的深沉母爱。 2. 从课文的具体描绘中感受父亲对儿子的爱，以及儿子对父亲的感激和崇敬之情。 3. 领悟以小见大的写法，掌握通过小事来反映人物情感的写法。 4. 熟读课文，把握课文内容。用简洁的话概括事件内容，从小事中领悟人物的情感。 第七单元 1. 在朗读的基础上把握诗歌内容。通过对重点诗句的理解把握诗人的情感。 2. 领悟作者抓住景物特点进行描写的表达方法。 3. 学习按照一定的顺序观察景物，并写出景物的变化。 第八单元 1. 在朗读的基础上背诵课文。把握重点句子，体会古人学习的方法和态度。	第三单元 1. 学会制订活动计划，主动地参与活动，较好地完成任务。 2. 阅读提供的材料，受到启发，搜集更多有关资料。 3. 热爱汉字，为祖国的语言文字事业做一些力所能及的事。 4. 具备合作学习的能力，提高自主学习的能力。 第四单元 1. 自主学习字词。 2. 了解用动作、语言、神态等人物形象塑造方法。体会人物的内心活动，感受人物的品质。 3. 把感动、生气、伤心、兴奋、陶醉等经过写下来，把陶醉时的样子写具体，尝试通过动作、语言、神态描写，来表现人物内心。 第五单元 1. 自主学习字词。 2. 正确、流利地朗读课文，体会人物的性格特点。 3. 理解课文内容，学习作者运用的动作、语言、外貌、心理活动等人物描写方法。 4. 激发阅读名著的兴趣。 第六单元 1. 理解课文内容，理清故事的起因、发展、高潮和结局，了解人物的思维过程。 2. 抓住人物的动作、神态、语言来感悟人物的情感及性格特点，了解人物的思维过程，体会孙膑的足智多谋。 3. 展开丰富的想象，把探险过程中遇到的困境、求生的方法、曲折的过程写具体。 第七单元 1. 了解写作方法，理清层次。 2. 体会静态描写和动态描写的写作方法。

续 表

年级	上学期	下学期
五年级	2. 理清记叙的顺序,把握课文的主要内容。 3. 品味富有感染力的语言,感受作者所表达的中心思想。培养读书的兴趣。	3. 领会作者抓住事物特点和把人的活动同事物、风情结合起来描写的表达方法。 **第八单元** 1. 联系上下文猜测重点词语的意思。 2. 能根据注释理解词句,了解课文内容,体会故事中孩子应对语言的巧妙。 3. 激发学生学习文言文的兴趣。
六年级	**第一单元** 1. 能正确读写生词,并联系上下文理解词义。 2. 有感情地朗读课文。 3. 能一边读一边想象画面,把想象到的画面用语言描述。 4. 了解句子夹叙夹议的写法,体会其蕴含的情感。能按照要求提取语言文字信息,用自己的话说说其内容,并联系自己的生活实际,谈谈自己的感受。 **第二单元** 1. 正确读写生字词。 2. 梳理课文条理,揣摩课文顺序,学写小标题,用自己的话讲故事。 3. 理解蕴含作者情感的语句,体会作者的感情。 4. 能说说用点面结合描写的内容,认识点面结合的写法,了解其表达效果。 **第三单元** 1. 正确认读生字词。 2. 正确、流利地朗读课文。 3. 能理解课文的故事情节,梳理行文思路。 4. 激发热爱生活、热爱科学、热爱历史文化的情感。 **第四单元** 1. 学会写 23 个生字,会写 29 个词语。 2. 能正确、流利、有感情地朗读课文,并能快速默写课文。 3. 了解三篇课文的主要内容,关注小说的故事情节、环境描写,感受人物形象。 4. 能抓住人物的神态、语言、动作描写,体会	**第一单元** 1. 会写 38 个字,正确读写 44 个词语。 2. 了解北京春节的风俗习惯,感受春节热闹、喜庆的氛围。体会老舍"京味儿"语言的特点。 3. 抓住人物动作、语言和心理活动的描写,体会八儿一家其乐融融的氛围。 4. 学会看注释、查阅资料、边读边想象等古诗学习方法,品味诗句,感受古诗表达的情感。 **第二单元** 1. 会写 14 个字,正确读写 46 个词语。 2. 正确、流利地朗读课文,了解课文内容。 3. 自主阅读,讨论交流,了解阅读外国文学名著的方法。 4. 了解作品梗概,把握名著的主要内容,就印象深刻的人物和情节交流感受。 **第三单元** 1. 会写 20 个字,正确读写 18 个词语。 2. 正确、流利地朗读课文,理解课文内容,体会作者的思想感情。 3. 感受《匆匆》中的语言美,领悟作者的表达方法,感悟光阴荏苒,体会作者的真情实感。感受《那个星期天》中生动细腻的心理描写,把文章以孩童的视角观察、感受生活的叙事方式,体会作者一天的心情变化。 **第四单元** 1. 会写并掌握 26 个生字,正确读写 62 个词语。

续 表

年级	上学期	下学期
六年级	人物的人格魅力,学习人物的美好品质。 **第五单元** 1. 会写22个生字,会写24个词语。 2. 朗读课文,理解课文内容,梳理行文思路。 3. 学习围绕中心句来写的写作方法。 4. 体会作者珍惜时间、发奋学习的情感。 **第六单元** 1. 会写14个生字,会写20个词语。 2. 能结合注释,借助古代文化常识,理解诗句意思,想象古诗中描绘的景色,体会诗人所表达的情感。 3. 默读课文,能结合关键句理解课文内容,体会说明文语言的准确性、严谨性,学习说明方法。 4. 能揣摩优美语句,体会课文表达上的特点,感受农民重新得到土地后的喜悦之情。 **第七单元** 1. 会写15个生字,会写12个词语。 2. 正确、流利、有感情地朗读课文,通过以想促悟、读中悟情的方法体会关键语句的深刻含义,从而理解课文主要内容。 3. 自读自悟《京剧趣谈》,概括课文的主要内容及各部分的内容,体会表达的条理性,感受京剧的无穷魅力。 4. 借助语言文字展开想象,体会艺术之美。 **第八单元** 1. 会写25个生字,会写29个词语。 2. 正确、流利、有感情地朗读课文,借助相关资料,理解课文主要内容,体会关键词句的深刻含义。 3. 用较快的速度默读《我的伯父鲁迅先生》,学会为文段拟小标题。 4. 学会用具体的事情写一个人的写作方法,能表达出自己的情感。	2. 正确、流利地朗读课文,理解课文内容,体会人物品质。 3. 学习并背诵《古诗三首》,学习托物言志的表达方法。学习《十六年前的回忆》,了解前后照应的写法,关注人物神态、语言和动作描写,体会革命先驱李大钊同志的高贵品质。学习《为人民服务》,初步感知议论文的写作方法,树立为人民服务的精神。学习《金色的鱼钩》,体会老班长忠于革命、无私奉献的品质。 **第五单元** 1. 会写22个字,正确读写39个词语。 2. 正确、流利地朗读文言文,注意朗读停顿;能背诵文言文。 3. 能对照《文言文二则》中的注释,知晓每句话的意思,再连起来说说故事的内容。明白《表里的生物》中"我"是一个怎样的孩子。领会用具体事例说明观点的方法。 4. 体会在作者的想象中,未来的上学方式和今天的有什么不同。能根据课文内容,展开更加丰富的想象。 **第六单元** 1. 了解几种文体的特点,把握文章的主要内容。 2. 体会作者对老师深深的感激和崇敬之情,以及老师和同学之间的依依惜别之情。 3. 懂得科学、文明上网的重要性。 4. 欣赏几则毕业赠言。

"灿烂语文"课程聚焦儿童语文核心素养,以提升儿童的"文化自信""语言运用""思维能力"和"审美创造"为目标,制定了学科课程总体目标和年级目标。

第三节 呈现螺旋化上升的课程内容

为了实现上述课程目标,依据语文学科性质、语文课程基本理念,在实施基础课程的同时,我们聚焦"灿烂语文"课程目标,开发丰富的语文学科实践课程,构建相互补充、相互促进的课程体系,适应儿童个性发展的需求。

一、学科课程结构

依据《义务教育语文课程标准(2022年版)》课程设置思路,学段目标与内容从"识字与写字""阅读与鉴赏""表达与交流""梳理与探究"四个方面提出要求。"灿烂语文"课程的设计思路,充分考虑儿童语文学习的特点,符合儿童的认知规律和心理特征,具体分为"字之基""读之趣""说之巧""用之思"四大类(详见图5-1)。

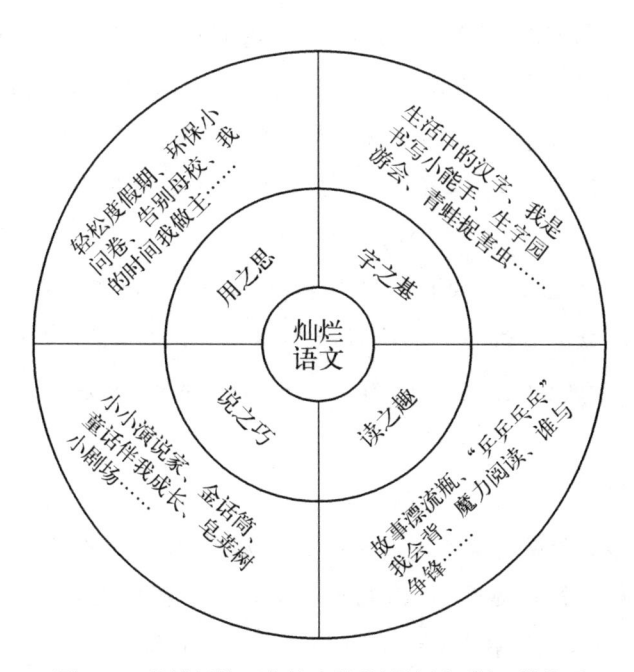

图5-1:管城回族区南关小学"灿烂语文"课程结构图

在上述课程结构图中,各板块的课程内容如下:

字之基。内容为引导儿童以多种方式学习各学段要求掌握的生字。全面把握和正确理解语文新课标倡导的识字教学的新理念,改革创新识字教学策略方法,提高识字教学效率。增加儿童识字量,引导儿童规范、端正、整洁地书写汉字,有效地进行书面表达。培育热爱祖国语言文字的情感,增强学习语文的自信心。

读之趣。内容为引导儿童阅读文学作品及开展相关阅读活动。采用形式多样的活动,引导儿童进行课外阅读,重视拓展阅读量和阅读面,激发课外阅读兴趣,让儿童在丰富多彩的书海中,扩大知识面,培养语言素养,从读书中汲取民族文化和世界文化精华,拓宽视野,积累知识,充实文化底蕴,从而全面地提高儿童的语文素养。

说之巧。以教材中的"口语交际"为基础,选择贴近儿童生活实际的话题,通过创设语言情境,组织开展活动,培养儿童运用文明语言进行人际沟通交流的能力。通过强化锻炼,让儿童能清楚明白地说出自己的感受和想法。乐于参与讨论,敢于发表自己的意见,培养倾听、表达、交流的好习惯,收获口语表达的快乐。同时,通过真实活动的文字再现,引导儿童养成留心观察周围事物的习惯,有意识地丰富自己的见闻,重视个人的独特感受,积累习作素材,能写简单的记实作文和想象作文,内容具体,感情真实,为儿童创造一个表达的广阔天地。

用之思。在课堂上、学校里、社区内等场所开展各种语文实践活动,培育儿童热心参加校园、社区活动,关心社会发展、时事变化。根据活动有目的地搜集资料,共同讨论,尝试运用语文知识和能力解决生活中的实际问题。

二、学科课程设置

"灿烂语文"课程不仅要传递课本中的知识,更应培养儿童的语文核心素养。以学科课程目标的落实、儿童语文核心素养的提升为出发点,围绕"让语言闪耀璀璨的光芒"这一语文学科理念,"灿烂语文"课程设置如下(详见表 5-2)。

表5-2：管城回族区南关小学"灿烂语文"课程设置表

年级	学期	字之基	读之趣	说之巧	用之思
一年级	上学期	看图识字	晨诵课程	小小演说家	相信自己我能行
	下学期	生活中的汉字	诵读经典	乐讲故事	疯狂大购物
二年级	上学期	丛林大闯关	转盘转转转	童话伴我成长	请你来做客
	下学期	生字园游会	"乒乒乓乓"我会背	天才演说家	我的时间我做主
三年级	上学期	青蛙捉害虫	谁与争锋	能说会道我最行	挑战不可能
	下学期	好运抽一抽	古诗飞花令	我们来PK	轻松度假期
四年级	上学期	语丛撷英	一往无前	演讲大舞台	商城走一走
	下学期	书写大赛	神话故事汇	请你来投票	环保小问卷
五年级	上学期	我是书写小能手	魔力阅读	校园大解说	生日大party
	下学期	小小啄木鸟	名著导读	金话筒	旅行计划
六年级	上学期	书法训练营	小古文诵读	皂荚树小剧场	别样的童年
	下学期	最强大脑	故事漂流瓶	辩论大赛	告别母校

三、学科课程内容

根据"灿烂语文"课程设置，依据儿童认知规律，遵循由易到难、由浅入深、循序渐进的原则，旨在激发儿童语文学习的兴趣，感受语言文字的魅力，学校系统设置了各年级课程学习目标和要点(详见表5-3)。

表5-3：管城回族区南关小学"灿烂语文"课程内容表

年级	学期	课程名称	学习目标	学习要点
一年级	上学期	看图识字	通过浅显、图意清晰的生字认学，激发识字兴趣，积累识字方法。	认读《识字画报》
		晨诵课程	通过晨读美文，积累优美语句，感受诗歌的韵味和节奏。	诵读金波的《四季美文》

续 表

年级	学期	课程名称	学习目标	学习要点
一年级	上学期	小小演说家	提高语言表达能力,树立口语表达的信心。	"小小演说家"演讲活动
		相信自己我能行	通过一系列实践活动,树立自信心,能勇敢地解决生活中遇到的问题。	做家务、给家人表演节目
	下学期	生活中的汉字	注重汉字与实际生活中的联系,提高识字兴趣,提高识字效率,感受语言文字的魅力。	开展"生活识字大发现"活动
		诵读经典	通过诵读经典,感受中华文字和中华传统文化的魅力,能够爱上诵读、爱上语文。	诵读《弟子规》《千字文》
		乐讲故事	激发阅读兴趣,锻炼口语表达能力。	讲故事大赛
		疯狂大购物	培养发现问题和解决问题的能力。	列购物清单
二年级	上学期	丛林大闯关	激发识字兴趣,鼓励运用多种方法识记生字。	"动物王国"识字闯关游戏
		转盘转转转	通过游戏的形式激发积累的兴趣,灵活地考察儿童的朗读情况。	课文朗读
		童话伴我成长	通过讲故事的形式,激发阅读的兴趣,感受分享的快乐。	讲童话故事
		请你来做客	发挥语文的社交功能,锻炼社会实践能力。	设计做客计划
	下学期	生字园游会	能够准确认读生字,积累生字。	生字认读竞赛游戏
		"乓乓乓乓"我会背	能够正确、流利地背诵课本中要求背诵的篇目。	随机背诵课文篇目
		天才演说家	锻炼口语表达能力,鼓励学生勇敢表达。	话题交流
		我的时间我作主	树立珍惜时间的意识,懂得合理规划时间。	写周末计划
三年级	上学期	青蛙捉害虫	激发识记生字的兴趣,能够正确掌握生字。	找错别字游戏
		谁与争锋	在调动背诵积极性的同时,扩大考查范围。	背诵比赛

续　表

年级	学期	课程名称	学习目标	学习要点
三年级	上学期	能说会道我最行	搭建展示的平台,锻炼口头表达能力。	口语交际
		挑战不可能	提高搜集资料和分析问题的能力。	搜集新鲜事儿
	下学期	好运抽一抽	考查课内字词的掌握情况。	检查生字词
		古诗飞花令	激发背诵积累古诗词的兴趣,感受中华文化的博大精深。	古诗飞花令竞赛
		我们来PK	锻炼口头表达能力,能够清楚明白地表达自己的想法和意见。	竞选演讲活动
		轻松度假期	锻炼社会实践能力,懂得合理利用时间。	制定假期计划表
四年级	上学期	语丛撷英	丰富语言积累,以便更好地运用语言。	积累名著中的成语
		一往无前	调动课内背诵的积极性,全面考查背诵水平。	课内知识点问答
		演讲大舞台	为儿童搭建展示舞台,提高语言表达能力和演讲水平。	主题演讲
		商城走一走	锻炼社会实践能力和调查分析能力。	观察并记录不文明行为
	下学期	书写大赛	能够正确、规范地书写每一个汉字。	书写大赛评比
		神话故事汇	鼓励积累神话故事,能用自己的话清楚明白地讲述神话故事。	讲神话故事比赛
		请你来投票	勇于展现自我、敢于发表意见。	给同学提建议
		环保小问卷	关心时事,关注生活现象,能发表自己的看法。	环保小问卷调查
五年级	上学期	我是书写小能手	激发写字练字的兴趣,培养良好的书写习惯。	评选书写小能手
		魔力阅读	阅读经典名著,了解名著,培养文学情操,提高文学品味。	四大名著推荐

续表

年级	学期	课程名称	学习目标	学习要点
五年级	上学期	校园大解说	培养运用文明语言进行人际沟通交流的能力。	写校园解说词
		生日大party	锻炼组织策划能力和团队合作能力。	策划班级十一岁生日活动
	下学期	小小啄木鸟	树立"学以致用"的学习观，养成留心观察生活的好习惯。	调查社区中的错别字
		名著导读	感受经典文学的魅力，爱上阅读。	经典美文诵读
		金话筒	学会倾听、表达和交流，提高分析、运用语言文字的综合能力。	班级新闻联播
		旅行计划	锻炼搜集资料和整理资料的能力。	设计家庭出游计划
六年级	上学期	书法训练营	提高书写水平，养成良好的书写习惯。	书写技能指导
		小古文诵读	在诵读熟背中增大识字量、扩大阅读量。	小古文竞赛读、配乐读
		皂荚树小剧场	提高口头表达能力和表演能力。	演一演原创剧本
	下学期	别样的童年	锻炼习作能力，鼓励表达真情实感。	写印象最深刻的事
		最强大脑	调动日常积累的积极性。	十六宫格猜成语
		故事漂流瓶	激发阅读兴趣和与他人分享的乐趣。	分享自己最喜欢的故事
		辩论大赛	锻炼临场反应能力、语言组织能力以及倾听的能力。	班级辩论赛
		告别母校	锻炼策划能力和组织能力。	毕业联欢会

"灿烂语文"学科课程在设置上遵循儿童的认知规律。对于第一学段的儿童，我们引导他们在交际中走向生活，在生活中学习交际，彰显语言教学的实践性。

第二学段是儿童阅读的起步阶段,我们从培养儿童浓厚的阅读兴趣、良好的阅读习惯入手,提高儿童的阅读能力和写作能力,为儿童的终身发展奠基。第三学段的儿童已经掌握了一定的语文基础知识和学习方法,我们致力于进一步提升儿童的语文素养和学习能力。

第四节　建构启智增慧的高品质课程

根据语文学科特点,依据《义务教育语文课程标准(2022年版)》,结合学校教学实际,我们从五个方面设计"灿烂语文"课程的实施与评价,即构建"灿烂课堂"、开发"灿烂课程"、打造"灿烂社团"、设立"灿烂语文节"、研发"灿烂研学",以丰富儿童内心的语文世界。

一、构建"灿烂课堂",提升语文学习的质量

"灿烂课堂"始终坚持以教科研为先导,以课例为载体,以观课、评课为抓手,倾听儿童的学习需求,做到以生为本。在课堂教学中,老师充分考虑每个儿童的个性特征,使他们都能发展特长、发挥个性。尊重儿童在课堂学习活动中的主体地位,创设童趣盎然的教学情境,激发儿童学习的兴趣,让他们始终处于一种良好、和谐、愉悦的学习氛围中。

(一)"灿烂课堂"的实施要点

"灿烂课堂"对传统语文课堂进行了整合调整,通过扎实的课堂教学、精巧的微型课程、多元化的活动设计等方式来实施,注重发展学生的思维,启迪学生的智慧。因此,"真""乐""巧""精"是"灿烂课堂"实施贯彻的要点。

真——语文教学应该是充满语文味的,书声琅琅、笔尖沙沙、议论纷纷的课堂才是最本真的课堂。"灿烂课堂"放手让儿童去体验和品味,不用老师的讲代替儿童的读,不用老师的思代替儿童的想,而是让儿童在听、说、读、写的体验中感受语文的魅力与博大精深。

乐——语文教学应是充满童真与趣味的,无论是教材中的课文,还是推荐的课外读物,都是符合儿童年龄特点和认知特点的。因此"灿烂课堂"不过分拔高,而要尊重儿童的身心发展规律,用童心维护童真,使每个儿童都能感受语文学习的快乐与美好。

巧——语文教学要用巧劲,针对儿童不同的认知特点,灵活地采用不同的方

法,对症下药,"灿烂课堂"做到"巧构思""巧提问""巧作业",充分调动和激发儿童的学习积极性。

精——针对儿童的注意力缺乏持久性和稳定性的特点,在"灿烂课堂"中,教师坚持抓住重点及难点进行精讲,注重揭示知识的规律。取文之精华,思义之精髓,施言之精炼,求法之精妙,充分提高儿童学习语文的效率,启迪儿童的智慧。

(二)"灿烂课堂"的评价

依据我校"灿烂课堂"的内涵,我们从"教学内容、教学策略、教学效果、教师表现"四个方面设计了"灿烂课堂"评价表。听评课后,由听课教师填写评价表交给执教教师,并作为教师成长足迹的重要组成部分,记录教师课堂教学成长的过程(详见表5-4)。

表5-4:管城回族区南关小学"灿烂课堂"评价表

要点	项目	评价指标	分值	得分
真 25分	教学内容 20分	教学目标明确、恰当,并能根据教学内容实际进行适当的调整。	10	
		解读教材正确、有深度,教师能合理找到教材能力点、空白点、延伸点,努力体现言语意识、积累意识。	10	
	教学效果 5分	关注每一个儿童的学习状态,关注语言积累、习惯培养、知识积淀、能力养成。	5	
乐 25分	教学策略 20分	由浅入深,层层深入;环节清晰,课堂容量适当、含量丰富,时间分配合理。	10	
		有效运用直观教具、多媒体等手段,注重知识与生活的联系。	10	
	教学效果 5分	儿童主动学习意识强,积极参与课堂活动,参与面广。	5	
巧 25分	教学策略 20分	教师情绪饱满,语言、板书规范,示范性强;课堂调控张弛有度,教态亲切自信。整体教学效果明显,在某点或某项中有创新,有个人教学特色。	10	
		儿童敢于、善于发表自己的意见,互相合作,气氛活跃。	10	
	教学效果 5分	适时、适度、适量引入课外学习资源,与教材构成有机整体,有利于开拓儿童眼界,提高语文学习能力。	5	

续 表

要点	项目	评 价 指 标	分值	得分
精 25分	教学策略 20分	运用多种教学组织形式,采用多种教学方法,调动儿童学习的积极性;创设有利于儿童自主学习、自主探究的教学情境。	10	
		充分利用教材,恰当取舍,体现较高的驾驭能力。	10	
	教学效果 5分	目标达成度高,体现儿童思维、表达能力不断提高的过程。	5	
	总评		100	

二、开发"灿烂课程",拓展语文学习的视野

"灿烂课程"是语文课堂的延伸,是儿童完成学习任务的重要补充形式,能够更好地服务于语文课堂教学。在各种延伸课程中激发儿童的学习兴趣,将语文教学目标融入其中,设置多元清晰的学习目标、丰富的学习内容、有趣的学习形式,让每个儿童在玩中学、学中玩,在活动中探索语文世界的奥秘。

(一)"灿烂课程"的实施要点

我校分年级设立了丰富多彩的"灿烂课程",包括"生活识字课程""诵读经典课程""故事会课程""名著导读课程""金话筒课程""语文玩着学课程"。丰富多彩的课程,既扩宽了语文学习的途径,又激发了儿童学习语文的兴趣(详见表5-5)。

表5-5:管城回族区南关小学"灿烂课程"课程设置表

课程名称	学 习 目 标	学习要点
生活识字课程	注重汉字与实际生活中的联系,唤醒生活经验,在实际生活中引导发现利用,提高识字兴趣,提高识字效率。	生活识字大发现活动
诵读经典课程	通过诵读经典,感受中华文化的博大精深,让琅琅书声弥漫校园,让诵读成为一种习惯、一种愉悦、一种享受、一种境界。	《弟子规》和古诗词诵读

续 表

课程名称	学 习 目 标	学习要点
故事会课程	通过讲成语故事、神话故事、民间故事、童话故事等，激发阅读兴趣，养成良好的阅读习惯，锻炼口头表达能力。	讲故事大赛
名著导读课程	通过阅读经典名著，培养文学情操，提高文学品味，丰富课余生活，增强课外阅读的兴趣。	班级读书分享会
金话筒课程	通过结合"口语交际"内容创设演讲情境，提高语言表达能力和演讲水平。学会倾听、表达和交流，提高分析、运用语言文字的综合能力。	新闻播报
语文玩着学课程	通过语文游戏设计，全面提高语文核心素养，能在玩中学、玩中思、玩中成长、玩中创造。	"字谜猜猜猜""开心拼拼乐""心有灵犀一点通"等语文游戏

（二）"灿烂课程"的评价

课程评价应坚持以人为本，提高儿童的语文素养，促进儿童的全面发展，发挥评价的诊断、导向、激励、启发、改进、创造的功能，了解儿童发展中的需要，帮助儿童认识自我、建立自信。因此，"灿烂课程"从"参与程度、合作精神、展示交流、拓展能力"四个方面进行评价(详见表5-6)。

表5-6：管城回族区南关小学"灿烂课程"评价表

项目	评 价 指 标	分值	得分
参与程度 （10分）	儿童能主动、积极参与。	1	
	儿童对语文学习产生浓厚的兴趣。	2	
	儿童对该拓展课程有浓厚的兴趣。	3	
	参与过程中能积极有效地配合老师。	4	
合作精神 （40分）	能服从分工并完成学习任务。	8	
	能大胆表达自己的想法。	10	

续表

项目	评价指标	分值	得分
合作精神 （40分）	能热心帮助别人，小组合作完成拓展任务。	10	
	合作态度积极，在合作学习中能贡献自己的智慧与力量。	12	
展示交流 （30分）	愿意展示自己，参与度高，倾听习惯好。	10	
	小组展示中能质疑、挑战，产生智慧碰撞，归纳总结语文学习的方法。	10	
	构建评价主体多元、方式多样的评价机制，提升自我评价的能力。	10	
拓展能力 （20分）	有观察和思考能力、发现和提出问题的能力、收集和整理信息的能力。	20	
总评		100	

三、打造"灿烂社团"，享受语文学习的快乐

"灿烂社团"的打造，以面向全体儿童、人人参与为宗旨，活动内容生动有趣，有效地巩固语文课堂，丰富儿童课外知识，提升语文综合运用能力，调动儿童对语文学习的兴趣，有效落实儿童的语文核心素养。

（一）"灿烂社团"的实施要点

为了给儿童搭建展示自我、互相学习的平台，营造充满活力而又团结向上的校风和学风，学校打造了丰富多彩的语文社团。开学初，学校校本课程领导小组和"灿烂社团"辅导老师一起制定本学期的社团课程，张贴相应的招生海报，由儿童自主选课报名，充分尊重儿童的选择。

绘声绘色社团：以符合第一学段儿童年龄特点的绘本读物为依托，通过教师的引导，带领他们欣赏和品读绘本。在倾听、观察、想象、体验中培养儿童的阅读兴趣，使他们能拥有欣赏、表达、沟通、分享的能力。

快乐读书社团：带领各个学段的儿童阅读经典读物，根据他们年龄的差异选择不同的书籍，培养阅读兴趣，感受阅读的乐趣。第一学段的儿童还可以采用亲子共读和拼音阅读的方式，让儿童在阅读活动中收获成长和快乐。

以诗会友社团：通过古诗文的背诵、交流,古诗词绘画、创编,古诗飞花令、创编诗集等活动,激发儿童对经典诗文的学习兴趣,增强他们对优秀诗文的积累,培养古诗文鉴赏的能力。

金话筒社团：组建儿童广播团,组织开展学校新闻联播活动,播报校园内发生的新鲜事。通过创设情境,使儿童面对面交流,培养他们学会倾听、表达和交流,提高他们分析、运用语言文字的综合能力。

（二）"灿烂社团"的评价

"灿烂社团"旨在激发儿童语文学习的兴趣,陶冶语文情趣,尽力为儿童提供多样化、个性化的自由展示空间。基于这样的追求,我校从"社团策略、活动管理、学生表现、呈现效果"四个方面对"灿烂社团"进行评价(详见表5-7)。

表5-7：管城回族区南关小学"灿烂社团"评价标准表

社团名称：		评价人：		
评价项目	评 价 标 准	评价等级		
		优	良	待改进
社团策略	快乐读书社团：建立经典读物阅读体系。 绘声绘色社团：建立绘本读物阅读体系。 以诗会友社团：制定古诗拓展选集。 金话筒社团：制定新闻播报方案策略。			
活动管理	1. 活动前有详细的计划、方案。 2. 活动中组织有序,主题、内容、形式有创新。 3. 活动后有总结、反馈、评价。			
学生表现	1. 学生参与积极性高。 2. 在社团成员内产生积极影响。 3. 促进学生思维发展和能力提升。			
呈现效果	1. 广泛宣传社团活动,产生积极的社会影响。 2. 展示形式新颖丰富。 3. 有借鉴价值的经验与反思。			

四、设立"灿烂语文节",激发语文学习的兴趣

"灿烂语文节"将基于语文核心素养的评价与语文竞技游戏相结合,将语文学

科知识与儿童学习技能相结合,通过别样的活动形式,使儿童充分感受语文学科的魅力,唤醒儿童自主学习意识,让核心素养在他们心中根植、生长,让语文学习向更深处、更广处漫溯。

(一)"灿烂语文节"的实施要点

我校围绕"灿烂语文"课程的内涵,设立了丰富多彩的"灿烂语文节",包括"读书节""品味汉字文化节""诵读红色诗歌节""金话筒节""寻访商城古城——寻找古文化节""传承文化经典节"。通过丰富多彩的"灿烂语文节",可以拓宽语文的学习途径,创新语文课程的实施方式,激发儿童的语文学习兴趣,丰富儿童的语文学习经历(详见表5-8)。

表5-8:管城回族区南关小学"灿烂语文节"课程设置表

节日名称	学 习 目 标	学习内容
读书节	开展读书节课程,使儿童爱上阅读,养成读书的好习惯。	阅读分享会 讲故事比赛 课本剧展演
品味汉字文化节	深入了解我国的汉字文化,了解汉字的起源以及演变。	汉字大赛 我来讲汉字 书法大赛
诵读红色诗歌节	诵读红色诗歌,培养热爱祖国、珍惜现在幸福生活的情感。在红色诗歌中寻找心目中的"榜样",形成积极乐观、不惧艰险的生活态度。	诵读红色诗歌 演绎红色故事
金话筒节	学会倾听,学会表达,提高分析、运用语言文字的综合能力。	新闻播报
寻访商城古城——寻找古文化节	实地研学考察,身临其境,见证文化,梳理感情,深刻体会和感受中国古文化强大的历史、艺术和科学价值。	展示研学成果
传承文化经典节	共度传统节日,培养热爱家乡、热爱祖国、热爱生活、懂得感恩的情感。	讲风俗 演风俗

(二)"灿烂语文节"的评价

"灿烂语文节"要规范化、科学化,构建适合儿童年龄特征的评价体系,保证节日课程高效开展,从而真正促进儿童的发展。因此,我们从"节日内容、节日形式、节日过程、节日效果"四个方面对"灿烂语文节"中的各个活动小组进行记录和评价(详见表5-9)。

表5-9:管城回族区南关小学"灿烂语文节"评价记录表

小组人员		辅导教师	
节日名称		班 级	
评价内容	评 价 标 准		得 分
节日内容 30分	从节日内容能否激发儿童语文探索兴趣,提高儿童的思维能力方面入手做记录		
节日形式 20分	从节日形式是否做到创新,有无班班结合、家校结合、社区结合等方面入手做记录		
节日过程 20分	从节日过程中教师的管理方法入手做记录		
节日效果 30分	从节日过程中儿童个性特长是否得到发展、创新意识是否提高等方面入手做记录		
综合评价			总分:
精彩之处:		问题及建议:	

五、研发"灿烂研学",感悟语文学习的奥秘

俗话说:"读万卷书,行万里路。""灿烂研学"主要是我校师生通过实地考察"二七纪念塔""商城遗址""文庙"等具有悠久历史的地方,让儿童身临其境,见证文化,深刻体会我国悠久的历史。同时,在实地考察中培养学生收集信息、整理资料的能力,养成合作、分享、积极进取的良好品质。

(一)"灿烂研学"的实施要点

"灿烂研学"可以很好地补充、丰富学校的教育内容,学校借助周边珍贵的文化资源,带领学生进行研学旅行。学生身临其境地将书本所学与现实所见所感相融合,进而了解管城的历史文化、古老街道,追寻古时学子的足迹、聆听古城墙的声音,让学生用心感受历史,用脚步丈量历史,提升文化修养,提高综合素质。基于这样的理想与追求,我校设立"灿烂研学"学习目标与学习要点(详见表5-10)。

表5-10:管城回族区南关小学"灿烂研学"课程设置表

研学内容	学习目标	学习要点
二七纪念塔	1. 开阔视野,拓宽思路,丰富综合知识,增加对家乡文化的认知。 2. 了解二七纪念塔的地理位置、政治、文化、经济、历史等有关知识。 3. 了解"二七大罢工"的历史背景,认识"二七大罢工"的工人领袖。参观当时所遗留下来的历史物件。	1. 参观二七塔 2. 听讲解员介绍背后的故事 3. 朗诵红色诗篇 4. 写研学感想
商城遗址	1. 开阔视野,拓宽思路,丰富综合知识,增加对家乡文化的认知。 2. 了解郑州商代遗址的历史文化底蕴,发扬我国优良传统。	1. 参观商城遗址 2. 观摩青铜器制造过程 3. 绘制游览示意图 4. 写解说词
文庙	1. 开阔视野,拓宽思路,丰富综合知识,增加对家乡文化的认知。 2. 见证文化,梳理感情,深刻体会、感受文庙重大的历史、艺术和科学价值。	1. 参观文庙 2. 吟诵诗歌 3. 完成小组任务
河南博物院	1. 开阔视野,拓宽思路,丰富综合知识,增加对家乡文化的认知。 2. 了解家乡的悠久的历史和厚重的文化。	1. 参观河南博物院 2. 听讲解员讲解 3. 完成小组任务 4. 写文物介绍词
管城区青少年普法中心	1. 开阔视野,拓宽思路,丰富综合知识,增加对家乡文化的认知。 2. 加强法制观念,构建和谐、平安校园。	1. 参观普法中心 2. 进行法制教育讲解 3. 体验模拟法庭,锻炼口语交际能力

(二)"灿烂研学"的评价

"灿烂研学"旨在通过研学旅行,让儿童在另一个课堂体会中华文化的悠久历史,从而懂得敬畏历史,传承传统文化的精髓。读书和游历是两种互相补充的学习方式,而在游中学的方式,能更直观地让学习者拓宽眼界格局、扩展知识储备、感受文化差异,是素质教育的重要组成部分,对学生综合素质的提升具有重要意义。因此,我们从"主题鲜明、对象精准、目标明确、内容详实、资料完善、日程合理、评价科学"七个方面对"灿烂研学"进行评价(详见表 5-11)。

表 5-11:管城回族区南关小学"灿烂研学"评价标准表

研学内容:		评价人:
评价项目	评 价 标 准	得 分
主题鲜明(10分)	研学主题简洁凝练、表述具体、特色鲜明,有针对性和目的性,能呈现研学资源地的主要特点和语文核心素养。	
对象精准(10分)	课程实施对象明确,活动内容符合儿童的心理特征和认知水平。	
目标明确(10分)	研学目标契合研学地点特色和学习主题,具体明确,切合实际。	
内容详实(30分)	研学前有详细的活动计划,主题、内容、形式有创新。	
	研学中组织井然有序,活动氛围浓厚。	
	研学活动结束后有相应的总结、反馈、评价。	
资料完善(20分)	研学过程记录详实,活动照片保存完整,学生研学感想丰富真实。	
日程合理(10分)	时间合理、时长合理、行程合理。	
评价科学(10分)	评价科学、简便可操作,评价结果可展示,学生收获可显现。	
综合评价		总分:
家长意见		
儿童意见		

"灿烂语文"是我们南关小语文人的共同追求,我们根据学生学习语文和认识事物的规律,由浅入深、由易到难、循序渐进地安排课程内容。我们通过"灿烂语文"课程,让学生寻找大千世界里的语文。

(撰稿者:翟晶晶　刘苑　陈佩　曹磊　杨瑞)

后记

岁月流逝,动人幽意,流出一缕清泉,流出一阵书香。在课程团队不懈的努力下,《学科实践:语文素养的致获》一书终于跟大家见面了,深感欣慰。

学科实践作为一种学科学习方式,是目前学者研究的热点,也是培育学科核心素养的重要路径。一方面,这有助于统整我们区域的语文课程建设,使之更规范化、系统化;另一方面,实现以学科实践为抓手,进行实践型育人方式的普适性推广,切实提升语文课的品质。这正是我们写作这本书的初衷。

书中所收录的课程群内容是管城(郑州市管城回族区)教育人对语文课程与教学的一些思考,可能比较拙朴或稚嫩,却实实在在凝聚着大家的智慧和情感、执着和努力。在撰写过程中,大量地阅读书籍、研读文献,让我们加深了对语文课程教学论领域的认识。一次次倾心交流,一遍遍批阅修改,让我们更能从语文教师的角度去关注研究的价值和意义。在此过程中,也让我们觉得读书、做研究真是人间一大幸事!

本书在写作过程中,有幸得到了上海市教育科学研究院杨四耕教授指点,从角度的选取到提纲的拟定等方面,杨教授都给予了我们细致而又宝贵的意见。慕先生之高风,聆先生之垂教,再次拜谢!

但凡过往,皆为序章,新的一幕已经开启,我们管城教育人将努力做得更好,时刻不忘作为教育人的初衷,在这条路上"知其难为而为之",一直坚定不移地走下去!

"品质课程"阅读书目

学校整体课程规划
学校整体课程规划的七个关键
教学诠释学

📖 特色学校聚焦丛书

让个性自然发荣滋长："引发教育"的理论寻源与实践探索
面向每一个生命的教育
让每一个生命澄澈明亮："小水滴"课程的旨趣与创意
新劳动教育：时代意蕴与实践创新
自信教育与个性生长

📖 跨学科课程丛书

像博士一样探究：PHD课程的创意与探索

📖 核心素养导向的课堂教学丛书

深度教学的内在维度：数学反思性学习的六个策略
具身学习的18种实践范式
课堂是照亮彼此的地方
以学习为中心的课堂范型
简练语文：教学主张与实践智慧
课堂核心素养

📖 特色课程建设丛书

幼儿园特色课程的框架与实施
课程是鲜活的："大视野课程"的旨趣与活性
指向核心素养培育的学校课程图谱
让儿童生活在美的世界里：幼儿园全景美育的课程探索
核心素养与学习需求：学校课程建设导引

📖 课堂教学新样态丛书

课堂，与美最近的距离：基于学科核心素养的课堂教学变革
协同教学：意蕴与智慧

决胜课堂28招
一百个孩子,一百个世界:基于差异的教学变革
课堂如诗:"雅美课堂"的姿态
在教室里眺望世界:基于BYOD的教学方式变革
课堂教学的资源设计与方式变革
境脉教学的实践范式与创意设计

学校课程变革新取向丛书

平衡性变革:学校课程建设新取向
解构性变革:学校课程发展的突破口
赋权性变革:提升学科领导力
整合性变革:特色学科的内在生长
内生性变革:学科课程的生成机理
审美性变革:学校课程的诗意境界
协商性变革:基于集体审议的课程变革
扎根性变革:学校课程发展的文化路径

课程育人新坐标丛书

学校课程的统整之道
教室里的课程
儿童立场的课程探索
童味园课程:这里有最难忘的童年
具身课程:语文学科课程新样态
让每一个孩子体验创新的激情:"智慧树课程"的探索与实践
境脉学习:英语课程实施新取向
美学取向的课程探究
学科实践:语文素养的致获

学校整体课程探索丛书

学校整体课程的文化逻辑
学校整体课程的深度实施

课程治理新范式丛书

以学生为中心的教育治理